살아보고 싶다면
포틀랜드

Portland

살아보고 싶다면
포틀랜드

풍요로운 자연과 세련된 도시의 삶이 공존하는 곳
포틀랜드 라이프 스토리

이영래 지음

모요사

Prologue

터닝포인트

서른을 앞둔 여자들이 흔히 그러하듯, 비장한 각오로 지난 이십대를 돌아보았다. 관광학을 전공한 후 일본에 어학연수를 다녀오면서 일본과 찐득한 인연이 시작되었다. 일본계 회사를 다니고, 통번역 일을 하고, 카메라와 디자인 소품 수입 사업에까지 뛰어들었다. 어린 나이에 만져보기 힘든 돈을 벌어보고 잃어도 보며, 도쿄를 내 집 드나들듯 오가던 시절이었다. 화려한 도시로 짧은 여행을 즐기며 세상의 쓴맛, 단맛을 다 경험해봤다고 자만하며 살던 어느 날, 그러니까 딱 오 년 전, 태국 여행에서 만난 캐나다 배낭 여행객들과 우연히 나눈 대화는 소극적이고 보수적이며 일본 바라기로 살아온 우물 안 개구리의 나와 정면으로 마주하게 된 계기가 되었다.

여행이란 휴식을 통해 나를 찾는 시간을 갖는 것이라는 그럴듯한 이유를 들었지만 당시 나의 여행이란 화려한 도시, 태양이 작열하는 이국적인 도시에서 맛있는 음식을 먹고, 분위기에 취하고, 필름카메라를 들고 감성적인 사진을 찍는 것이 전부였다.

"그렇게 짧은 일정의 여행으로 많은 것을 느끼는 건 어려운 일인 것 같아. 물론 일본도 좋지만 지금 네가 있는 곳을 벗어나봐. 더 넓은 세상이 널 기다리고 있을 거야."

이 말은 내게 큰 충격으로 다가왔다. 결국 일본어를 통해 이토록 다양하고 즐거운 경험을 할 수 있었던 것을 행운이라 여기며 이십대를 정리하고, 더 넓은 곳으로 나가 새로운 삼십대를 시작해보겠다는 과감한 결심을 하기에 이르렀다. 결혼 적령기에 변변한 직장마저 없으면 시집도 못 가는 게 아닌가 하는 두려움과 그런 딸을 걱정할 부모님께 죄스러운 마음이 없었다면 거짓말일 것이다. 그런 것을 겁내지 않을 만큼 배짱과 모험심이 있었다면 진즉에 커다란 배낭 하나 메고 세계여행을 떠났을 테니.

서른을 앞둔 여자의 용기는 참으로 엉뚱하고 무모했다. 나는 근거 없는 자신감을 밑천으로 모험을 택했다. 그리고 모험은 여전히 진행 중이다. 이 결정이 내게 새로운 인생을 가져다주지 않을지도 모른다. 하지만 나의 이십대가 그랬듯이 나는 나 자신을 믿었다. 또 다른 삼십대를 만들어가리라고.

내 이름은 '조너선'

첫눈에도 그는 무척이나 순수해 보이는 사람이었다. 한국말을 중간 중간 툭툭 내뱉으며 유머를 구사하긴 했지만 능수능란한 한국어로 한국인을 현혹하는 사람은 분명 아니었다. 순박한 남자에게 묘한 매력을 느껴왔던 내게 그의 소박한 옷차림과 수수한 분위기는 남다르게 다가왔다. 그의 회사가 주최한 한 행사에서 처음 만나 나눈 짧은 대화를 통해 미묘한 교감을 느꼈던 것은 분명 나만은 아니었다. 그럼에도 통성명도 못 한 채 서로의 존재마저 서서히 잊어갈 즈음이었다. 페이스북에 그날의 행사 사진이 올라왔는데 뭐가 그리 좋은지, 반쯤 벌어진 입으로 밝게 웃고 있는 내 사진 밑에서 낯선 이의 댓글을 보았다. 조너선 아이클리 Jonathan Aichele. 혹시나 하는 마음에 조심스레 이름을 클릭하자 그날의 순박한 청년이 해맑게 미소 짓고 있었다.

당시에 나는 다니던 회사를 그만두고 육 개월 후 호주로 어학연수를 떠나 새로운 삼십대를 시작해보리라는 비장한 계획을 세우고 있었다. 그래서 그와의 공식적인 첫 데이트에서 그 사실을 털어놓았다. 나는 곧 서울을 떠날 테지만 그래도 좋다면 한번 만나봅시다, 아니면 말고!라는 심산으로.

"멋진 생각이네. 근데 너 나랑 얘기하면서 '이제 곧 서른이다, 늙었다' 그런 말 얼마나 많이 한 줄 알아? 한국 여자들은 서른이 인생의 종말쯤 된다고 생각하는 것 같아. 널 봐! 얼마나 젊은지. 진짜 네 삶은 이제부터 시작이야."

나중에 알고 보니 그 역시 나와 같은 시점에 호주에 있는 대학원에서 공부할 계획이었고, 내 이야기를 듣고는 '이런 우연이 있나! 어쩌면 우리가 같이 그곳에 갈 수도 있겠구나!' 하는 기분 좋은 예감이 들었다고 했다.

첫 데이트에서 그의 손에 이끌려 찾아간 홍대 앞 작은 케이크 집. 초콜릿 에클레어가 입에서 살살 녹아내리던 퍼블리크의 작은 테이블에 마주 앉아 회고록을 쓰듯, 두 사람이 지금까지 여행하고 경험하며 살아온 인생에 대해 나눈 이야기는 태국에서 만난 청년들에 이어 다시 한 번 나를 흔들어놓았다.

호수같이 잔잔한 사람. 목청을 높이지 않는데도 목소리에 귀를 기울이게 하는 사람. 내 인생에서 가장 중요한 시기에 나타나 신뢰가 가는 언어로 나를 한 번 더 돌아보게 만들어준 사람. 혼을 쏙 빼놓게 로맨틱한 남자는 아니지만 자신이 얼마나 매력적인 사람인지를 어필하는 대신 내가 얼마나 매력적인 사람인지를 들여다보게 해준 사람. 세상에는 수많은 사랑의 언어가 있지만 나는 그의 곁에서 이 담백한 사랑을 오랫동안 누리고 싶었다.

태평양을 오가며 나눈 불같은 연애도, 공항에서 충전기를 빌려주다가 눈이 맞은 영화 같은 러브스토리도 없었지만 우리는 그렇게 인연인지 우연인지 모를 만남을 시작으로 한배에 올랐다. 서울에서 태어나 일본에서 어학연수를 한 것 외에는 홍대와 마포를 떠나 살아본 적이 없고, 방콕·홍콩·도쿄와 같은 가까운 대도시로 짧은 여행을 즐기던 이십대 후반의 도시 여자와, 오리건 주의 시골 마을에서 태어나 한국에 매료되어 긴 여행과 외국생활 끝엔 언제나 한국으로 다시 돌아오곤 했던 파란 눈의 청년. 정적인 남자와 동적인 여자. 집에 와서 책을 읽으며 조용히 하루를 마감해야 잠이 잘 드는 남자와 사람들을 만나고 수다를 떨어야 숙면을 취하는 여자. 그러나 어디를 가든 로컬처럼 여행하고, 어디에서 살더라도 여행자처럼 살고 싶은 마음만은 찰떡같이 맞았던 남자와 여자. 둘은 서로 다른 성향에 이끌리고 비슷한 취향에 안도하며, 편견에 사로잡힌 주위의 시선에 아랑곳없이 두 사람이 중심이 된 삶을 위해 결혼한 후 2014년 봄, 서울을 떠났다.

굿바이 서울, 헬로 포틀랜드

한국에서 회사를 다니며 호주 대학에서 장거리 학생distance student으로 대학원 과정을 밟고 있던 존은 회사를 그만두고 마지막 두 학기를 공부에 전념해 빨리 학업을 마치고 싶어 했다. 나 역시 호주에서 공부할 계획이었기에 우리는 함께 호주로 건너가 학생 부부가 될 생각이었다. 하지만 직장도 없이 두 사람이 학업에만 전념하며 아르바이트로 생활비를 충당하는 건 지극히 부담스러운 현실로 다가왔다. 계획은 수정될 수밖에 없었다. 아쉬움이 남았지만 우리는 호주를 포기하고 시댁이 있는 오리건 주로 들어가 경제적으로 안정된 상황에서 그가 먼저 공부를 마치고 나서 내 공부를 시작하기로 했다. 오랜 외국생활로 십 년 가까이 가족들과 떨어져 생활한 존과 결혼하기 전까지 시댁 식구들과 단 두 번의 만남이 전부였던 내가 그들과 알고 지낼 좋은 기회일지 모른다는 생각도 들었다. 물론 그때 나는 외국 시부모님과 함께 사는 일이 어떤 것인지 가늠할 수도 없는, 그저 사랑하는 사람과 외국에서 신혼생활을 시작한다는 사실에 마냥 들뜬 철부지 새색시에 불과했다.

스무 살에 처음 밟아본 유럽 땅에 대한 그리움 때문이었을까? 언제나 유럽을 동경하고, 미국이라고는 뉴욕, 샌프란시스코, 로스앤젤레스, 시애틀이 전부인양 믿고 살아온 내가 오리건 주의 작은 도시, 포틀랜드를 처음 방문한 건 2012년이었다. 우리가 연애를 시작하고 딱 일 년이 지나 그의 부모님을 뵙기 위해 미국을 찾았을 때였다.

영화로 보던 화려한 미국 도시는 오간 데 없는, 아주 작고 아늑한 다운타운에 위치한 역사 깊은 히트먼Heatman 호텔 레스토랑에 들어가 아침 식사를 하며 그가 말했다. "내가 외국에 있다가 매년 휴가 때마다 고향에 돌아오면 마중 나온 부모님과 항상 식사하러 오던 곳이야. 여기에 꼭 같이 오고 싶었어."

포틀랜드에서 가장 높은 41층짜리 빌딩 아래로 엇비슷하게 늘어서 있는 아담한 건물들, 동과 서를 가르는 윌러밋Willamette 강 위의 수많은 다리들, 화려하거나 복잡하지 않은 깨끗한 거리를 오가는 미소 띤 사람들, 번잡하고 모던한 빌딩 숲을 제외하면 대중교통이 잘 정비되어 있고, 자전거로 출퇴근하는 이들이 많은 풍경에서 언뜻언뜻 서울과 도쿄의 모습이 비치기도 하는 이곳······. 내가 기억하는 포틀랜드의 첫인상은 (이 역시 나중에 알게 됐지만) 맥주나 커피가 유명한 도시도, 자연경관이 뛰어난 도시도, 쇼핑하기 좋은 도시도 아닌 그저 소박한 미국의 소도시일 뿐이었다.

시부모님은 포틀랜드에서 세 시간가량 떨어진 마을에서 베리팜Berry Farm을 운영하고 있었다. 뼛속까지 도시녀인 내가 이름도 생소한, 시애틀과 샌프란시스코 사이에 위치한 작은 도시에서도 무려 세 시간이나 떨어진 농장에서 결혼생활을 시작하게 된 것이다. 그리고 이때까지만 해도 나의 신혼생활이 어떤 식으로 흘러갈지 감히 상상도 하지 못했다.

외로움이나 적적함을 느낄 겨를도 없이 나는 생애 첫 농촌생활에 순조롭게 적응해갔다. 내가 시댁에서 생활하는 걸 망설이지 않은 이유는 존을 믿었기 때문이다. 연애를 시작하면서 그의 손에 이끌려 예전엔 가보지 못했던 한국 시골마을의 구석구석까지 찾아가 우리 음식의 참맛을 알게 됐고, 미국에서도 대도시보다는 주립공원과 작은 도시들의 마이크로 브루어리(micro brewery, 소규모 양조장)

를 찾아다니며 자연의 평온함 속에 유유자적하는 새로운 나를 발견했었다. 존은 어딜 가든 현지인처럼 그곳의 문화와 음식을 즐기고 자신의 패턴을 잘 유지하면서 사는 사람이었다. '이런 사람과 함께라면 어디서든 외롭거나 무료한 이방인이 아니라 지역 사람들과 잘 동화되어 살아갈 수 있겠다'는 믿음이 생겼던 것이다.

"지금이 아니면 내 평생 또 언제 시골에 살면서 내 안의 조급함을 다스리고 독소를 빼낼 시간을 가지겠나. 즐기자!"

어쩌면 때마침 서울에 불었던 슬로 라이프의 매력에 슬쩍 발을 담가보고 싶은 마음도 있었으리라. 물론 포틀랜드와는 세 시간이나 떨어진 시댁에서 신혼살림을 시작해야 했기 때문에 포틀랜드 시내에서 살며 백퍼센트 포틀랜디언이 될 수 있는 기회는 놓쳤지만 아쉬움을 느낄 새도 없이 우리에게는 그보다 더 흥미로운 시간들이 기다리고 있었다.

베리팜을 운영하는 시부모님을 도와 주말이면 포틀랜드의 파머스 마켓에 나가 일하고(돈도 벌고), 일이 끝나면 새로운 브루어리를 찾아 맥주를 마시고, 호텔과 친구 집, 에어비앤비Airbnb를 구미에 맞게 돌아다니며 주말을 보냈다. 아침에 일어나면 코아바 커피Coava Coffee에 들러 커피를 마신 뒤 아침 식사를 할 레스토랑으로 발길을 재촉하며 도시가 주는 혜택을 오롯이 누렸다.

물론 주말이 지나면 다시 시댁으로 돌아와 베리 밭에서 아침 식사용 베리를 따다가 프렌치토스트와 오트밀을 만들고, 동네의 파머스 마켓이나 시아버지 친구의 농장에서 받아 온 신선한 식재료로 상을 차리는 삶이 이어졌다.

도시와 시골 생활을 아우르는 삶, 그것이 결혼 후 우리가 함께한 첫 모험의 시작이었다.

차례

Prologue   5
intro Portland   16

1부   포틀랜드에서 살아보기

1 슬로 라이프

포틀랜드를 독특하게   26
유지하자!

아무것도 바라지 않는   32
신념

포틀랜드 사람처럼   39
운전하기

로컬 애호증   51

친절하고 까다로운   58
그대들

힙스터와 슬로 라이프   66

킨포크 스타일   71

interview   82
조애나 한

2 파머스 마켓

베리나치 시어머니와   92
베리나치 주니어

초이스김치   106

interview   109
매튜 최

시어머니표 잼 만들기   114

3 아웃도어 라이프

안개 낀 캐넌 비치   124

캐넌 비치 주변의   136
가볼 만한 곳

캠핑의 완성,   138
로스트 레이크

미지의 탐험,   148
오네온타 협곡

오네온타 협곡으로 가는 길   158

포틀랜드에서 당일 혹은 1박   160
2일로 떠날 수 있는 여행 코스

아웃도어, 캠핑숍   163

2부 포틀랜드 여행하기

1 스페셜티 커피, 제3의 물결

스텀프타운에서 커피 마실까? ... 170
우리가 선택한 커피 TOP 5 ... 176
interview ... 184
뷔레 일리-루오마
커피 투어 ... 191

2 맥주의 도시 마이크로비어 캐피탈

맥주를 맛있게 마시는 방법 ... 194
슈퍼마켓에서 쉽게 살 수 있는 오리건 로컬 맥주 ... 202
맥주를 제대로 즐길 줄 아는 남자 ... 203
비어 클래스 인 포틀랜드 ... 209
맥주 페스티벌과 맥주 투어 ... 218
미래의 브루 마스터를 꿈꾸는 존의 추천 브루어리! ... 221

3 포틀랜드, 어디에서 잘까?

부티크 호텔의 새로운 장, 에이스 호텔 ... 228
포틀랜드의 호텔과 게스트하우스 ... 238
에어비앤비, 여행보다 소중한 경험 ... 242
내 여행에 맞는 에어비앤비 ... 253
에어비앤비 결정하기 ... 260

4 포틀랜드 시티 라이프

친구들과 함께한 좌충우돌 자전거 투어 ... 264
자전거 투어 루트 ... 276
푸드카트가 점령한 도시 ... 280
대표적인 푸드카트 구역 ... 287
추천 푸드카트 ... 288
기꺼이 옷을 벗어던진 사람들! ... 290
포틀랜드의 각종 이벤트와 페스티벌 즐기기 ... 296

5 포틀랜드의 로컬 브랜드와 숍

자연을 닮은 향수, 올로 프레이그런스 ... 302
비밀 아지트 같은 동네서점 마더 포코스 ... 309
내가 선택한 최고의 로컬 브랜드 ... 318
포틀랜드의 미디어 ... 322

지도와 숍 ... 327
조금은 사적인 여행 팁 ... 344
Epilogue ... 349

intro

Portland

연애 시절 지금의 남편에게서 포틀랜드라는 도시에 대해 들었을 때만 해도 시애틀과 샌프란시스코 사이에 있는 시골마을을 상상했다. 그가 대학 시절에 오리건 주의 곳곳을 누비며 암벽 등반을 즐긴 이야기, 외국에 살면서도 일 년에 한두 번씩 휴가철마다 포틀랜드로 돌아오면 공항에서 빠져나오자마자 곧장 스텀프타운 커피Stumptown coffee에 들러 카푸치노 한 잔으로 긴 비행의 피로를 풀고, 마중 나온 가족들과 함께 히트먼 호텔 레스토랑에서 아침을 먹었다는 이야기는 그저 시골마을에서 벌어지는 한가로운 일로밖에 다가오지 않았다. 어쩌면 과장이나 호들갑이 없는 그의 언변 때문이었는지도 모른다.

그렇게 큰 감흥도 매력도 없는 작은 도시로만 느껴지던 이곳이, 세련된 디자인과 심플한 라이프 스타일로 사랑받는 미국 잡지 『킨포크Kinfolk』가 이 도시에서 발행되고 있다는 사실을 알게 되면서 부쩍 흥미롭게 다가왔다. 그리고 결혼식을 하기 위해 미국에서 삼 개월간 체류하면서 포틀랜드의 매력에서 헤어나올 수 없게 돼버렸다. 나중에 남편에게 왜 진즉에 이런 멋지고 힙hip한 도시라는 걸 강조하지 않았느냐고 묻자, 그는 "네가 이 도시에서 며칠만 지내다보면 사랑에 빠질 거란 걸 잘 알고 있었어. 그걸 직접 경험해보길 바랐어"라고 털어놨다.

포틀랜드에는 스텀프타운 커피, 에이스 호텔Ace Hotel, 『킨포크』 매거진 외에도 수많은 맛집과 스페셜리티 커피, 마이크로 브루어리, 개성 있는 작은 숍들이 즐비했다. 거리는 한산하고 사람들은 느긋했으며 도심을 조금만 벗어나도 그림 같은 나무와 호수, 바다와 산에 닿을 수 있었다. 그동안 남편에게서 말로만 들었을 때는 상상할 수도 없었던, 그야말로 젖과 꿀이 흐르는, 하지만 여전히 나와 한국인들에게는 잘 알려지지 않은 신비롭고 매력적인 도시였다. 결혼식을 마치고 삼 개월 만에 한국에 돌아와서 또 한 번의 한국식 결혼을 준비하는 동안에도 나의 포틀랜드앓이는 쉽사리 가실 줄 몰랐고 다시 미국으로 돌아가게 됐을 때는 내 안에서 이루 말할 수 없는 희열이 꿈틀대고 있었다.

하지만 포틀랜드를 어떻게 알게 됐어? 무엇이 좋아?라고 묻는 포틀랜드 사람들에게 나를 처음 이 도시에 푹 빠지게 했던 대표적인 아이콘들인 '스텀프타운 커피, 『킨포크』, 에이스 호텔'을 대며 한국에서도 점점 인지도가 오르고 있다는 이야기를 아주 격양된 표정과 몸짓으로 보여줬지만 대부분의 사람들은 스텀프타운 커피를 제외하고는 내가 말하는 것들의 정체를 알아듣지 못했다. 그럴 때마다 나는 "아니, 저 태평양 건너 한국 사람들도 알고 있는 이 핫한 정보들을 왜 로컬들이 몰라. 역시 이래서 로컬보다 여행자들이 유행에 더 민감하고 정보를 많이 안다는 말이 나오는 거야"라며 그들도 알지 못하는 현지 정보를 알고 있다는 사실에 현지인보다 더 현지인 같은 기분을 느끼며 어깨에 힘이 들어가기도 했다.

그런데 그것도 잠시, 곧바로 그들(현지인)에게 역으로 포틀랜드에서 살아서 좋은 점이 무엇인지, 포틀랜드를 몇 가지 단어로 표현한다면 어떤 것인지를 물었을 때 그들의 답은 내가 기대했던 것과는 너무나 달랐다.

"초록, 좋은 공기, 여유, 자연, 편리한 대중교통, 저렴한 물가 (주변의 큰 도시들에 비해), 깨끗한 도로, 로컬 제품, 파머스 마켓."

포틀랜드 관광청 직원, 유명 커피숍 오너, 디자이너, 마케터 등등 내가 만나본 많은 사람들이 한결같이 말하는 이 도시의 매력은 스텀프타운, 나이키, 『킨포크』, 맥주를 경험하러 오는 여행자들의 시선과는 너무나 달랐다. 그것은 좀 더 경험해보거나 살아봐야 알 수 있는 다소 추상적인 것들이었다. 그 후로 나는 수동적인 여행자의 시선을 벗어나 당장 눈을 사로잡는 것들을 내려놓고 조금 더 깊이 지역민들과 소통하며 포틀랜드를 제대로 알고 싶은 욕구가 첫 대면의 설렘보다 더 크게 자리 잡게 되었다.

그렇게 포틀랜드를 알아가며 사계절이 바뀌었다. 지금부터는 그동안 이 도시가 내게 들려준 조금은 사적인 이야기들을 풀어내보려고 한다.

1부
포틀랜드에서 살아보기

1 슬로 라이프

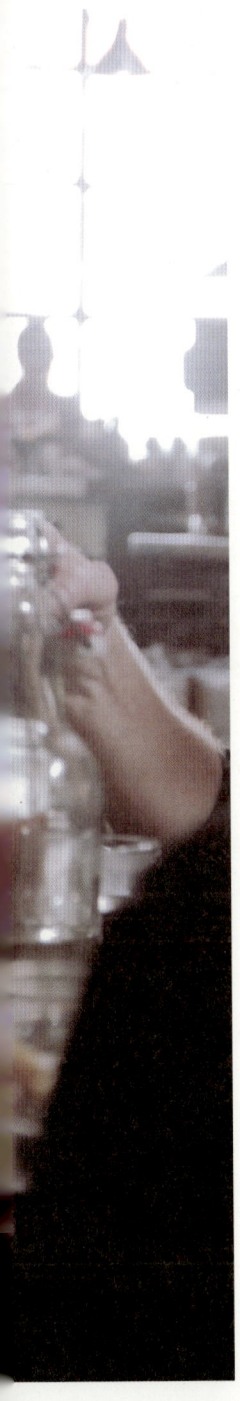

　포틀랜드에 기반을 둔 매거진 『킨포크』가 전하고자 하는 가장 핵심적인 메시지는 몇 년 전부터 한국에서도 큰 관심을 갖게 된 '느리게 살기, 즉 슬로 라이프'다. 매거진을 통해 그들은 텃밭에서 직접 기른 채소와 직접 기른 닭에서 얻은 달걀로 심플하지만 건강한 식탁을 차려 친구나 이웃들과 함께 둘러앉아 식사하며 말한다.

　"건강한 음식을 좋아하는 이들과 함께 나누어 먹는 시간이야말로 저의 삶을 완벽하고 또 풍요롭게 해주는 에너지죠."

　우리가 갈망하는 슬로 라이프와 현지인들이 실천하며 살아가는 슬로 라이프란 과연 무엇이고 또 어떤 차이가 있을까? 하얀 테이블에 커피 한 잔과 디저트, 『킨포크』 매거진을 올려놓은 깔끔하고 세련된 식탁? 아니면 파머스 마켓에서 유기농 채소들을 사다가 심플한 식탁을 차리는 것?

　많은 매거진과 언론에서 포틀랜드 또는 미국 서부의 슬로 라이프, 슈퍼푸드 등을 소개하고 있는 요즘, 과연 이들이 말하는 진짜 슬로 라이프는 무엇인지, 또 슬로 라이프를 통해 진정으로 추구하는 삶은 어떤 모습인지, 그들의 좀 더 깊숙한 이야기가 궁금했다.

포틀랜드를 독특하게 유지하자!

Keep Portland Weird!

남편과 함께 이 도시를 여행하고 살아가며 길지 않은 사계절을 보냈지만 알면 알수록 포틀랜드는 단순한 도시가 아니었다. 예컨대 센스 있는 스타일과 액세서리, 매력적인 외모와 직업으로 첫눈에 마음을 앗아간 그가, 이런저런 이야기를 나누며 사계절을 함께 보내고 나니 커피, 맥주, 음악, 패션, 아웃도어, 맛있는 음식을 좋아하는 것에 그치지 않고 그것에 대한 지식도 두루 갖췄으며, 자연과 사회, 이웃과 건강을 챙길 줄 아는 사람이라는 것을 알게 된 것과 같다고나 할까. 앞으로 더 오랫동안 이야기하고 싶고 더 깊이 알고 싶은 사람이지만 그 내면에는 진지하고 까다로운 면도 함께 있어서 알면 알수록 더 모르겠다 싶은 그런 존재.

슬로 라이프는 전 세계가 관심을 가지는 추세지만, 미국에서는 특히 서부의 샌프란시스코, 시애틀, 포틀랜드와 동부의 뉴욕, 시카고를 중심으로 자연, 지역 사회, 건강을 중시하는 이들이 늘어나고 있다. 그중에서도 포틀랜드처럼 작은 도시가 유독 관심을 끄는 이유는 다른 대도시의 대기업, 거대 자본주의를 기피하고 로컬 지향주의가 깊게 뿌리내린 곳이기 때문일 것이다.

"왜 포틀랜드에 인디 밴드가 많은지 알아?"

"왜 포틀랜드에 마이크로 브루어리나 스텀프타운 커피 같은 로컬 커피숍들이 유명해졌는지 알아?"

"왜 포틀랜드 사람들이 자전거를 타고 다니는지 알아?"

"왜 포틀랜드 사람들이 '포틀랜드를 독특하게 유지하자 Keep Portland Weird'를 외치는지 알아?"

처음 이런 질문들을 들었을 때는 깊이 답을 생각하기보다 포틀랜드는 인디 밴드가 많고 맥주 양조장이 많고 특이한 개성을 가진 사람들이 잘 어우러져 살고 있는 도시라는 정도로 받아들였다. 그런데 막상 그들 틈에 끼어 생활하게 되자, 그 질문에 대해 스스로 해답을 찾고 싶어졌다.

"지금 읽고 있는 책이 최근 이십 년간 급성장한 중국의 양면성에 관한 건데, 상하이나 베이징 같은 도시에서 점점 자전거가 사라지고 있대. 난 아직도 '중국' 하면 자전거가 도로를 점령해 떼로 몰려다니는 모습만 떠오르거든. 이제 경제가 초고속으로 성장하자 너도나도 자동차를 선호하고 자전거를 타는 건 가난하다는 인식이 생긴 거지."

"중국뿐만 아니라 많은 개발도상국들에서도 똑같은 일이 벌어지고 있으니까 크게 놀랄 일도 아니야. 나는 정말 왜 수많은 나라들이 미국을 따라잡겠다면서 미국이 겪어온 시행착오의 전철을 그대로 밟는지 모르겠어."

먼저 겪은 이의 책임감 같은 걸까. 존의 일 때문에 잠시 머물렀던 카자흐스탄의 수도 아스타나, 그곳은 중앙아시아의 두바이라 불리며 수많은 쇼핑몰과 높은 빌딩이 치솟고 있었다. 특히 미국의 프랜차이즈 패스트푸드 점인 KFC나 하디스 같은 곳은 어딜 가나 인산인해를 이루는데, 그걸 볼 때마다 존은 늘 아쉬움을 토로하곤 했다.

"그런데 참 아이러니하지 않아? 정작 미국의 한 도시(포틀랜드)에서는 지금 공해를 줄이고 오일머니가 지배하는 현대 사회에 저항하자며 자전거로 출퇴근하는 것으로도 모자라 8천여 명의 사람들이 모여서 발가벗고 자전거를 타며 퍼레이드를 하고, 대기업 음반시장, 밀러나 버드와이저 같은 대형 맥주 회사에 반대하며 작은 음반가게, 소규모 지역 브루어리, 커피숍을 만들고 또 시민들은 열렬히 그걸 지원한다는 사실이?"

　　물론 포틀랜드에도 맥도널드, 버거킹, 피자헛, 스타벅스 같은 대형 프랜차이즈가 있고(하지만 다른 지역에 비해 그 수가 적고 활기가 떨어진다) 모두가 파머스 마켓이나 유기농 슈퍼마켓에서 장을 보는 것은 아니다. 또 출퇴근 시간이면 지긋지긋한 교통 체증이 생기는 구역도 있다. 다만 다른 도시에 비해 상대적으로 많은 사람들이 지역사회와 지역경제를 생각하며 더 바람직한 방향으로 소비하고 생활하는 데 동참하고 있다는 것이 다르다면 다른 면일 것이다.

　　그런 사실을 눈으로 보고 체험하며 나는 지난겨울 한국에 들렀다가 일 년 전과는 또 다르게 변해 있는 홍대 거리가 떠올랐다. 아티스트의 작업실이 많은 곳인 탓에 디자인 감각이 돋보이던 독립 카페들과 솜씨 좋은 샌드위치 점, 줄 서서 먹던 길거리 떡볶이 집, 자유로운 영혼들이 폭발하던 지하 클럽 등은 다 어디로 사라진 걸까. 홍대역 8번 출구 앞뿐만 아니라 그리도 한산하던 길 건너의 신촌 전화국 부근까지 전방 5백 미터 안에 수많은 프랜차이즈 레스토랑, 프랜차이즈 카페, 심지어 프랜차이즈 떡볶이 집까지 온갖 브랜드의 간판들이 거리를 가득 메우고 있었다. 과연 온갖 편의시설과 맛집들이 다 들어왔으니 살기 좋은 동네가 됐다며 반가워해야 할까?

　　상권이 죽어버려 조용한 동네, 혹은 활기를 잃은 공업지구 등에 싼 집세 하나 믿고 아티스트들이 몰려들면, 돌연 생기가 흐르고 다채로운 색깔이 덧입혀진다. 그러면 색다른 모습에 끌려 사람들이 모이기 시작하고, 사람들이 모여들면 돈이 모이고, 돈이 모이면 결국 대기업의 먹잇감이 된다. 한산하던 동네에 대형 프랜차이즈가 하나둘씩 늘어나기 시작하면 처음 그곳을 만들어낸 이들은 하늘 높이

치솟는 임대료에 등 떠밀려 쫓겨나다시피 하는 일은 이제 전 세계 어디서나 흔히 볼 수 있는 사회현상이 되어버렸다.

　포틀랜드도 예외일 수는 없다. 5, 6년 전만 해도 외국에서는 물론이고 미국 내에서도 관광지로 그다지 알려지지 않았던 도시가 이제는 젊은이들이 살아보고 싶은 도시 1위, 세계에서 인구 대비 가장 많은 마이크로 브루어리가 있는 도시 등의 다양한 타이틀을 달기 시작하면서 힙한 도시의 아이콘이 됐다. 그러자 기다렸다는 듯이 오래된 집들이 헐리고 새로운 맨션이 들어서고, 다운타운 내에 있던 숍들이 2~3년 사이에 가깝게는 옆 건물로 멀게는 강 너머 한적한 이스트 지구로 옮겨 가야 하는 사태가 이곳에서도 벌어지고 있는 것이다. 최근에는 캘리포니아에 사는 이들이 그곳에 비해 값이 저렴한 포틀랜드에 투자 목적으로 집을 산다는 기사가 날 만큼 미국에서 집값이 단기간에 가장 많이 오른 도시 1위를 차지하기도 했다. 그리고 이런 현상들과 함께 지역 언론에서는 어떻게 이 '타지 사람들'(혹은 그들의 돈)로부터 포틀랜드를 지켜야 할지가 연일 이슈화되고 있다.

　몇 해 전 구글 관계자가 포틀랜드에서 가장 오래된 집 중 하나를 사들여 모던한 디자인의 건물로 새로 건축하려 한다는 기사가 지역 신문에 실렸다. 그러자 같은 동네의 커뮤니티에서 이를 큰 문제로 삼았고 결국 인근에 살던 한 커플이 우리 돈으로 14억 정도를 주고 다시 사들여 그 집을 그대로 유지하게 되었다. 도시의 곳곳에서 거대 자본주의화와 현대화가 이루어지는 한편 또 한쪽에서는 묵묵히 자기가 속한 커뮤니티 본연의 모습을 지키기 위해 'Keep Portland Weird!'를 외치며 몸부림치고 있는 것이다. 포틀랜드의 뮤직 밀레니엄의 창시자인 테리 쿠리에Terry Currier가 2003년부터 쓰기 시작한 'Keep Portland Weird!'라는 슬로건은 '포틀랜드를 괴상한 상태 그대로 내버려둬라'라는 뉘앙스로 읽히지만, 이는 쿠리에의 설명대로 '우리 지역의 개성, 로컬 비즈니스를 존중하고 지원하자'라는 의미로 이해될 수 있을 것이다.

"포틀랜드는 오래전부터 같은 모습으로 존재하고 있었는데 갑자기 몇 년 전부터 주목받기 시작하면서 여행자나 투자자들이 모이기 시작했어요. 그러다보니 실제로 많은 회사들이 로컬 브랜드라는 이미지는 지키고 있지만 외부로부터 상당한 투자를 받아 운영하고 있어요. 비즈니스적으로 볼 땐 성공했다고 할 수 있겠지만 영혼을 팔았다고 말하는 사람들도 있죠. 뭐, 아무튼 경영적인 부분이야 어쩔 수 없다고 해도 더 이상은 거대 자본의 영향을 받지 않고, 이 도시의 진짜 토박이들이 떠나야 하는 일이 생기지 않기를 바랄 뿐이에요."

포틀랜드에서 태어나고 자란 '초이스김치'의 오너는 독특한 자신만의 컬러를 가지고 있는 포틀랜드가 너무 빠른 변화에 휩싸이지 않기를 바란다고 말했다.

아무것도 바라지 않는 선심

대부분의 남자들이 그렇듯 존 역시 컴플레인complain과는 친하지 않은 성격이다. 거기에다 평소에는 부탁도 잘 하지 않고 웬만한 일은 알아서 처리하는 타입이지만 한국에서 지내는 동안은, 특히 은행이나 인터넷 등 복잡한 일처리를 요하는 문제에서는 언제나 내가 해결해야 했다. 그러다가 미국에 온 후로는 자연스럽게 상황이 역전되었다.

영어는 물론이고 모든 상황이 낯설어서 공적인 일은 물론, 사소한 컴플레인을 하고 싶을 때도 그를 거치거나 도움을 받았다. 뭐든 스스로 해야 만족하는 내가 그에게 매번 부탁하고 의지해야 하는 게 여간 불편하지 않았다.

"이거 너무 맛없어서 못 먹겠어. 어쩌지?"

"음, 그래서 내가 지금은 게 철이 아니라고 말했던 건데…… 그럼 내 스테이크를 나눠 먹자. 내 건 엄청 크니까."

그곳은 분위기를 낸다고 옷까지 근사하게 차려입고 갔던 오리건 해변에 위치한 고급 레스토랑이었다. 그의 조언을 듣지 않고 게 요리를 시킨 건 나의 불찰이지만, 비싼 레스토랑에서 음식이 맛없어서 손도 대지 않고 두는 게 억울해서, 아니면 알맞은 영어로 매너 있고 깔끔하게 컴플레인을 처리할 수 없는 게 자존심이 상해서 입을 삐죽거리고 있는데, 담당 서버가 테이블로 다가와 아주 신사적인 태도로 식사가 만족스러운지 물었다.

"아주 좋습니다. 감사합니다."

그렇게 웃으며 대답하고는 서버를 돌려보내는 존의 모습은 그냥 지나가는 말로 끝날 수도 있었던 나의 불만에 불을 붙이는 불쏘시개가 되었다.

"아니 내가 못 먹겠다고 했는데 뭐가 아~주 좋아? 그냥 요리를 다시 해줄 수는 없는지, 다른 방법이 없는지 젠틀하게 물어봐주면 안 되는 거야?"

그는 화를 내진 않았지만 무언가 불편한 표정을 지으며 "나는 그냥 맛이 없으면 다음에 안 오면 된다고 생각하는 사람이야. 굳이 싫은 소리 하면서 웨이터에게 화내는 것도 싫고. 정 맛이 없으면 다른 걸 먹는 게 어때?"라고 말했다.

"난 그렇게 생각하지 않아. 내가 쓸데없이 꼬투리를 잡고 행패를 부리라는 게 아니잖아. 특히 이렇게 고급 식당에서 비싼 식대에 팁까지 주는데 이 정도는 말할 권리가 있다고 생각해."

지금 생각해보면 발끈할 일도 아니었지만 당시에는 컴플레인 하나 못 하는 이 남자에게 내 생각을 확실히 전해야겠다고 마음먹었었다. 심상치 않은 우리의 목소리를 들었는지 다시 한 번 서버가 다가와 음식 맛은 어떤지, 내일 여행 계획까지 물어보며 친근하게 굴었다.

"음, 사실은 이 게 요리가 간이 잘 안 됐는지 좀 싱겁네요."

어렵게 존이 말문을 열었다.

"오~ 그래요? 사실 지금 제철이 아니어서 다른 걸 추천했어야 했는데 정말 죄송해요. 당장 다시 요리해서 갖다 드릴게요. 아니면 다른 요리로 하시겠어요?"

그의 두 가지 제안을 듣고 태어나 처음으로 컴플레인을 해본 존이 어찌할 바를 모르고 당황해하는 틈을 타 조심스럽게 내가 대꾸했다.

"괜찮다면 다른 요리를 부탁하고 싶네요. 정말 죄송합니다."

물어봐서 손해 볼 게 없다는 나와 좋은 게 좋은 거라는 무사태평한 존이 연애하며 처음으로 부딪친 순간이었다.

오 분쯤 흘렀을까, 기가 막힌 치킨 요리를 다시 내온 서버는 진심으로 아쉽고 또 미안한 표정을 지으며 "입에 맞을지 모르겠습니다만, 혹시라도 간이 안 맞으면 꼭 다시 얘기해주세요. 맛있게 드십시오."

그의 정중한 표정을 보자 존의 말이 좀 이해됐다. 괜한 나의 딴지 때문에 로맨틱한 우리 둘의 시간을 망치고, 음식이 낭비된 것 같아 죄책감 같은 것이 슬금슬금 올라오기 시작했으니까. 어쨌거나 다시 나온 음식은 소스까지 싹싹 발라 먹을 만큼 훌륭했고 우리는 애피타이저, 메인 디시, 와인에 디저트까지 풀코스를 먹은 것도 모자라 특별히 신경 써준 웨이터를 위해 두둑한 팁까지 남기고 레스토랑을 빠져나왔다.

"사실 해보니까 별것도 아닌데, 워낙 내가 컴플레인을 안 하고 살다보니 좀 익숙지 않아서 그랬어. 불편하게 만들어서 미안해."

분위기를 깬 범인은 나이거늘 차에 올라타자마자 사과하는 그에게 더없이 미안했다.

"아니야, 내가 성질이 못돼서 그런가봐. 다행히 나도 맛있게 식사했고, 웨이터는 두둑하게 팁까지 챙겼으니 오늘 저녁 테이블에서 크게 마음 상한 사람은 없었던 거다?"

어느 커플에게나 흔히 일어나는 그날의 작은 다툼으로 다행히 나는 그를 조금 더 이해하게 됐고, 컴플레인을 하더라도 정중하고 예의 있게 하는 버릇을 들이기 시작했다. 존 역시 여전히 마음에 들지 않는 요리를 돌려보내진 않지만 처음이 어렵지 두 번은 쉽다고 요구사항이나 보완사항을 이야기하는 데 슬슬 재미를 들였다.

그런데 포틀랜드 사람들을 겪다보니 대부분의 사람들이 존처럼 느긋하고 여유롭다는 느낌을 받았다. 처음에는 어딜 가든 기분 좋은 매너로 주변 사람들까지 웃게 만드는 재주가 있는 시아버지의 영향이겠거니 했지만 그게 아니었다.

지난해 11월 어느 날, PSU 파머스 마켓(포틀랜드 주립대학에서 열리는 파머스 마켓으로 가장 규모가 크다)에 가기 위해 집을 나섰다. PSU 파머스 마켓은 최고의 인기 마켓답게 이른 아침부터 인산인해였다. 그런데도 주차장을 구비하고 있지 않아서 길가의 공영 주차장에 차를 세워야 했다. 서울이었다면 차 댈 곳을 찾느라 안달이 났을 테지만 이곳에서는 천천히 차를 몰며 주차할 곳을 찾아도 되었다. 마침 그때 저 멀리 누군가가 도로의 한가운데로 나오더니 나를 향해 손을 흔들며 자기 차를 가리켰다. 나가는 길이니 그 자리에 대라는 뜻이었다. 창문도 내리지 않은 채 그에게는 들리지도 않을 "땡큐"를 외치고 주차를 했다. 시작이 좋다!

이제 작은 주차요금 정산기에 동전을 넣고 주차 티켓을 뽑아 창문에 꽂아두기만 하면 바로 마켓을 가로질러 PSU 파머스 마켓의 자랑인 브렉퍼스트 브리토(스크램블, 베이컨, 감자, 소시지 등을 볶아 토르티야로 만 미국식 멕시칸 브리토)를 먹을 수 있다. 알싸한 매운 살사를 곁들여 먹을 생각을 하니 벌써 침이 고였다. PSU 파머스 마켓의 여름은 싱그럽고, 가을은 로맨틱하다. 잔디밭을 따라 나 있는 인도에 쌓인 낙엽과 하늘 높은 줄 모르고 솟은 나무들이 한들한들 나부끼는 소리를 들으며 정산기에 다다랐을 때 이제 막 주차 티켓을 뽑은 한 여인과 눈이 마주쳤다.

"하이, 굿모닝."

이제는 나도 그들처럼 눈이 마주친 사람들에게 먼저 인사를 건네는 일이 어색하지 않다.

"헬로~ 굿모닝."

편안한 옷차림의 그녀와 미소로 아침인사를 나누고 나자 그녀는 별안간 손에 들고 있던 티켓을 내 쪽으로 내밀더니 말했다.

"멋진 하루 보내세요. 굿럭!"

세 시간짜리 주차 티켓. 그걸 내게 주고 그녀는 아무 일도 없었다는 듯, 이제 막 주차한 사람처럼 건너편 기계로 다가가 다시 동전을 넣고 티켓을 뽑으며 어쩔 줄 모르고 서 있는 내게 윙크를 날렸다. 그제야 이름도 모르는 타인이 나에게 기분 좋은 호의를 베풀었다는 것을 깨달았다. 파머스 마켓으로 향하는 내내 미소가 가시지 않았다.

또 한 번은 찌는 듯한 여름 날씨에 시댁에서 포틀랜드로 향하던 길이었다. 도저히 두 발로 걸어서 카페에 들어갈 엄두가 나지 않아 차를 탄 채 살 수 있는 드라이브 스루drive-thru로 들어섰다. 마이크 앞에 차를 세우고 커피 두 잔과 커피 빈 한 팩을 주문했다. 앞차가 주문한 음료를 받아 떠난 뒤 음료를 받기 위해 백만 불짜리 미소를 날리는 종업원 앞에 차를 갖다댔다. 30달러쯤 되겠거니 싶어 지폐를 들고 정확한 금액을 알려줄 종업원을 바라보던 존에게 그녀는 뜬금없이 미안하지만 돈을 받을 수 없다고 했다.

"앞에 간 사람이 당신들이 주문한 커피 값을 계산하고 갔어요."

"네? 누구지? 우리를 안다고 하던가요?"

"아니요. 사실은 그 앞의 손님이 그분의 커피 값을 계산해서서 그분이 두 분의 커피 값을 대신 내주셨어요."

그때서야 상황이 어떻게 돌아가는지 파악한 존은 호탕하게 웃으며 "그럼 저희가 뒷사람의 커피 값을 계산할게요"라고 망설이지 않고 말했다.

"6달러입니다."

이런, 우리는 30달러 가까이 되는 걸 단돈 6달러에 얻은 셈이었다. 이 이해 불가한 상황을 어떻게 이해해야 할까.

"왜 그 첫 사람은 얼굴도 모르는 뒷사람의 커피 값을 계산한 거야? 아는 사람이었나?"

"사회운동까지는 아니지만, 여유 있거나 잔돈이 남은 사람이 그냥 뒷사람을 위해 선행을 베풀고 또 그 선행을 받은 사람은 그 뒷사람에게 선행을 베풀고……. 나도 몰랐는데 요즘 그런 일이 종종 있더라고. 나비효과 뭐 그런 거지."

이 아름다운 마음을 가진 사람들은 도대체 어떤 사람들일까. 손님과 종업원, 직장 상사와 부하, 부모와 자식 등 그 어떤 관계로도 엮이지 않은 타인에게 아무것도 바라는 것 없이 작은 기쁨을 전하는 사람들.

그 뒤로도 나는 크고 작은 배려와 호의를 경험하면서 지금까지 한국에 살면서 내가 얼마나 예민하게 굴고 쓸데없이 자존심을 부리며 에너지를 낭비하고 살았는지 돌아보지 않을 수 없었다. 어디선가 불친절한 직원을 만나기라도 하면 본때를 보여주겠노라 이를 갈던 어리고 철없던 나를. 이 도시에 처음 왔을 때는 전혀 생각할 수 없었던 소소한 변화들이 내 안에서 일기 시작했다.

포틀랜드 사람처럼 운전하기

속 터지는 오리건 촌놈들

포틀랜드 사람들의 느긋하고 순한 성격에 가장 큰 감동을 받은 건 도로 위에서다. 포틀랜드가 속한 오리건 주는 미국에서도 유독 운전을 점잖게(느리게) 하는 걸로 유명해서, 과속 감지 카메라가 한 대도 없는 고속도로에서도(숨어 있는 경찰차는 있다) 규정 속도에 맞춰 운전하는 사람들을 보면 번호판과는 상관없이 오리건 사람이라고 놀리는 경우가 허다하다.

"아유 속 터져. 이놈의 오리건 사람들! 캘리포니아처럼 운전해야 제맛인데, 아이고 오리건 촌놈들."

한국을 유난히 사랑하고 아끼는 존이지만 딱 한 가지 불만을 꼽으라면 주저 없이 과속 운전자를 들 만큼 J의 운전 스타일은 정석에 가까웠다. J에 비해 꽤나 성질 급한 스킬을 가진 나는 국제운전 면허를 만들어 오면서 "운전경력 십 년인데, 비록 사고는 좀 냈지만 운전쯤이야 누워서 떡 먹기지"라며 의기양양했다.

하지만 서울에서 운전하면 누구라도 나 같은 우악스런 운전자가 될 수도 있다는 사실을 인정하는 존과는 달리 의외로 복병은 로마에 왔으면 로마법을 따라야 한다는 시어머니였다.

"주택가에서는 시속 25마일로 달려야 해. 안 그러면 100~200달러짜리 딱지를 뗀단다."

아무리 둘러봐도 카메라는커녕 순찰차 한 대 없는 시골마을에서도 나의 도로주행 연수관이 되길 자처한 시어머니의 시선은 속도판과 시종일관 브레이크를 밟아대는 나의 오른발에 가 있었다.

"브레이크는 좀 미리 밟아야지."

"여기 고속도로에서는 카메라가 없지만 경찰들이 예상치 못한 곳에 숨어 있다가 귀신같이 나타나 딱지를 끊는단다."

"어이쿠, 또 속도가 80마일을 넘었어!"

"앞 차가 차선을 바꾸려고 깜빡이를 켜면 거리를 둬야지 왜 엑셀을 밟고 바짝 붙니?"

이래서 남편뿐만 아니라 가족끼리는 운전을 가르치지도 배우지도 말라는 말이 나온 게 분명하다. 털털한 시어머니는 나의 등허리에 식은땀이 나도록 사소한 습관들을 조목조목 꼬집으며 말씀하셨다.

"미국은 한국과 달리 벌금이 만만치 않단다. 몇 십만 원에서 몇 백만 원까지 나오니까 조심해야 한다. 그리고 나는 무엇보다 네가 혼자 운전하고 나갔다가 까다로운 미국 경찰을 만나 곤욕을 치를까봐 걱정이구나."

그렇게 한 달 동안 외출할 일이 있으면 시어머니와 함께 길을 나섰다. 갈 때는 당신이 운전하며 이론적인 것들을 알려주고, 돌아올 땐 꼭 내게 운전대를 맡겼다. 물론 겉으로는 벌금 운운하셨지만 물고기를 물어다 주기보다 물고기 잡는 법을 가르쳐주는 교육관을 가진 시어머니다운 방법이었다. 그러다보니 미국에 온 지 두 달이 지나면서부터 구글맵 하나만 있으면 두 시간 거리의 고속도로도 혼자 오갈 만큼 시댁의 7인승 밴과 황량한 오리건 고속도로가 익숙해졌다.

나중에 알고 보니 시어머니의 진짜 목적은 내가 '복잡한 포틀랜드'에 가서도 안전하게 운전할 수 있게 되기를 바랐던 것이었다. 평생을 지금 살고 있는 농장을 떠나본 적이 없는 시어머니에게 포틀랜드 다운타운의 운전자들은 무법자 같은 존재였다. 주말마다 포틀랜드로 떠날 때도, 가을이 시작되면서 존의 학업이 모두 끝나고 농장마저 농한기로 접어든 뒤 포틀랜드로 거처를 옮겨 지낼 때도 시어머니는 그저 한 가지 걱정뿐이었다.

"운전 잘 하고, 포틀랜드 미친놈들 조심해라!"

포틀랜드의 미친 드라이버

도시의 미친 드라이버라면 서울에서 허리뼈가 압박 골절되는 교통사고까지 당해가며 온몸으로 익혀온 나였기에 오히려 시어머니 없는 포틀랜드에서의 운전은 약과에 불과했다.

"이제야 내 실력이 나오는구만."

게다가 포틀랜드 사람들은 미치기는커녕 지금껏 봐온 운전자들 중에 가장 매너 있는 축에 속했고, 가끔씩 눈에 띄는 미친 드라이버는 적어도 열에 여덟 명은 동양 사람이었다. 시어머니가 이 사실을 아셨다면 포틀랜드 미친놈들이 아니라 동양 미친놈들이라고 하셨을까?

사실 가뭄에 콩 나듯 만나는 미친 운전자는 문제도 아니었다. 정작 걱정거리는 트램이나 자전거 운전자들과 도로를 공유해야 하는 이곳의 도로 사정이었다. 트램과 같은 차선을 공유한다는 건 처음엔 조금 낯설어도 큰 어려움 없이 금방 익숙해졌지만 진짜 문제는 어디서 갑자기 튀어나올지 모르는 자전거 운전자들이었다. 혹시 못 보고 치기라도 하는 날에는 결혼해서 타국에 오자마자 철창신세를 져야 할지도 모른다는 두려움이 언제나 나를 긴장시켰다.

운전대만 잡으면 자동으로 엑셀을 밟고 있는 발에 힘이 들어가 속도를 올리는 이상한 본능을 가진 나로서는 경적 소리 한 번 제대로 듣기 힘든 포틀랜드에서

자전거 운전자들과 속도를 맞추며 룰루랄라 여유롭게 달리는 일은 여간 신경 쓰이는 일이 아닐 수 없었다.

자전거 운전자만큼이나 나를 긴장시키는 게 또 하나 있었으니 바로 보행자였다. 신호등이 없는 왕복 2차선의 주거지역에서도 횡단보도를 건널 것 같은 보행자가 있으면 모든 차들이 일단 정지했고, 횡단보도와 정지 신호가 없는 교차로에서도 마찬가지였다. 그런 일이 너무도 자연스럽다보니 멀리서 차가 와도 으레 서겠거니 싶어 당당하고 자연스럽게 길을 건너는 이들 역시 많았다. 그런 모습에 처음에는 적잖이 충격을 받았다. 하지만 일 년여 동안 익숙해지다보니 어느샌가 나도 그들처럼 달려오는 차를 기다리지 않고 자연스럽게 먼저 횡단보도를 건너고 있었다. 그러다가 포틀랜드를 떠나 잠시 머물게 된 카자흐스탄의 아스타나에서도 좌우를 확인하지 않고 아무렇지도 않게 횡단보도를 건너려다가 존에게 큰소리를 들어야 했다.

"허니! 여긴 포틀랜드가 아니야. 서울보다 더 심한 나라야. 눈치도 보지 말고 그냥 무조건 기다려. 차들이 혹시나 서주면 '고맙습니다' 하고 그때 가야 해."

서울을 떠나서 경험한 두 도시가 너무나 대조적인 탓에 몸이 고생이다 싶었다.

포틀랜드 운전자들의 유별난 매너는 비단 보행자들에게만 향한 것이 아니었다. 교통 신호등이 없는 사거리에는 'Stop'이라고 쓰인 빨간 표지판만 놓여 있는데 오리건 교통법상 보통은 먼저 도착한 차량 순서대로 가는 것이 원칙이다. 그런데 여기서 가끔 재밌는 현상이 벌어진다. 비슷한 시점에 사거리에 도착한 차들이 서로 먼저 가라고 웃으며 손짓을 하느라 도통 움직이지를 않는 것이다. 그럴 때마다 존과 나는 누가 먼저랄 것도 없이 이구동성으로 외치곤 했다. "So Portland(역시 포틀랜드다워)."

돌이켜보면 미국에 온 이후로 내가 운전대만 잡으면 "자기 양보 해야지", "자기 방금 양보했어야 해" 하며 '양보'를 입에 달고 살던 존이 왜 그랬는지를 자연스레 이해하게 됐다.

아주 비싼 주행 연습

포틀랜드로 거처를 옮긴 후 급하게 외국으로 떠나게 된 존을 배웅하기 위해 온 가족이 포틀랜드에 모였다. 시부모님 차를 집에 주차해두고 한 차로 이동하면서 존은 자랑스러운 비밀병기를 내놓듯 "나보다 이제 영래가 포틀랜드 길을 잘 아니까 영래가 레스토랑까지 운전할 거예요"라며 나에게 자동차 키를 넘기고는 살짝 윙크하는 것도 잊지 않았다.

매일 다니는 길이고, 저녁이라고는 해도 6시만 넘으면 집으로 돌아가는 문화라서 가장 운전하기 좋은 시간대라고 해도 좋을 만큼 안전한 상황이었다. 하지만 호랑이 교관 시어머니에, 실망시키고 싶지 않은 시아버지를 태우고 운전하려니 등줄기에서 식은땀이 흘렀다.

"가는 길에 집 구경 좀 시켜드릴게요. 이 동네, 아버지가 진짜 좋아하실 만한 주택들이 많거든요."

유난히 존과 쿵짝이 잘 맞는 시아버지는 조수석에 앉아 고개가 옆 유리에

붙을 만큼 적극적인 자세로 존의 설명에 열렬히 반응했지만 뒷좌석에 존과 함께 앉은 시어머니는 연신 "나는 이런 이층집은 딱 질색이야. 그래서 우리 집을 그렇게 옆으로 길게 지었지"라며 집인지 공관인지 헷갈릴 만큼 으리으리한 집들에도 통 관심이 없었다.

오늘 저녁은 존이 요즘 사랑에 빠진 독일식 레스토랑 스탐티시Stammtisch에서 먹기로 했다. '스탐티시'는 단골손님용 식탁 혹은 큰 테이블에 정답게 둘러앉는 모임을 뜻한다. 저렴하지만 양질의 식재료를 자랑하는 곳으로, 독일 생맥주와 훈제 학센(돼지족발 요리)이 유명하다. 다행히 20분간의 짧은 주행은 무사히 잘 마쳤고, 레스토랑 근처 주택가에 차를 세운 뒤 레스토랑을 향해 걸어가면서 시아버지는 자연스럽게 어깨동무를 하셨다.

"진짜 아름다운 동네다 그치? 낮에 보면 더 멋있겠어."

"그러게요. 오늘 자고 가시면 내일 다시 볼 수 있을 텐데 왜 굳이 이 저녁에 가려고 하세요."

"오, 아직도 이 아빠를 몰라? 맥스랑 주니어(강아지들)가 우릴 기다리는데 빨리 집에 가서 밥 줘야지. 어차피 갈 때 운전은 네 어머니가 할 거야. 나는 뒤에서 편히 누워서 자야지. 룰루랄라~"

쉽게 운전대를 남에게 맡기는 법이 없는 시아버지다. 한 달 만에 듣는 그의 뻔한 농담이 여전히 반갑다.

"그나저나 영래 운전 많이 늘었던데?"

나는 한국에서도 미국에 처음 왔을 때도 운전은 잘했다. 다만 포틀랜드스럽지 않았을 뿐. 남자같이 운전한다며 평소에도 자주 농담하던 시아버지는 여전히 장난기 가득한 얼굴로 싱글벙글 웃으며 말씀하셨다.

"그죠? 이게 다 포틀랜드 사람들 덕분이에요."

하지만 이것만은 진실이었다. 매일매일 그들과 나란히 운전하고 정차하며, 내가 보행자가 되었을 때 그들이 보여준 모습처럼 양보하다보니 나도 모르게 그들의 운전을 따라하고 있었다. 굳이 이런 사람들 사이에서 속도를 내고, 빨리 가기 위해 끼어들 이유는 전혀 없었으니까.

이곳에서는 클랙슨을 울릴 필요도, 꼬리 물기를 할 일도, 끼어들기 하는 차들에 대고 욕할 일도 없었다. 언제나 나의 과격한 운전 실력에 차에 타면 안전띠를 매며 기도부터 하던 엄마가 이 모습을 보면 해가 서쪽에서 뜰 일이라며 기뻐할까?

파머스 마켓에서 장을 봐 요리를 해 먹고, 동네 도서관을 내 집처럼 드나들고, 매일 아침 가까운 공원에서 조깅을 하고……. 누구나 설렘을 안고 떠난 여행지에서 잠시라도 현지인처럼 살아보고 싶은 로망이 있을 것이다. 내게는 그들과 속도를 맞춰 달리고, 보행자를 위해 속도를 줄이는 이 도로 위에서의 시간들이 그러했다.

물론 여전히 신호를 잘못 봐서 좌회전 일방통행 길에서 우회전을 해 기겁하고, 항상 같은 자리에서 고속도로 출구를 놓쳐 몇 킬로미터를 더 달리는 허당 퍼레이드는 이어졌지만 분명 나는 포틀랜드의 길 위에서 돈으로도 살 수 없는 아주 비싼 주행 교습을 받았다.

수천 명의 도로 위 교관들에게.

로컬 애호증

Eat local! Buy local! Drink local!

포틀랜드에 잠시 다니러 왔을 때는 그저 수많은 슬로건 중 하나로만 보이던 문구였다. 그런데 '로컬 같은 여행자, 여행자 같은 로컬'로 살아가자는 마음으로 주의 깊게 관찰하기 시작하자 도시 전체가 마치 'local'에 중독된 듯 어딜 가도 'local' 천지였다.

포틀랜드 사람들이 얼마나 로컬을 좋아하는지는 멀리 갈 것도 없이 우리 남편을 보면 알 수 있다. 그는 패션에는 눈곱만큼도 관심이 없기 때문에 자기는 절대로 힙스터가 될 수 없고 되기도 싫다고 말하지만, 프랜차이즈 음식을 거부하고 지역의 신선한 제철 재료와 로컬 브랜드를 선호하는 성향을 보면 영락없는 힙스터다. 연애기간 중에도 가끔 햄버거를 먹고 싶다고 노래를 부르던 나와는 달리 그는 절대 프랜차이즈 햄버거는 먹지 않겠다고 손사래를 치곤 했다.

그렇게 온몸으로 프랜차이즈 햄버거를 거부하던 그가 사실은 햄버거 킬러였다는 것은 미국에 처음 왔을 때 알게 됐다. 꼭 먹어봐야 할 햄버거가 있다며 나를 프랜차이즈 햄버거 집에 데리고 갔을 때 나는 실실 웃음이 터져 나왔다.

"그럼 그렇지. 괜히 입맛 까다로운 척하기는. 미국 사람이 햄버거 싫어한다는 게 말이 돼?"

미국에 온 지 이미 일주일이 넘은 때라 미국 음식이 슬슬 질리기 시작했지만 그의 청을 거절할 수 없어서 그저 맛만 볼 심산으로 그를 따라 가게에 들어섰다. 알록달록한 등받이 의자와 빈티지한 천장 인테리어가 1970년대 스타일을 그대로 유지한 듯한 버거빌Burgerville은 꽤나 올드해 보였다. 가만히 앉아 있으면 앞치마를 두르고 껌을 씹는 종업원이 커피포트를 들고 와 커피를 따라줄 것 같은,

미국 영화에서나 나올 법한 그런 가게였다. 다운타운에도 맛있는 고메gourmet 햄버거(고급 햄버거)를 파는 집이 많은데 굳이 외진 이곳까지 왔을까 의아했다. 아마도 그에겐 추억이 깃든 음식인 모양이었다.

그런데 막상 눈앞에 햄버거 사진들이 보이자 나는 언제 햄버거에 질렸냐는 듯이 크리스피 치킨 샌드, 왈라왈라 스윗 어니언링*, 모카 퍼크 셰이크mocka perk shake**를 주문했다. 번호표를 받고 한참을 기다려도 주문한 음식은 나올 기미가 보이지 않았다. 도대체 미국은 패스트푸드 점도 왜 이리 느린 것인가! 한국의 빠릿빠릿한 서비스에 익숙한 나에겐 백 년 같은 십 분이 흘렀다. 이윽고 입이 귀에 걸릴 듯 아이처럼 환한 미소를 지으며 쟁반 가득 푸짐하게 담긴 음식을 들고 오는 남편을 보자 흡사 20년 전의 존이 걸어오고 있는 듯한 착각이 들었다. 그가 행복해하는 모습을 보니 이곳에 오길 참 잘했다!

"여긴 주문이 들어가야 만들기 때문에 좀 늦어. 자 어서 먹어봐, 어때?"

햄버거 한입, 어니언링 한입을 입에 물고 모카 셰이크를 길게 빨아들일 때까지 초롱초롱한 얼굴로 심사평이 떨어지길 기다리는 그의 표정은 마치 자신이 만든 음식을 평가 받는 셰프라도 된 듯했다. 입 안의 음식을 다 씹기도 전에 이미 목구멍을 타고 넘어가며 점점 커지는 나의 동공과 이완되는 표정을 보고 빙고라도 맞춘 듯 주먹을 허공에 휘두르며 그가 외쳤다.

"그렇지, 그렇지! 당신이 좋아할 줄 알았어!"

● 　워싱턴의 왈라왈라 지역의 이름을 딴 크고 단맛이 강한 양파로 만든 어니언링. 여름 한철에만 맛볼 수 있다.

●● 　초콜릿과 커피 빈을 갈아 만든 셰이크.

주먹만 한 크기의 어니언링은 일본의 그 어떤 유명 덴푸라 가게의 튀김과도 비교할 수 없을 만큼 겉은 바삭했고 속도 알맞게 익었다. 스윗 어니언 향이 입 안에 퍼지자 나도 모르게 "오 마이 갓"이 튀어나왔다.

"Burger ville is fast food but it's not.(버거빌은 패스트푸드 햄버거이지만, 그 격이 달라.)"

어니언링을 베어 물며 무슨 대단한 명언이라도 남기듯 비장한 표정으로 말하는 그가 얼마나 귀엽던지. 이후로도 한 달에 한 번 꼴로 새로운 메뉴를 먹기 위해 이곳에 들르면서 왜 남편이 다른 패스트푸드 점과 다르다고 했는지 이해할 수 있게 되었다. 그들은 기본 햄버거 메뉴를 제외하고는 시즌별로 주변 지역의 농장들과 연계해 딸기, 블랙베리, 양파, 아스파라거스, 호박 등을 이용한 사이드 메뉴를 판매하고, 농장 주인이 크게 찍힌 포스터를 붙여놓고 로컬 콜라보레이션을 대대적으로 홍보하고 있었다.

물론 콜라보레이션보다 중요한 것은 패스트푸드 점임에도 지역에서 생산한 신선한 제철 재료를 이용해 훌륭한 메뉴를 만들어내고 있다는 점이었다. 패스트푸드 점이 이 정도라면 다운타운에서 잘나가는 레스토랑들은 길게 말하지 않아도 짐작이 갈 것이다.

로컬 지향주의와 관련해 또 한 가지 재미있는 현상은 프랜차이즈 슈퍼마켓에 관한 것이다. 미국은 아무리 작은 시골마을이라도 빠짐없이 월마트가 들어와 있다는 것을 오리건 주 곳곳을 누비며 알게 되었다. 그런데 웬일인지 포틀랜드에는 다운타운을 중심으로 좀 살기 좋은 동네다 싶은 곳에는 홀푸드, 뉴시즌 같은

유기농 로컬 식품을 주로 판매하는 슈퍼마켓들이 들어와 있었고 그 외의 슈퍼마켓 체인들도 종종 볼 수 있었지만 최저가 콘셉트로 미국에서 가장 많은 체인점이 있는 월마트만은 볼 수 없었다.

그나마 일반 슈퍼마켓에서 쇼핑할 때도 포틀랜드 사람들은 "A는 B보다 조금 더 상품의 질이 낫지", "A에는 질 좋은 로컬 재료들도 있지" 하는 식으로 나름대로 급을 매겨가며 쇼핑하는 성향이 있었다. 그중에서 프레드 메이어Fred Meyer라는 마켓은 고속도로나 메인 도로를 중심으로 "포틀랜드 로컬 농장의 호박!" "A농장의 포틀랜드 베리를 맛보세요!" 등의 광고 문구와 함께 농장과 농장 주인의 얼굴을 커다랗게 넣어 선전하곤 했다. 비록 유기농이나 로컬 제품으로 이름이 알려진 슈퍼마켓은 아니지만 지역의 성향과 유행에 발맞춰 몇몇 지역의 농작물이나 과일을 매장에 들여온 뒤 이를 전면에 내세워 홍보하는 것이다.

'커피나 맥주는 그렇다 쳐도 패스트푸드 점이나 체인 슈퍼마켓도 로컬을 빼고는 포틀랜드에서 살아남을 수 없는 것인가?'

포틀랜드 사람들의 이 독특한 사고방식은 알면 알수록 정감이 가고 마음에 와 닿았다.

'Farm to table, Farm to dining movement.(농장에서 식탁으로, 농장에서 식당으로 운동).'

포틀랜드에서는 주변 농장들의 제철 채소와 과일 등에 맞춰 메뉴를 매주 혹은 시즌별로 바꾸는 레스토랑들을 흔히 볼 수 있다. 포틀랜드 사람들이 얼마나 재료에 유별난 관심을 갖는지에 대해서는 포틀랜드를 풍자한 미국 드라마 〈포틀랜디아)의 에피소드에서 확인할 수 있다. 내용인즉, 한 레스토랑 테이블에 마주 보고 앉은 남녀 주인공이 서버에게 치킨 요리에 대해 물으며 유기농인지, 어떤 농장인지, 로컬인지, 농장 주인의 성품은 어떤지, 닭들이 제대로 관리되고 있는지를 끊임없이 물어보며 서버를 당황하게 만든다. 결국 이들은 직접 눈으로 확인해야겠다며 농장까지 찾아간다.

누군가는 그저 콩트로 받아들일 소재일지도 모르지만 스텀프타운 커피를 비롯해 세 개의 레스토랑을 운영하고 있는 듀안 소렌슨 Duane Sorenson 으로부터 들은 바로는, 실제로 많은 포틀랜드의 레스토랑들이 메뉴와 함께 사용된 고기나 재료들을 어떤 농장에서 들여왔는지, 로컬인지 여부를 기재하고 있고, 궁금한 것이 유독 많은 고객들을 위해 레스토랑 측은 개점 전에 직원들에게 그날의 메뉴와 재료(원산지까지도)를 알리고 숙지할 수 있도록 교육시키고 있다고 했다.

그들의 로컬 지향주의는 비단 먹는 것뿐만 아니라 생활 전반에서도 나타난다. 지금의 포틀랜드가 전 세계 사람들을 끌어들이는 매력적인 도시로 성장한 데는 지역사회 구성원들의 힘이 컸다. 그들은 강한 유대감으로 서로 협력하며 살아간다. 그로 인해 소규모 독립 상인과 농부들이 대형 프랜차이즈나 대기업의 그늘에 짓눌려 빛을 보지 못하고 찬밥 신세가 되기는커녕 포틀랜드를 푸드카트의 천국, 로컬 편집 숍과 디자이너 숍의 신세계, 마이크로 브루어리의 도시로 만드는 가장 큰 원동력이 되었다.

친절하고 까다로운
그대들

여행자와 생활자라는 양면의 모습으로 살아가는 사람으로서, 한국에서 온 여행자들을 만날 때나 현지인들을 만날 때 나는 항상 궁금한 것이 많았다. 그중에서도 꼭 양쪽에 똑같이 물어보는 질문이 하나 있다.

"포틀랜드의 어떤 면이 좋아요?"

여행자들은 대부분 "여긴 사람들이 정말 친절해요! 길에서 보면 잘 웃어요, 안전해요, 길이 깨끗해요, 치안이 좋아요, 일반인들이 버스를 타고 다녀서 좋아요(노숙자나 위험 인물이 많지 않다는 의미)"라고 말한다. 그렇다면 여행자들이 유난히 친절하다고 느끼는 이들(현지인)에 대해 다른 지역에서 살아본 적 있는 현지인들은 어떻게 생각할까.

"나도 그렇게 생각해요. 난 샌프란시스코에서 태어나 시애틀에서 자랐지만 두 도시에서도 이 정도로 친절한 사람들은 보지 못했어요. 특히 샌프란시스코나 뉴욕 같은 대도시처럼 바쁘게 돌아가는 곳은 더욱 그렇고요. 포틀랜드처럼 타인과 테이블을 쉽게 나누고 옆자리의 모르는 사람과 자연스럽게 이야기하며 식사를 함께 하는 모습은 대도시에서는 보기 힘들죠."

현지인들도 이렇게 말할 정도니 그들의 태도가 단지 동양에서 날아온 여행자들에게 선의를 베풀기 위한 것은 아닌 게 분명하다.

하지만 그렇다고 포틀랜드에 오면 모두가 내게 말을 걸어주고, 천사 같은 친구가 되어줄 거란 말은 아니다. 한번은 블로그를 통해 여행 정보를 물었던 이에게 여행이 어땠는지 궁금해서 이후에 연락을 했다가 꽤나 충격적인 이야기를 들었다. 캐나다에서 유학하던 중 잠시 짬을 내서 포틀랜드를 여행하러 왔는데, 길지도 않은 일정 중에 두 번이나 길에서 인종차별과 성차별을 당하고, 또 머물던 호스텔에서도 불쾌한 경험을 하는 바람에 불안해서 외출도 편하게 못했다는 것이었다.

내가 잘못한 일은 아니지만 괜스레 미안하고 얼굴이 화끈거렸다. 그녀에게 너무 듣기 좋은 이야기만 들려주었던 게 아닌가 싶어서 나도 모르게 책임감 같은 것이 밀려왔다. 그 일이 있은 뒤로 친절하고 자연스럽게 일상을 공유하는 사회 속의 그들이 아니라 좀 더 개인적인 삶의 모습은 어떨지, 그 현실이 궁금해졌다.

미국에 도착하고 얼마 지나지 않아 "참, 친절한 포틀랜드 사람들!"이라고 감탄하던 중에 그 생각을 한순간에 무너뜨린 일이 있었다. 포틀랜드의 파머스 마켓에 판매자로 참가했을 때다. 그전에는 시댁의 농장 주변에서 열리는 파머스 마켓에 여러 번 참여한 적이 있었다. 포틀랜드를 중심으로 서쪽과 남쪽으로 베리팜들이 분포되어 있어 그쪽은 경쟁이 치열한 반면, 시댁의 농장이 있는 오리건 주의 동쪽 지역에는 베리팜이 귀해서 어느 마켓에 가든 베스트셀러가 되는 건 물론이고 귀한 대접(실제로 질 좋고 신선한 농작물에 대해 고마움을 표현하는 이들이 많아서 자긍심이 느껴질 정도였다)까지 받았다. 그럴수록 다정한 미국인들이 친근하게 느껴졌고 어느덧 안부를 묻고 수다를 떠는 사이가 되기도 했다. 그랬던 내가 포틀랜드에서 열린 파머스 마켓에 처음 참가하고 돌아오자마자 다시는 나가지 않겠다고 선언했고, 모두가 놀란 토끼 눈으로 나를 바라봤다.

"포틀랜드 사람들은 왜 그래요?"

"무슨 일이야?"

"마켓 매니저들이 이미 농장에 대해서 확인하고 참가 여부를 결정하는 거잖아요. 근데 어찌나 깐깐하고 까다롭게 굴던지. 농장은 어디 있느냐, 크기는 얼마나 되느냐, 가족 농장이냐, 베리의 종은 뭐냐, 비료는 쓰냐, 비료는 유기농이냐 화학이냐, 오늘 아침에 수확한 게 맞냐. 뭐 그렇게 까다롭고 의심스러운 게 많은지 일일이 대답하다가 기절할 뻔했어요."

나는 숨도 쉬지 않고 말을 이었다.

"그리고 농장의 크기가 얼마나 되냐기에 엄청 크다고 말해주고 좀 더 신뢰를 주려고 농장 직원이 몇 명인지도 알려줬는데 갑자기 흥미를 잃었다는 표정을 짓더니 사지도 않고 그냥 가는 거 있죠? 제가 뭘 잘못했나요?"

수년 동안 형성된 신뢰 때문인지 시어머니나 존의 형 제프를 따라 나섰던 다른 지역 파머스 마켓의 단골들은 매주 신선한 베리를 몇 박스씩 사가며 시댁의 베리에 무조건적인 사랑을 보여주었다. 반면 포틀랜드 사람들은 3달러짜리 베리 한 컵을 사면서도 그 누구보다 진지한 태도로 '내가 사는 이 제품에 대해 제대로 알아야겠다'는 강한 의지를 보이는 이들이 많았다. 판매자로서 그런 경험이 낯설었던 나는 여간 곤욕스럽지 않았다.

"여기 사람들은 가족 중심의 소규모 농장을 더 좋아하기 때문에 그랬을 거야. 하하하, 웰컴 투 포틀랜드 라이프!"

농장에서 파머스 마켓을 담당하는 제프는 깔깔깔 웃느라 뒤로 넘어갈 지경이었다. 평소에 그렇게 포틀랜드가 '쿨'하고, 사람들이 친절하다며 입에 침이 마르게 칭찬하던 내가 단 몇 시간 파머스 마켓을 경험하고 돌아와서는 포틀랜드 사람들이라면 치가 떨린다고 혀를 차는 모습이 어지간히 재미있었나보다.

"포틀랜드 사람들이 좀 유별나. 특히 자신들이 먹는 것에 대해서는. 그리고 파머스 마켓에 오는 사람들이야말로 내가 먹는 재료들이 어디에서 왔고 어떻

게 자랐고 누구 손에 자랐는지 알아야 직성이 풀리는 사람들이거든. 안 그러면 동네 슈퍼에 가서 캘리포니아 산 딸기를 사겠지. 그리고 'Small Batch(소량 생산), Family Business(가족 경영)'를 서포트하는 경향이 커서 다들 농장의 규모를 물어보는 거야. 파머스 마켓에 가면 다른 사람들이 내놓은 간판이나 메뉴판을 한번 봐. 저 두 단어가 얼마나 흔하게 보이는지. 드라마 〈포틀랜디아〉 봤잖아. 그게 없는 말을 지어낸 게 아니라니까."

그 여름이 가고 가을의 낙엽이 질 때까지 나는 포틀랜드 파머스 마켓에서 주말마다 그들을 상대해야 했다. 시간이 지나면서 익숙해지기도 했지만, 잊을 만하면 나타나는 불쾌한 손님들 앞에서는 눈물이 찔끔 날 정도로 정이 떨어질 때도 있었다.

"다음에 또 도와야 할 일이 생기면 저는 포틀랜드 마켓에서 빼주세요."

농담반 진담반인 내 말에 장난기가 발동한 시아버지는 또 나를 놀릴 기회를 놓치지 않았다.

"왜? 우리 식구 중에 너처럼 포틀랜드를 좋아하고 잘 아는 사람이 누가 있다고! 가서 아시아의 매운 맛을 보여줘야지!"

"더 이상 포틀랜드 사람들을 싫어하고 싶지 않아요. 그냥 저는 에코백 옆에 끼고 룰루랄라 노래 부르면서 친절한 손님으로 포틀랜드 파머스 마켓을 찾는 쪽을 택할래요."

하지만 아이러니하게도 긴 겨울을 다른 도시에서 보내고 파머스 마켓이 활기를 띠기 시작한 초여름에 포틀랜드로 돌아왔을 때, 파머스 마켓에 장을 보러

간 나는 어느샌가 '나의 진상 고객들'처럼 꼼꼼히 식재료를 따져가며 궁금한 점들을 묻는 까다로운 손님이 되어 있었다. 그들을 이해하기 시작한 것일까.

상냥하고 친절한 이 도시의 사람들,
까칠하고 예민한 이 도시의 사람들,
알면 알수록 정의하기 어려운 것이 바로 포틀랜드 사람들이었다.

힙스터와 슬로 라이프

문화와 유행을 창조하고 또 따르는 이들, 지금의 대표적인 포틀랜드 문화를 이끌고 있는 이들을 대부분 힙스터라고 부른다. 포틀랜드뿐만 아니라 런던, 베를린, 뉴욕에도 힙스터를 자처하는 이들이 나름의 라이프 스타일로 힙스터 문화를 만들어가고 있지만 포틀랜드의 힙스터들에 대해서는 슬로 라이프를 떼놓고 말할 수 없을 듯하다.

외형적으로는 남성의 경우 롤업 청바지에 가죽 부츠, 체크 셔츠에 패딩 조끼나 재킷을 걸치고, 덥수룩한 수염에 뿔테 안경을 낀 이들을 주로 힙스터라고 부른다. 샌프란시스코나 로스앤젤레스를 먼저 여행하고 온 여인들이 포틀랜드 남자를 바라보는 시선은 딱 두 가지다. 자연스럽고 패셔너블하다! 지저분하고 옷을 못 입는다! 어쩌면 이 두 가지 반응 모두가 그들이 원했던 스타일일지도 모른다. 포틀랜드에서는 샌프란시스코에서 흔히 볼 수 있는 값비싼 수트 차림의 말끔한 직장인을 보기가 쉽지 않은데, 이것이야말로 포틀랜드 힙스터들이 자랑스러워하는 대도시와 포틀랜드의 차이점이다. 물론 포틀랜드의 힙스터만이 이런 스타일을 고집한다고 단정 지을 수는 없다. 하지만 자유분방하고 마치 금방이라도 배낭을 메고 캠핑을 떠날 것 같은, 혹은 방금 뒷산에서 장작을 패다 온 것 같은 이들의 옷차림은 포틀랜드가 속해 있는 오리건 주의 특성과 관련이 깊다.

오리건은 과거 한때 미국에서 벌목으로 가장 유명한 주州에 속했다. 하지만 1970년대에 들어서면서 야생 동물과 자연 보호를 이유로 많은 시민단체들이 벌목에 반대하기 시작했고 지금은 그 어느 곳보다 울창한 숲을 자랑한다. 비록 과거의 명성은 잃었지만 다양한 나무꾼woodsman, 벌목logging 콘셉트의 남성 브랜드나 아웃도어, 스포츠 브랜드(나이키, 컬럼비아 등)가 포틀랜드에서 탄생하게 된 배경이 자연스럽게 이해되는 부분이기도 하다. 그런 사정을 듣고 보니 그저 유행에 민감한 젊은이들이 너도나도 똑같은 스타일을 고수한다는 선입견이 좀 수그러들면서 나름대로 근거가 있는 문화라는 사실을 수긍하게 되었다.

남자들의 패션 외에 좀 더 보편적인 힙스터 문화는 또 어떤 게 있을까.
앞서 〈포틀랜디아〉라는 미국 드라마를 언급했지만 개인적으로는 이곳의 다양한 사람들을 겪어본 후에야 박장대소하며 각각의 에피소드에 공감할 수 있었다. 이 드라마는 포틀랜드에서 일어나는 다양한 일을 풍자하는 시트콤으로 사실에 근거하긴 했지만 그들 특유의 유머 코드가 돋보인다.
예를 들면 이렇다. 포틀랜드 사람들은 늘어난 티셔츠를 걸친 채 부스스한 머리에 슬리퍼를 끌고, 에코백이나 짚으로 짠 바구니를 들고서 파머스 마켓에 간다. 그런데 그것으로 끝나면 진정한 힙스터가 아니다. 이들은 더 나아가 집 뒤뜰에서 직접 닭을 기르고, 채소를 키우고, 수제 소시지를 만들어 먹으며 자급자족 생활을 추구한다. 콘택트렌즈를 거부하기 위해 여자들은 뿔테 안경을 쓰고, 타투와 피어싱은 예사인데다 LP판이 유행하던 1990년대 문화가 여전히 존재하며, 심지어 1890년대의 나무꾼을 연상시키는 덥수룩한 턱수염을 기르고, 진기한 콧수염을 경쟁하는 대회가 펼쳐진다. 이들은 전기면도기가 아닌 구닥다리 면도칼을 이용해 수염을 직접 관리한다. 그래서 포틀랜드에는 수염을 관리해주는 잘 꾸며놓은 바버숍(이발소)과 면도 관련 로컬 브랜드도 심심치 않게 볼 수 있다. 이들은 확실한 정규직을 잡지 않고 시간제 아르바이트를 하며 자유로운 삶을 추구한다. 드라마에서도 젊은이들이 은퇴한 듯한 삶을 살기 위해 포틀랜드로 모여든다는 식

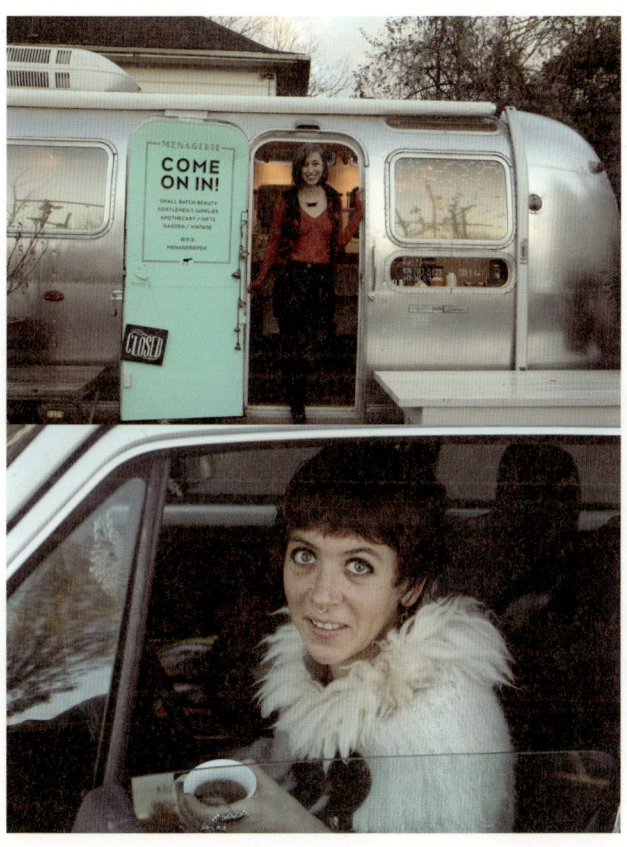

으로 풍자하는데, 이 역시 어느 정도 현실이 반영되어 있다.

힙스터라는 말은 1940년대 미국에서 사용되기 시작한 속어로 대중적인 유행을 따르지 않고 자신들만의 고유한 패션과 음악 문화를 좇는 부류를 뜻한다. 사전적으로는 '무엇을 더 잘 알고 있는'이라는 뜻도 포함하고 있다.

힙스터를 바라보는 시각은 다양하다. 젠트리피케이션gentrification*을 들먹이며 이들이 조용한 동네를 망쳐놓았다고 부정적인 시각을 갖는 이들이 있는 반면, 오랜 시간 깊이 있게 한 분야를 꾸준히 즐기면서 만들어내는 그들의 문화를 긍정적인 시선으로 바라보는 이들도 존재한다. 내가 경험하고 느낀 포틀랜드에는 다행스럽게도 혹은 아쉽게도 이 두 가지 현상이 공존하고 있었다.

포틀랜드를 대표하는 커피, 맥주, 인디 밴드, 캠핑 문화를 오랫동안 이끌며 "우린 너희들과 달라! 우린 유행을 따르지 않아. 유행을 만들어갈 뿐이지. Keep Portland Weird!"라고 수년 동안 묵묵히 외치고 있는 그들. 하지만 이제는 아이러니하게도 그 모든 것이 유행이라는 이름으로 많은 관광객과 자본을 끌어들이는 문화 자원으로 변모했다. 그들이 드나들던 허름한 카페와 빈티지 숍이 헐리고 그 자리에 고급 맨션과 부티크가 들어서고 있는 것이다.

힙스터들의 도시, 포틀랜드는 수년 후 과연 어떤 모습으로 변해 있을까. 그리고 우리가 관심을 갖기 시작한 포틀랜드의 모습과 진짜 그들이 살아가고 있는 모습은 얼마나 같고 또 다를까.

● 구도심이 번성해 중산층 이상의 사람들이 몰리면서 임대료가 오르고 원주민이 내몰리는 현상.

킨포크 스타일

『킨포크』는 번역본이 나오기 전부터 젊은 디자이너와 아티스트들을 중심으로 유명세를 타기 시작하더니 2014년에는 일본어, 러시아어, 중국어에 이어 한국어로도 번역되며 큰 인기를 끌었다.

그런데 전 세계에서 젊은 아티스트들을 중심으로『킨포크』가 유명해진 데는 잡지뿐만 아니라 일 년에 두 번씩 전 세계의 수많은 도시에서 같은 주제를 가지고 그곳의 현지 재료와 문화에 맞춰 동시에 진행하는 워크숍과 개더링이 한몫했다고 볼 수 있다. 최근 한국에서도 함께 어울려 식사하고 나아가 타인과 함께 소소한 무리를 지어 무언가를 배우는 '모임gathering'의 자리가 많아지면서 킨포크족이라는 단어까지 등장할 정도로『킨포크』가 추구하는 라이프 스타일에 대한 관심이 크게 늘었다.

이 잡지를 창간한 네이션 윌리엄스Nathan Williams와 그의 친구들은 일상생활에서 가까운 친구, 가족들과 함께 좋은 음식을 먹으며 시간을 보내거나 작은 공동체(커뮤니티)를 형성하는 것에 무엇보다 큰 가치를 두고 있었다. 그러다가 인쇄물 형태의 잡지와 온라인 홈페이지에 국한된 콘텐츠를 조금 더 자연 친화적으로 확장할 필요성을 느끼게 되었고 자신들의 실생활을 디너 시리즈(현재의 개더링)로 발전시키게 되었던 것이다.

개더링이 처음 시작될 때는 그저 세계의 여러 도시에서 이벤트를 열어 여럿이 함께 모여 식사하는 형태로 이루어졌는데, 지금은 발효, 향, 해체 시연(생선, 고기 등), 해산물, 크리스마스 데코 등 매번 새로운 주제로 함께 배우고 정보를 공유하면서 식사를 즐기는 형태로 발전하게 되었다.

그 다양한 주제도 흥미로웠지만 무엇보다 전 세계에서 동시에(하지만 킨포크가 앞장서서 개더링을 진두지휘하지 않고 현지 아티스트, 디자이너들과의 협업으로 철저히 현지의 주관 아래 이뤄진다) 워크숍을 진행하는 방식과 그들이 만들어내는 감성적인 분위기에 반해 자주 홈페이지를 들락거리던 어느 날, 발효라는 주제로 드디어 한국에서도 첫 워크숍이 열린다는 소식을 접했다. 행여나 티켓이 품절될까 봐 결제를 서둘렀지만 아무리 해도 결제가 제대로 되지 않았다. 포틀랜드에 전화하고 한국 담당자 이메일을 받는 등 난리법석을 피운 끝에 어렵게 예약에 성공해 충주까지 내려가 참석할 수 있었다. 나중에 현장에 내려가서 알게 됐지만 이때만 해도 한국어판이 나오기 전이라 이벤트의 홍보가 제대로 이뤄지지 않아서 참가자라고는 고작 관계자나 관계자의 지인이 대부분이었다. 하지만 『킨포크』에 대한 나의 열정은 거기서 그치지 않고 그해 겨울 『더 킨포크 테이블 The kinfolk Table』의 한국어판 출간 기념으로 진행된 개더링의 테이블 데코레이션까지 의뢰 받아 진행할 만큼 그들이 추구하는 라이프 스타일과 잡지 스타일에 푹 빠져 지냈다.

서울 생활을 정리하고 미국에 온 후에 가장 먼저 하고 싶었던 일 역시 『킨포크』의 사무실 방문이었다. 생각보다 쉽게 그들의 연락처를 알아냈지만 떨리는 마음이 수화기를 타고 상대편에게 전해질까봐 남편에게 미팅 약속을 대신 잡아달라고 반강제로 부탁했다.

"금요일 한 시 괜찮겠어?"

"약속 잡았어? 진짜 잡았어? 꺅! 드디어 가보는 거야, 『킨포크』 본사에!"

면접이라도 보듯, 좋아하는 배우라도 만나듯 그들과 이야기를 나누고 사무실을 둘러볼 생각에 잠까지 설쳤다. 아침부터 조급한 마음에 서둘렀더니 약속 시간보다 조금 일찍 그곳에 도착했다.

　다운타운의 어느 고층 건물 한 층을 차지하고 있을 것이라는 예상과는 달리 아주 한적한 노스이스트의 주택가에 자리 잡은 사무실(현재는 노스이스트의 다른 지역으로 이전)의 외관은 잡지만큼이나 심플하고 감각적이었다. 심호흡을 깊게 하고 나무 문을 열고 들어서자 그곳에는 얼핏 봐도 전형적인 포틀랜드 힙스터 차림(체크 셔츠와 면바지, 선한 인상과 덥수룩한 수염)의 네이트가 우릴 기다리고 있었다.

　"안녕하세요, 조녀선과 영래! 반갑습니다. 제가 오늘 사무실을 안내해드릴 거예요."

　어떤 여행자는 낯선 도시에서 처음 만나는 사람의 인상과 태도가 그 도시의 전부처럼 느껴진다고 했다. 지금 이 순간만큼은 『킨포크』를 대표하는 그에게 착한 시민상 내지는 최고의 직원상이라도 주고 싶을 만큼 그는 친근하고 여유롭게 사무실의 구석구석을 보여주고 직원들과도 일일이 인사를 시켜줬다.

　한산한 사무실에는 두 명의 직원이 전부였는데 그들 역시 하던 일을 멈추고 일어나 자신을 소개하고 또 우리가 이 도시에 머물고 있는 건지, 여행을 온 건지, 포틀랜드가 마음에 드는지 등을 물어가며 편안한 분위기로 이끌었다. 방문하는 사람마다 이런 식으로 인사하면 일하는 데 방해가 될 법도 한데 이것 역시 그들의 방침인지 아니면 그들의 성향 탓인지는 모르겠지만 친근한 그들의 태도에 점점 매료되었다.

　알찬 사무실 투어가 끝나고 사무실 입구에 꾸며진 작은 쇼룸에 서서 나는 한국에서 워크숍에 참석했던 일이나 크리스마스 개더링 데코레이션을 맡았던 일

을 이야기했지만 시종일관 흐뭇한 미소만 짓고 있는 그를 보자 아마도 전 세계의 개더링을 다 기억하는 것은 무리겠다 싶었다.

"참, 온 김에 잡지를 몇 권 사갈까 하는데 가능할까요?"

"잠시만요. 담당 직원에게 확인해보고 올게요."

잠시 후, 양손에 한아름 잡지를 안고 들어온 그가 카운터에 조심스럽게 잡지를 내려놓으며 중대발표라도 할 것처럼 긴장감을 조성했다.

"저희가 한국어 번역판을 출간하기 시작했어요. 한국에는 아마도 배에 실린 제1권이 이제 막 도착했을 거고, 이건 저희가 그쪽 에이전시와 계약하고 앞으로 한국에서 출간될 총 일곱 권이에요. 아마 이 모든 시리즈를 가진 첫 한국 독자가 되는 게 아닌가 싶네요. 저희가 드리는 선물이니 기쁘게 받아주세요."

로또를 맞으면 이런 기분일까. 예상치도 못한 선물을 선뜻 내주는 그들의 호의에 고구마처럼 달아오른 내 얼굴은 급기야 용암처럼 끓어오르며 화룡점정을 찍었다. 마지막으로 사진이라도 한 장 찍으라는 남편의 얘기에 얼떨결에 찍은 사진 속의 나는 주량도 모르고 술을 진탕 마신 여인처럼 벌건 얼굴로 외간 남자 옆에 서서 부자연스러운 미소를 짓고 있었다.

하지만 그렇게 포틀랜드의 모든 것일 것만 같던 『킨포크』에 대한 나의 열망과 관심은 오래가지 못했다. 그토록 기다렸던 사무실 방문이 끝나자 기쁨도 잠시, 포틀랜드를 이제 다 경험한 것만 같은 허무함이 밀려들기 시작했다.

'커피도 마셔봤고, 맥주도 신나게 마시러 다녔고, 『킨포크』 사무실도 가봤으니, 이제 난 포틀랜드에서 무엇을 더 경험해야 할까.'

인터뷰를 위해 만나는 숍의 오너, 또는 포틀랜드 문화와 연관된 이들은 『킨포크』에 직접 소개도 되고, 또 자신들의 매장에 『킨포크』를 놓아두는 등 서로를 동료라 칭하며 깊은 관계를 맺고 있었지만 커피숍이나 레스토랑에서 만나 자연스럽게 이야기를 나눈 사람들, 파머스 마켓에 장을 보러 온 사람들은 대부분 『킨포크』의 존재를 몰라서 되레 나를 당황시켰다. 어느 지역의 문화든 저마다 취향은 다른 법이니, 『킨포크』가 내가 생각했던 만큼 포틀랜드를 대표하는 대중적인 매거진은 아니라는 정도로 받아들이는 건 어렵지 않았다. 문제는 포틀랜드의 전부일 것 같던 『킨포크』 스타일과 포틀랜드의 실제 모습 사이에 꽤 큰 차이가 있다는 걸 깨달았다는 것이다.

한국에서 친구들과 여행자들이 줄줄이 다녀가서 정신없이 보내던 여름의 어느 주말, 한국에서 다큐멘터리를 제작하는 프로덕션으로부터 이메일을 받았다. 요즘 함께 식사하고 함께 시간을 보내는 이야기를 기획하고 있는데 『킨포크』와 함께 포틀랜드 사람들과 우리 부부의 생활을 취재하고 싶다는 내용이었다. 물론 확정된 기획은 아니었지만, 이곳에서 경험하고 공감한 이야기라면 한 번 소개해도 좋은 추억이 될 듯했다. 담당자와 좀 더 구체적으로 의논하기 위해 전화 통화를 했다.

"요즘 전 세계적으로 슬로 라이프에 관심이 많잖아요. 그중에서도 저희는 『킨포크』 매거진이 포틀랜드에 미친 영향 혹은 그 영향을 받은 이들의 삶이 어떻게 변화했는지 궁금해요."

아마 처음 포틀랜드에 오자마자 이런 기획을 들었다면 나는 물개박수를 치며 맞장구를 쳤을 것이다. 하지만 『킨포크』 열병이 감기처럼 지나가고, 이 도시의 일상에서 알게 된 사람들을 통해 포틀랜드의 좀 더 다른 매력을 발견하고 있던 터라 그 기획에 쉽게 동의할 수 없었다.

"사실 제가 만난 사람들 중에는 『킨포크』를 모르는 사람들이 더 많았어요. 포틀랜드에 오자마자 전 세계에서 가장 큰 지역 서점인 파월스북에서 『킨포크』가 어느 섹션에 있는지 묻자 그들은 스펠링까지 되물으며 이름을 확인했고, 결국 찾아간 코너에는 레시피북 한 권만 놓여 있었어요. 물론 디자이너나 패션, 문화 쪽에 관계하면서 이쪽에 관심을 가진 사람들에겐 핫하고 유명한 잡지지만, 포틀랜드가 『킨포크』의 영향을 받았다기보다 포틀랜드였기에 탄생할 수 있었던 잡지가 아닌가 생각해요. 다양한 포틀랜드의 얼굴 중 한 면을 집약적으로 보여주는 잡지라고나 할까요."

쉽게 흥분하지 않고 말을 이어가던 수화기 너머의 목소리는 의외의 답변에 놀랐다는 듯이, 뭔가 의도했던 방향과는 맞지 않는다는 듯이 아쉬움을 전해왔다. 물론 그날의 대화 때문은 아니겠지만, 결국 기획한 다큐멘터리가 무산됐다는 연락을 받았다. 나는 아쉬움보다는 차라리 잘된 일이라는 생각이 들었다. 천천히 알려지더라도 이 도시의 매력이 제대로 알려지기를 바랐기 때문이다. 물론 포틀랜드의 어떤 면을 볼 것인지는 여행자 각자의 몫일 테지만.

포틀랜드에는 『킨포크』 스타일이 분명 존재한다. 유유자적하며 멋스런 삶을 사는 이들이 주가 되어 세련된 편집 숍과 로컬 숍, 아이스크림과 도넛, 커피와 요리뿐 아니라 음악, 디자인 등 많은 영역에 걸쳐 감각적인 포틀랜드를 만드는 데 앞장서고 있다. 하지만 이 도시에는 여전히 인위적이지 않은 자유로움을 추구하며 SNS, 힙한 브랜드, 『킨포크』에는 관심도 없고(혹은 싫어하며), 히피인지 노숙자인지 분간이 안 되는 스타일에, 집 뒷마당에서 음식물 쓰레기로 퇴비를 만들고, 비싼 유기농 슈퍼마켓에 가는 대신 파머스 마켓을 찾아 농부와 직거래하고, 자신들이 좋아하는 오래된 취미와 취향(비록 지금의 유행 코드와 맞지 않는다고 하더라도)을 묵묵히 즐기고 이어가는 이들의 문화도 상당히 높은 비중으로 이 도시를 지탱하고 있다. 이런 사실을 알고 이 도시를 방문한다면 이들의 정체성을 이해하는 데 조금이나마 도움이 되지 않을까.

『킨포크』 오피스 www.kinfolk.com

328 NE Failing St, Portland

Tel. 503-946-8400

조애나 한 Joanna Han

『킨포크』의 프리랜서 에디터

처음 그녀를 알게 된 건 어디선가 『킨포크』에 한국계 미국인 직원이 근무한다는 이야기를 들었을 때였다. 포틀랜드에서 살고 있는 다방면의 사람들을 만나 포틀랜드에 대해 들어보는 인터뷰를 계획하면서 『킨포크』의 편집장 네이선 윌리엄스를 떠올리지 않은 건 아니다. 그러나 그에 대한 인터뷰는 이미 한국에 너무 많이 소개됐기 때문에 그다지 흥미가 당기지 않았다. 대신 나와 비슷한 또래의 한국계 여성이 어떻게 『킨포크』에 자리를 잡고 또 이 도시를 살아가는지에 더 관심이 갔다.

그녀와 연락하는 일은 그리 어렵지 않았다. 『킨포크』 사무실로 전화해 그녀와 인터뷰를 하고 싶다고 하자 십 초도 되지 않아 그녀의 이메일 주소를 손에 넣을 수 있었다.

"참 반가운 메일이네요! 물론이고말고요. 흥미로워요. 저도 빨리 두 사람을 만나서 인터뷰하고 싶어요. 자세한 내용을 메일로 보내주면 검토해볼게요!"

자신을 좀 소개해주시겠어요?

저는 스물여섯 살의 조애나 한이라고 해요. 샌프란시스코 남부에서 태어났고 시애틀에서 유년기를 보냈어요. 포틀랜드에 산 지 육 년쯤 됐으니까 서부 사람으로 참 오래도 살았네요. 대학에서는 영어를 전공했고 글쓰기와 저널리즘, 문학에 관심이 많아요. 지금은 『킨포크』에서 객원 에디터로 근무하고 있어요. 테이블 오브 콘텐츠table of contents(포틀랜드에서 가장 트렌디한 편집 숍)의 매니저도 함께 맡고 있고요.

『킨포크』에서는 어떻게 일하게 됐고, 또 어떤 일을 맡고 있는지요?

『킨포크』에서는 2013년 1월부터 일했어요. 오랫동안 출판업에 관심이 있던 터라 편집장인 네이선에게 연락했고, 이야기가 잘 돼서 이곳에서 새로운 웹사이트를 만들고 콘텐츠를 만드는 팀에 합류하게 됐어요. 그건 저에게 꿈의 직업이었죠! 처음엔 웹 에디터의 어시스턴트로 시작했다가 얼마 되지 않아서 웹 부서의 부편집장이 됐어요. 그리고 올해부터는 객원 에디터로 좀 더 자유로운 상태에서 웹사이트에 기사를 올리거나 콘텐츠를 편집하는 일을 하고 있어요.

(실제로 그녀는 대부분의 시간을 테이블 오브 콘텐츠에서 보냈고, 회의를 위해 정기적으로 『킨포크』 사무실을 찾고 중요 행사에 참석했다. 그야말로 포틀랜드에서 가장 트렌디한 두 회사에 몸담고 있는 셈이었다.)

『킨포크』에서 근무하면서 가장 기억에 남는 순간이 있다면요?

기본적으로 아름다운 사무실에서 영감을 주는 창조적인 직원들과 일한다는 것 자체가 꿈같은 일이에요. 그래도 개인적으로 가장 기억에 남는 순간은 『킨포크』의 개더링과 워크숍을 통해서 독자들이 그들만의 개더링을 만들어내며 전 세계가 하나가 될 때죠. 그건 정말 대단한 일이라고 생각해요.

포틀랜드를 집약적으로 표현하는 것들이 있다면 어떤 게 있을까요?

Affordable(생활비가 적당하고), Compact(아담하고), Green(자연 친화적이고), Wet(비가 자주 오고), High quality life(고품질의 삶).

포틀랜드의 물가는 로스앤젤레스나 샌프란시스코에 비해 훨씬 저렴한 편이에요. LA의 에이스 호텔 레스토랑에서는 햄버거 하나에 17달러인데, 포틀랜드 에이스 호텔의 레스토랑 해피아워에는 햄버거가 6달러거든요. 그래서 저희는 다른 레스토랑에서도 해피아워를 잘 이용해요. 뿐만 아니라 도시가 작다보니 걸어 다니기 좋고 대중교통도 잘 돼 있어요.

저는 차 없이 살고 있어요. 대신 여기는 Car2go라고 카 셰어링이 유행이에요. 미리 온라인으로 회원가입하고 휴대폰으로 지금 내가 있는 곳에서 가까운 곳에 있는 사용 가능한 차를 확인해 이용할 수 있죠. 택시비보다 저렴하기도 하지만 무엇보다 차를 공유하면서 에너지를 아낄 수 있기 때문에 많은 사람들이 이용하고 있어요.

그리고 축축한 날씨를 빼놓을 수가 없지요. 그 날씨에 불만이 많은 사람들도 있지만 저는 포틀랜드 날씨를 정말 좋아해요. 비가 좀 많이 오는 것만 빼고는 사계절의 매력을 모두 느낄 수 있거든요.

마지막으로는 저렴한 생활비에 비해 고품질의 삶을 누릴 수 있다는 거예요. 예를 들면 스페셜리티 커피나 크래프트 비어, 맛있는 레스토랑은 말할 것도 없고, 디자인이나 예술 분야에서도 도시의 인구나 크기에 비해 훨씬 질 높은 삶을 누릴 수 있지요.

<u>주변의 친구 중에 이 사람은 정말 '전형적인 포틀랜드 사람이다'라고 말할 만한 이가 있나요?</u>

제 친구 게일Gail인데 『킨포크』에서 에디터 매니징(편집 매니저)을 담당하고 있어요. 그녀야말로 '포틀랜드인'이라고 할 만한 사람이에요. 일단 채식주의자이고요(포틀랜드는 기본적으로 채식주의자나 비건들에겐 꿈의 도시죠), 투철한 에코 의식을 가지고 있고, 굉장히 자유주의적인 정치 성향을 띠고, 팀버스(Timbers, 포틀랜드 프로 축구팀)에 끝없는 충성을 바치고, 팬진(Fanzine, 팬클럽이나 동호회를 위한 매거진)을 발행하기도 했어요.(포틀랜드는 미국에서 드물게 미식축구 팀 대신 사커 팀이 있다. 그 인기는 축구경기가 있는 날이면 푸른 티셔츠로 물드는 거리와 한일전을 보듯 브루어리에 함께 모여 응원하는 것으로 보아 보통이 아님을 짐작할 수 있다. 이런 면 역시 많은 이들이 포틀랜드를 유럽 같은 도시라고 표현하는 이유인지도 모른다.)

그리고 또 <포틀랜디아> 드라마에 나오는 캐릭터로 분장하고 뮤직 페스티벌에 참가하죠. 이보다 더 포틀랜드스러운 사람을 찾을 수 있을지 모르겠네요.

<u>주말은 보통 어떻게 보내세요?</u>

포틀랜드에 있을 때는 이스트번사이드의 하트 커피나 스쿨하우스 일렉트릭Schoolhouse Electric & Supply 커피숍에서 게으른 아침을 보내요. 거기서 매거진 일을 하거나 친구를 만나지요. 가끔은 긴 줄을 감당할 용기를 내서 브런치 탐식을 하러 브로더Broder나 테이스티 앤드 선스Tasty n Sons를 가요. 배가 고파 죽을 지경이면 루스트Roost를 선택하지만요.

때로는 제가 좋아하는 다운타운 주변의 숍들을 다니기도 해요. 프랜시스 메이Frances May, 스탠드업 코미디Stand-Up Comedy, 내셔날리Nationale 같은 곳이죠.

그리고 또 제가 가장 좋아하는 건 LA, 샌프란시스코, 시애틀 같은 가까운 도시로 주말 여행을 가는 거예요. 가끔 포틀랜드는 도시라기보다 동네처럼 느껴지거든요. 그럴 땐 여지없이 도시를 만끽할 수 있는 곳으로 도망가는 거죠.

<u>마지막으로 포틀랜드를 여행하는 한국 독자들에게 현지인 같은 경험을 할 수 있는 조언이 있다면?</u>

물론 있죠! 다운타운에 있다면 어디서든 갈 수 있는 체인점이나 백화점이 있는 중앙 지역은 피하고, 로컬 숍이나 독립 숍들이 많은 웨스트엔드(에이스 호텔 근처)로 가세요. 관광객들이 바글거리는 부두 도넛 voodoo doughnut 보다는 좋은 분위기에 특별한 맛을 즐길 수 있는 블루스타 도넛 Blue star donuts 에 가서 바질 버번 도넛을 먹어보세요. 저의 페이버릿이에요.

토요일 마켓 Saturday market 은 가볼 필요가 없어요. PSU 파머스 마켓에 가서 신선한 상품들과 맛있는 음식을 즐기세요! 스텀프타운 커피는 물론 가장 잘 알려진 커피 브랜드죠. 하지만 현지인들에게 사랑받고 있는 하트 커피나 바리스타에 가보는 것도 잊지 마세요. 파월스북도 아주 좋아요. 하지만 예술이나 건축에 관심이 많은 사람이라면 모노그래프 북웍스 Monograph bookwerks 와 다양한 독립 잡지를 보유한 리치스 시거 숍 Rich's cigar shop 도 들러보세요!

인터뷰를 마치고.

염색이라고는 한 번도 해보지 않았을 것 같은 윤기 나는 까만 머리, 누구보다 건강한 동양인의 피부에 빨간 립스틱을 바른 그녀를 만났을 때의 첫인상은 참 새초롬하다는 것이었다. 작은 입술을 오물거리며 따뜻하고 조용조용한 목소리로 이야기하는 그녀는 사전 인터뷰를 할 때도, 함께 만나 식사할 때도, 그녀가 일하는 사무실에 놀러 갔을 때도 크게 흥분하거나 소리를 높이지 않고서도 자연스럽게 끊임없이 이야기할 줄 아는 사람이었다.

그녀는 누가 뭐래도 지금 포틀랜드에서 가장 트렌디하고 또 세계적으로도 큰 관심을 받고 있는 꿈의 직장에서 멋지게 자신의 역량을 키워가고 있었다. 앞으로 오 년 후 아니 내년에도 그녀는 포틀랜드에 남아 있을까? 포틀랜드의 많은 디자이너나 예술가들이 그렇듯 자신의 이름으로 작은 비즈니스를 시작하고 있을까? 아니면 그녀가 살고 싶다던 북유럽의 한 도시에서 또 멋진 커리어우먼으로서 자리를 잡아가고 있을까? 그녀의 앞으로가 더욱 궁금해진다.

2 파머스 마켓

포틀랜드에서 가장 많이 들을 수 있는 단어 중 하나인 에코 프렌들리eco-friendly, 즉 자연 친화적인 삶은 대중교통이나 자전거를 많이 이용하고 다른 도시의 미국 사람들에 비해 리사이클링과 음식물 쓰레기 분리수거에 열심인 것만 봐도 어렵지 않게 느낄 수 있다. 뿐만 아니라 파머스 마켓에서 로컬 식재료를 사고, 비닐봉지 대신 에코백이나 집에서 쓰던 반찬 통을 가져와 물건을 담아 가는 모습에서도 왜 포틀랜드가 에코 프렌들리 도시인지 짐작할 수 있다.

하지만 베리 농장을 하는 시부모님이 오늘 수확한 베리를 당일 혹은 다음 날 열리는 파머스 마켓에서 판매하는 시스템을 가까이 경험하면서 이들이 말하는 슬로 라이프와 에코 프렌들리의 실체를 좀 더 깊이 이해할 수 있었다. 시아버지는 항상 캘리포니아 혹은 다른 나라에서 들여오는 유기농 과일에 대해 이렇게 말씀하셨다.

"유기농이라고는 하지만 아직 익지도 않은 과일을 재배해서 몇 주에 걸쳐 배로 실어 와 파는 과일을 과연 좋은 과일이라고 할 수 있을까?"

질 좋은 농산물은 물론이고 생산자와 소비자 사이의 신뢰를 바탕으로 길게는 백 년 넘게 이어오고 있는 이들의 파머스 마켓. 어느 나라, 어느 도시를 가더라도 그들만의 전통 시장이 있게 마련이지만 판매자로, 소비자로 직접 부딪혀서 경험해본 포틀랜드의 파머스 마켓은 조금 특별한 매력을 지니고 있었다.

베리나치 시어머니와
베리나치 주니어

오리건 주와 워싱턴 주의 접경 지역에서 베리 농장을 운영하는 시부모님은 농약을 뿌리지 않고 키운 다양한 종류의 베리를 오늘 수확해 내일 소비자의 식탁에 올려놓을 수 있는 파머스 마켓을 통해 판매한다. 시댁 식구들과 직원들은 5월부터 11월까지 한 달에 약 백 번 정도 참가하는데 그중 규모가 크거나 인기가 많은 마켓은 보통 시어머니 담당이다. 가족 중심의 농장 경영과 질 좋은 상품 덕분인지 어느 마켓에 가든 긴 줄을 몰고 다니며 빠른 시간 내에 솔드아웃시킨다고 해서 생긴 시어머니의 별명은 '베리나치berryNazi'다. 그것이 비단 마켓에서의 인기만이 아니라 칼같이 똑 부러지고 강한 성격도 고스란히 반영한 닉네임이라는 건 오 개월가량 한집에서 생활하면서야 알게 되었다. 우리나라로 치면 욕만 안 했지 욕쟁이 할머니의 카리스마에 견주어도 뒤지지 않는 그녀의 당당하고 화끈한 성격은 집 안에서뿐만 아니라 파머스 마켓, 일터에서도 고스란히 발휘되었던 것이다.

매번 가족들을 통해서만 그녀의 에피소드를 전해 듣다가 판매자로 파머스 마켓을 경험하는 것도 흥미롭겠다 싶어서 시어머니를 따라나섰던 날, 나는 그녀의 나치 행각을 직접 목격하게 되었다.

"헤이, 못 보던 분이네요. 어디서 오셨어요?"

항상 누구보다 마켓에 일찍 도착해 완벽하게 부스 세팅을 마친 후 매의 눈으로 마켓을 둘러보며 수년간 함께 판매해온 동료나 이웃들과 인사를 나누고 동종 업종 판매자들의 면면을 빠짐없이 체크하는 시어머니의 레이더에 하필 그날 낯선 베리 판매자가 걸려든 것이다.

"우리는 여기서 일곱 시간 떨어진 마을에 있는 농장에서 왔어요."

몇 번 파머스 마켓에 참여하면서 알게 된 흥미로운 사실은, 신선한 제철의 식재료를 판매하는 것을 원칙으로 하는 파머스 마켓에서도 가끔씩 어둠의 거래가 포착되는 일이 있는데 그건 바로 직접 농장을 운영하지 않고 다른 지역의 농부에게서 물건을 떼다가 파는 중간 판매자들이 간혹 섞여 든다는 것이다. 그 때문에 대부분의 마켓 매니저들은 농장을 직접 찾아가 농장 경영 여부와 관리 상태 등을 확인하는데, 백퍼센트 완벽하게 관리되는 것은 아닌 모양이었다. 그러니 낯선 농부들이 보이면 그들이 파머스 마켓 운영진에게 직접 농장 소유 여부 및 재배 여부를 확인받기 전까지는 기존 판매자들이 예민하게 구는 것이 그리 놀랄 일은 아니었다.

보통 파머스 마켓에서 인정하는 지역 생산자는 그 지역에서 생산되지 않는 상품을 생산하거나 시즌에 따라 재배 지역이 다른 경우 멀어도 서너 시간 반경 거리의 생산자로 제한되는 듯했다. 특히 베리와 같이 신선도가 중요한 과일은 그런 규정이 매우 중요했다.

"일곱 시간? 그 동네는 기후상 아직 베리가 나올 때가 아닐 텐데?"

결국 그녀는 인맥을 통해 그가 다른 생산자로부터 베리를 싼값에 사서 비싼 값에 팔고 있다는 사실을 알아냈고 일주일 후 마켓에 다시 나타난 그를 찾아갔다.

"베리는 잘 크고 있나요?"

"네, 그럭저럭요."

"거짓말 그만하고 당장 당신네 마을로 돌아가요. 다음 주에 또 나오면 당신이 가는 모든 마켓의 매니저에게 연락해 당신의 불법행위를 다 일러바칠 테니까."

그녀는 하고 싶은 말을 돌려 말하지 않고 바로 쏟아내야 직성이 풀리는 성격이라 그런 모습이 때로는 정의의 사도 같기도 했다. 시어머니와 함께라면 어떤 불의나 인종차별을 겪어도 걱정할 게 없겠다 싶어 자랑스러운 순간도 있었으니까.

혼쭐이 난 그는 그대로 종적을 감추었고 시어머니는 자신의 영웅 스토리에 새로운 에피소드를 하나 추가하게 됐다.

그 뒤로도 시어머니를 따라 파머스 마켓에 여러 번 동행하면서 그녀의 강한 성격을 톡톡히 경험했다. 때로는 문화적인 차이인지 성격 차이인지 애매한 상황이 몇 번 연출되면서 '시어머니는 세상 어디에나 존재한다. 미국 시어머니라도 다 쿨한 건 아니다'라는 사실을 새삼 깨닫기도 했다. 하지만 그녀와 함께 파머스 마켓이 어떻게 돌아가는지를 직접 경험해보고 사람들과 어울리다보니, 그 일도 묘한 집착을 불러올 만큼 매력적이었다.

"어머니, 저도 마켓에 나가서 팔아볼게요."

지금은 결혼해 미국에 왔지만 수년 전에는 일본에서 소품과 카메라를 수입해 숍을 운영해본 경험도 있었기에 사람을 상대하고 물건을 파는 일에는 자신이 있었다. 하지만 내가 잘 모르는 분야를 영어로 설명하고 미국인을 상대로 뭔가를 판매해야 한다는 건 밤잠을 설칠 만큼 긴장되고 또 한편으론 설레는 일이었다.

"그래, 넌 잘할 수 있을 거야."

놀라는 기색도 없이, 단 일 초의 망설임도 없이 시어머니는 단번에 "OK" 했다. 언제나 적극적이고 활동적인 모습을 좋아하는 시어머니다웠다. 아직 존과 결혼하기 전일 때 그녀는 내게 이렇게 말했다.

"존은 아주 독립적인 아이야. 혼자 청소도 잘 하고 밥도 잘 하니까 굳이 네가

여자라고, 부인이라고 그런 걸 다 해주려고 하지 말아라."

한국의 시어머니와는 정반대의 당부를 하는 모습을 보며 친구들이 말하던 '쿨한 외국의 시어머니'가 바로 이런 모습인가 싶었다. 어쨌든 그런 시어머니의 응원에 힘입어 드디어 처음으로 판매자로 파머스 마켓에 나가게 됐다.

존의 형 제프와 함께 세 시간을 달려 아이다호에 있는 모스코라는 작은 마을로 향했다. 로건베리, 보이즌베리, 골든베리, 라즈베리, 블랙베리…… 한국에서는 접하지 못했던 신기하고 맛 좋은 베리 5백 박스를 싣고 그곳에 도착했다.

"이렇게 작은 마을에도 파머스 마켓이 열려요?"

"두고 보면 알 거야."

새벽 3시 30분에 일어나 들뜬 마음으로 따라나선 첫 마켓이 고작 이런 산골 마을이라니…… 좀 더 활기차고 멋진 마켓을 경험하고 싶었는데…….

하지만 실망할 새도 없이 제프는 능숙하게 차를 세워 트럭 문을 열고 트럭에 쌓아놓은 5백 박스를 가리키며 말했다.

"Ready?"

보통 판매자들은 어느 마켓에서나 시작하기 두 시간 전에 도착해 한 시간 전까지 모든 세팅을 마치는 것이 규칙이었다. 떨리는 마음으로 색색의 베리들이 가장 예쁘고 신선해 보일 수 있도록 세팅을 마치고 난 뒤 슬슬 마켓이나 구경해보려던 내 눈앞에 신기한 일이 벌어졌다. 분명 산속에 있는 아주 조용하고 작은 마을인데다 마켓 규모도 그리 크지 않은데, 어디서 이 많은 사람들이 나타난 것일까. 개장이 아직 한 시간이나 남았는데도 하나둘 모여들기 시작한 사람들이 우리 부스 앞에 긴 줄을 만들고 있었다.

"오 마이 갓! 아니 이게 무슨 일이에요?"

"내가 말 안 했나? 이 마켓이 우리가 참여하는 파머스 마켓 중에 가장 인기 있는 곳이라고?"

그동안 어머니를 도와드리며 경험했던 건 오늘을 위한 워밍업에 불과했단 말인가. 지역 신문과 방송에도 소개될 만큼 그 지역에서 시댁의 베리는 상상 이상으로 인기가 있었다. 어떻게 사람들과 자연스럽게 얘기하며 베리를 팔지, 나에 대해 물어보면 뭐라고 할지, 이런저런 상상의 나래를 펼치느라 밤잠을 설친 것이 허무할 만큼 긴 줄은 끝없이 이어졌다. "안녕하세요, 뭘 드릴까요?" 나는 앵무새처럼 이 두 마디만 수백 번 외쳤고 우리는 결국 의자에 앉아보지도 못하고 화장실도 한 번 못 간 채 세 시간 만에 5백 박스를 다 팔아 치웠다.

마지막 손님이 베리를 들고 아이처럼 좋아한 반면 그 뒤에 선 사람들은 "조금만 더 빨리 올걸, 앞사람이 한 컵만 사갔어도 나도 살 수 있었는데!" 하는 아쉬움을 토하는 동안 나는 마라톤 결승선을 통과한 선수처럼 땀을 삐질삐질 흘리며 바닥에 주저앉았다.

"우리가 지금 뭘 한 거예요?"

솔드아웃의 기쁨은 둘째치고 파머스 마켓이 끝나려면 한 시간이나 남았건만 나는 다른 판매자들을 둘러볼 기력도, 호기심도 소진된 채 얼른 차에 돌아가 대자로 뻗고 싶은 생각밖에 없었다. 이런 강도 높은 체력 소모는 고등학교 시절의 체력장 시험 이후 처음이었다. 초죽음이 되어 돌아온 나를 보고 시어머니와 시아버지는 전장에서 살아 돌아온 부하를 맞이하듯 격한 리액션으로 환하게 웃으며 반겨주었다.

"파머스 마켓을 경험해보니 어땠어? 힘들지? 그래도 오늘 나간 열 팀 중에 너희가 매출 1위다. 영래 덕분에 너희가 판매왕이 됐어!"

엄청난 노동 강도에 정신을 놓을 뻔했지만 시아버지의 '판매왕'이라는 한마디를 듣자 나도 모르게 풀렸던 두 다리에 힘이 들어가기 시작했다. 농장에 나를 내려주고 집으로 향하던 제프가 갑자기 창문을 내리고 나를 불러 세웠다.

"헤이 영래, 우리 또 한 번 기록을 경신해보자. 다음 주에도 세 시에 데리러 올게."

그러고 보니 베리에만 신경 쓰느라 제대로 마켓 구경도 못 하고 돌아온 것이 조금 아쉽기는 했다. 결국 나는 몇 시간 전의 고통은 까맣게 잊은 채 어떻게 하면 좀 더 장사를 잘할 수 있을지 머리를 굴리기 시작했다. 그리고 일주일이 흘렀다.

오늘은 또 얼마나 많은 사람들이 우리 베리를 살까. 오늘은 꼭 그 긴 줄을 사진으로 찍어서 한국에 있는 존에게 보내줘야지. 나를 자랑스럽게 생각할 거야. 경기에 나가는 선수처럼 떨리는 마음으로 파머스 마켓에 도착했다. 한국에선 세 시간 거리는 차가 아니라 비행기나 기차로 가는 거리라고 생각했다. 그런 내가 미국에 와서 계절이 두 번 바뀌는 동안 수십 시간을 고속도로에서 보낸 탓일까. 세 시간 정도는 서울에서 수원 가는 것처럼 가깝게 느껴졌고 그런 내가 낯설다고 생각하던 중 우리 쪽으로 다가오는 마켓 매니저가 눈에 들어왔다.

"헤이, 잘 지냈어? 지난주에 너희 인기가 대단했더라! 그런데 정말 미안한 이야기를 해야겠어. 지난주에 너희 쪽으로 너무 많은 인파가 몰리는 바람에 다른 상점들이 그 줄에 가려져 원활히 장사할 수 없었다고 민원이 많았어. 사람들이 다니기도 불편했고. 그래서 너희 자리를 좀 옮겨야 할 것 같아."

갑작스러운 매니저의 통보가 좀 신경 쓰였지만, 다른 사람들에게 피해를 줄 순 없기에 그렇게 하기로 했다.

"어디로요?"

"저 마켓 중간에 공터 보이지? 거기가 밴드 자린데 그 바로 옆이 너희 자리야. 너희는 언제나 인기가 많으니까 긴 줄을 보고 사람들이 다 알아서 찾아올 거야."

하지만 막상 눈으로 확인한 그 자리는 마켓의 메인 거리에서 한참 안으로 들어와 있어서 사람들 눈에 잘 띄지 않는 곳이었고, 바로 옆에는 드럼에 기타를 세팅하고 밴드가 노래를 부를 예정이었다.

"말도 안 돼. 이건 불공평하잖아? 제프 여긴 좀 심한 것 같은데?"

"그래도 우리가 다른 사람들을 방해할 순 없잖아. 일단 오늘은 여기서 하자."

컴플레인을 모르는 건 존뿐만이 아니었다. 그의 형 역시 존만큼이나 천하태평이었다.

"사람들이 베리 냄새를 맡고 다 찾아올 거야, 하하하."

내가 고집을 부린다고 바뀌는 건 없겠지만 어째 초조한 건 나뿐인 것 같았다. 마켓의 시작을 알리는 종이 울렸고 내 예상대로 우리는 자랑스러운 긴 줄을 잃었다. 그건 그래도 참을 만했다. 매니저의 말처럼 누군가 우리의 베리를 구입해 손에 들고 돌아다니면 그걸 본 사람들이 알아서 우리를 찾아올지도 모르니까. 그렇게 십 분, 이십 분, 한 시간이 지났고 제프의 예상은 보기 좋게 빗나갔다. 거기에 시끄러운 밴드 음악까지 나의 예민해진 신경을 더욱 긁어댔다.

지난주보다 더 많이 가져온 베리들이 뜨거운 햇볕에 한 시간째 익어가는 걸 보자 나는 더 이상 참을 수가 없었다.

"제프, 이대로는 안 되겠어. 매니저한테 표지판이라도 만들어달라고 하자."

"음, 다음 주에 그렇게 말할게. 갑자기 오늘 표지판을 어떻게 만들겠어?"

농장 주인의 아들은 그인데, 속은 왜 나만 타는 걸까. 존이 왜 형에 비하면 자기는 예민한 편이라고 말했는지 이제야 알 것 같았다.

"지금 가서 말해주면 안 될까? 아니면 내가 갈까?"

항상 웃는 얼굴이라 '예스 걸'로 불리던 나의 심각한 표정을 보자 그는 좀 놀란 듯 물었다.

"뭐라고 말하면 좋겠어?"

"큰 표지판을 두 개 만들어서 안내센터에 하나 걸고, 마켓의 정중앙에도 하나 걸었으면 좋겠어."

그리고 일곱 가지 베리를 섞어 예쁜 베리 박스를 두 개 만들어 그의 손에 꼭 쥐어줬다.

"이걸 마켓 중앙 표지판 아래 놓고 와줘. 사람들이 보고 찾아올 수 있게."

"음, 이런 거 없어도 다 알아서 올 것 같은데……. 그리고 햇볕 아래 베리를 오래 두면 못 팔아."

"오, 제프! 지금 이 두 상자가 문제야? 저 뒤에서 땡볕 아래 익고 있는 6백 박스를 그대로 가져가게 생겼어! 지금 한 시간이 지나도 우리가 여기에 있는지 아무도 모르잖아. 아니다, 이리 줘, 내가 갔다 올게."

실제로 시댁의 베리는 하루 전날 수확해 당일 고객에게 판매하는 것을 철칙으로 하기 때문에 매번 전체 수확량, 전년도의 판매기록, 판매될 지역의 날씨,

기타 변수가 생길 만한 주변의 행사 등을 모두 고려해 시아버지가 여러 파머스 마켓으로 흩어져서 가져갈 적정량을 배분하는 터라, 간혹 이런 변수가 생기기라도 하면 그 베리들은 바로 마켓에 기부되거나 그대로 버려졌다.

제프는 당황하기 시작했다. 머뭇거리는 그를 부스에 남겨두고 매니저를 찾아갔다. 사정 이야기를 하니 먼저 생각하지 못해 미안하다며 마켓의 안내센터와 사람들이 제일 많이 지나다니는 곳에 베리 박스가 잘 보이게 놓는 걸 도와주었다. 그리고 몇 분 후 한두 명씩 사람들이 몰려들기 시작하더니 삼십 분 후에 드디어 긴 줄이 생겼다. 결국 우리는 지난주보다 더 많은 양을 팔아 치웠고, 새로운 매출을 기록했다.

"옐래! 네 말이 맞았어! 네 말대로 하길 잘했다. 그런데…… 너 우리 엄마 따라다니더니 엄마한테 물들었구나."

"무슨 말이야?"

"너 화내는 거 처음 봤어. 베리를 못 팔 것 같으니까 눈 돌아가는 거랑 잔소리하는 게 딱 우리 엄마야. 이제부터 네 별명은 베리나치 주니어야."

존이 나에게 자기보다 한 달가량 먼저 미국에 들어갈 것을 제안했을 때 그는 분명 나와 어머니가 닮았기 때문에 잘 지낼 수 있을 거라고 생각했는지도 모르겠다. 그날 집에 돌아와 마켓에서의 에피소드를 털어놓았을 때, 제프가 새로 지어준 나의 별명을 누구보다 마음에 들어 한 사람은 시어머니였다.

"역시 영래! 넌 똑똑해서 잘 해낼 줄 알았어. 앞으로도 혹시 제프가 또 물렁하게 굴면 그렇게 강하게 나가면 돼. 넌 그럴 자격이 있어. 왜냐, 넌 베리나치 주니어니까, 호호호."

초이스 김치

파머스 마켓의 생리를 직접 경험해본 뒤로는 어떤 파머스 마켓이든지 그곳에서 가장 잘나가는 상품이 무엇인지, 그리고 다른 곳에서는 구할 수 없는 특별한 것은 무엇인지를 살피며 마켓을 둘러보는 습관이 생겼다. 포틀랜드뿐만 아니라 오리건 주의 다른 소도시와 포틀랜드 북부로 흐르는 컬럼비아 강과 맞닿은 워싱턴 주의 마켓들까지 두루두루 원정을 다녀봤지만 그중에서도 가장 마음에 드는 곳은 단연 포틀랜드의 PSU 파머스 마켓이었다.

현지인들이 파머스 마켓을 좋아한다면 PSU를 꼭 가봐야 한다고 강력하게 추천하는 데는 다양한 이유가 있지만 무엇보다 나를 사로잡은 건 높게 뻗은 나무들로 둘러싸인 공원에서 봄, 여름, 가을, 겨울을 고스란히 느낄 수 있는 식재료를 구할 수 있다는 점이었다. 또 포틀랜드에서 가장 큰 규모에 걸맞게 과일과 채소뿐만 아니라 커피, 초콜릿, 햄, 치즈 등의 로컬 가공식품 판매자들을 한자리에서 만날 수 있다는 것도 장점이었다.

그중에서 단연 나의 눈을 사로잡은 부스가 하나 있었으니, 바로 초이스김치Choi's kimchi다. 포틀랜드 파머스 마켓에 김치 판매자가 있다는 것도 놀라웠지만 누가 봐도 오너가 한국 사람임을 알 수 있는 로고에서 또 한 번 놀라지 않을 수 없었다. 초이스김치는 홀푸드나 뉴시즌에서도 쉽게 구입할 수 있어서 한인 타운을 가지 않아도 김치를 살 수 있다는 게 그렇게 반가울 수 없었다. 그런데 그 김치 브랜드의 오너를 직접 만나게 된 것이다.

오지랖이 자동 발사됐다.

"안녕하세요?"

한국인처럼 생긴 사람을 보면 한국말이 먼저 튀어나오는 것은 쉽게 고쳐지지 않는 습관이다.

"네, 안녕······ 하세요. I'm sorry I can't speak korean well."

한국말은 잘 알아듣지만, 영어로 말하는 게 편한 그 사람. 파머스 마켓에서 그를 우연히 만나고 나서 2개월 뒤, 12월이 시작됐지만 이미 연말이 끝나버린 것처럼 무척이나 한산한 올드 차이나타운에서 그를 다시 만났다.

매튜 최 Matthew Choi

스물일곱 살, 초이스김치의 이사 겸 공동운영자

평일 점심시간인데도 뭘 그리 열심히 하는지 하나같이 맥북을 켜고 한 자리씩 차지하고 앉은 탓에 올드 차이나타운의 스텀프타운 커피에는 빈자리 하나 없었다. 어쩔 수 없이 서서 급하게 커피 한 잔을 목구멍에 쏟아붓고는 한산한 옆 레스토랑으로 자리를 옮겼다.

"무엇보다 초이스김치를 어떻게 시작하게 됐는지 궁금해요."

처음 홀푸드에서 초이스김치를 본 순간부터 가장 궁금했던 질문으로 인터뷰를 시작했다.

"어머니가 미국으로 이민 오셨고 저는 포틀랜드에서 태어난 교포 2세예요. 포틀랜드에는 비버턴Beaverton이라는 곳에 한인 타운이 있지만 저희는 거기서 멀리 떨어진 곳에 살았기 때문에 당시에는 학교는 물론이고 동네에도 한국 사람은 저밖에 없었죠. 그래서 한국말을 들으면 이해는 하는데 말은 잘 못해요."

다행히 한국말로 질문해도 된다고 해서 고마웠다. 좀 더 편하게 깊은 이야기를 나눌 수 있을 것 같았다.

 "대학에서는 마케팅과 스포츠 비즈니스를 전공했고 원래 꿈은 나이키에서 근무하는 거였는데 안 됐어요. 포틀랜드의 프로 농구팀인 트레일 블레이저스에서 일 년간 비즈니스 세일즈, 스포츠 마케팅을 담당했어요. 평소에도 어머니와 PSU 파머스 마켓에서 자주 장을 보곤 했는데 어느 날 장을 보러 갔다가 갑자기 어머니가 김치를 만들어서 한번 팔아보고 싶다고 하더군요."

 어머니의 아이디어였다니, 더욱 흥미가 당겼다. 마케팅을 전공했다기에 한국의 여느 젊은 CEO들처럼 김치 잘 만드는 어머니를 등에 업고 그가 기획한 사업이겠거니 생각했는데 예상이 빗나갔다.

 "그런데 제가 절대 안 팔릴 거라고 말씀드렸어요. 어릴 때 미국 친구들이 집에 놀러 왔다가 냉장고를 열면 역겨운 냄새가 난다고 엄청 놀렸거든요. 그때 충격이 너무 커서 그랬는지 저는 포틀랜드 사람들은 절대로 김치에 관심이 없을 거라고 생각했어요. 그렇지만 뭐, 파머스 마켓에 한 번 나가는 정도로 크게 손해 볼 일은 없겠다 싶었죠. 그래서 참여 절차를 알아봤는데, 그게 또 쉽지 않더라고요."

 PSU에 판매자로 참여하려면 대기 시간만 일 년 넘게 걸린다는 사실을 제프에게 들어서 익히 알고 있던 터라 당시 그의 상황과 심정이 쉽게 이해가 됐다.

 "저희가 처음 파머스 마켓에 나간 게 2011년인데 그때는 일 년 내내 운영하는 요즘과 달리 봄부터 가을까지만 운영했어요. 3월에 시즌이 시작되는데 저희가 연락한 건 그 전해 11월이었으니, 마음을 비우고 그다음 해가 되겠거니 하며 연락을 기다렸죠. 그런데 생각보다 빨리 샘플을 갖고 와서 미팅을 하자는 연락이 왔어요. 어머니가 주방에서 만든 김치 샘플을 가져가서 프리젠테이션하는 마음으로 설명했죠. '우리는 포틀랜드에서 난 재료들로 김치를 만들고, 또 이 김치는 한국의 대표 발효 음식이다'라고. 포틀랜드는 그 어떤 도시보다 로컬 재료, 로컬 브랜드에 대한 지원과 관심이 높잖아요. 그리고 당시 포틀랜드 사람들에게 발효는 슬로 라이프, 웰빙과도 연관되는 아주 핫한 관심사였어요. 타이밍이 정말 좋았죠. 많은 것들이 포틀랜드와 잘 맞아떨어졌던 거예요."

그렇게 예상치 못한 열렬한 반응을 끌어내며 초이스김치는 4개월 후 시작된 2011년 시즌 파머스 마켓에 판매자로 참여하게 되었다.

"몇 병이나 만들까? 처음 판매하러 나가기 전에 어머니가 굉장히 고민하셨어요. 그래서 25개쯤 만들면 되지 않겠냐고 말씀드렸더니 못 팔면 되가져와서 우리가 먹으면 되니까 125개를 만들어야겠다고 큰소리치시는 거예요. 정말 걱정 많이 하고 나갔는데, 첫날 125병^{Jar}의 김치가 완판을 기록했어요."

처음 3개월 동안은 여전히 회사를 다니면서 틈틈이 로고를 만들고, 주말마다 파머스 마켓에 나가 어머니 일을 도우면서 초이스김치의 가능성을 발견했다. 그러다가 결국 다니던 직장을 그만두고 김치 사업에 전념하게 됐다.

"기존에도 포틀랜드에서 김치를 만드는 사람들은 있었어요. 다만 그들은 주로 한인들을 상대로 장사했죠. 물론 저도 처음엔 포틀랜드 사람들이 김치를 먹겠어? 하는 의문을 가진 채 시작했지만 파머스 마켓에서 직접 소비자들과 이야기를 나누고 김치에 대해 알리면서 현지인을 상대로 계속 이 사업을 해도 되겠다는 확신을 얻었어요."

그 후 초이스김치는 포틀랜드 현지인들의 열렬한 지원을 받아 2012년부터는 홀푸드나 뉴시즌 마켓 같은 유기농, 로컬 지향 슈퍼마켓에 입점하기 시작했고, 다양한 레스토랑에도 김치를 납품하며 포틀랜드에 부는 김치와 한식 열풍에 기여하고 있다. 실제로 포틀랜드에는 많은 아메리칸 스타일 레스토랑에서 비빔밥, 양념 통닭, 김치전 등의 힌식 메뉴가 스테이크와 비스킷 앤드 그레이비 등의 메뉴와 함께 메인 메뉴 자리를 차지하고 있다. 이제는 다른 브랜드와 콜라보레이션도

하고 다른 지역으로도 판로를 개척해 더 많은 곳에서 초이스김치를 선보일 준비를 하고 있다.

한참 김치 이야기를 하고 나니 포틀랜드에서 태어난 한국계 미국인으로서 그가 바라본 포틀랜드는 어떤 모습인지도 궁금했다.

"앞서도 말했지만 포틀랜드 사람들이 로컬, 유기농, 서포트, 건강한 음식에 관심이 많기 때문에 초이스김치가 지금 이 자리까지 올 수 있었다고 생각해요. 하지만 그게 좀 유별나다는 게 단점이라면 단점이죠. 여기서는 외부에서 들어온 대기업 체인 레스토랑은 좋지 않게 보는 시선이 있어요. 독립 비즈니스여야 하고, 소규모를 지나치게 추구하죠. 예를 들면 2003년에 오픈한 부두 도넛이 언론 매체에 자주 등장하면서 인기가 높아져 지금은 줄을 설 만큼 관광 명소가 됐잖아요? 그런데 부두 도넛이 일본과 대만까지 진출한다고 하니까 많은 현지인들이 등을 돌려버렸어요. 맛이 변했다거나 그들의 서비스 마인드가 바뀐 건 절대로 아닌데 말이죠. 그냥 그들이 대기업화되고 관광객들에게 인기가 많아지면 싫은 거예요."

이 도시를 알아갈수록 흥미롭다고 느낀 점 중 하나가 바로 이 부분이었다. 극장, 레스토랑, 하물며 떡볶이 집까지 대기업이 프랜차이즈화 하면서 유행과 열풍을 불러일으키는 한국과는 무척 대조적이기 때문이다. 실제로 이곳에서 만난 현지인들 중에는 밀러 맥주 같은 대기업에 지분을 넘긴 마이크로 양조장이나 펀드 회사를 통해 자금을 투자 받은 스텀프타운 커피 등에 반감을 표시하는 이들이 꽤 많았다.

마지막으로 그는 이곳에서 태어나 27년 동안 포틀랜드의 변화를 지켜본 토박이로서 쓴소리도 잊지 않았다.

"포틀랜드가 힙한 도시다, 힙스터다 말이 많은데 사실 저는 포틀랜드가 특별한 도시라고 생각하지 않아요. 모든 도시가 다 그 나름의 장점이 있고 유행이 있을 뿐이죠. 포틀랜드가 요즘 사람들의 필요^{needs}를 충족시키는 곳이라 주목받는 것뿐이지 갑자기 생겨난 문화나 도시는 아니거든요. 이곳은 10~20년 전부터 스텀프타운 커피를 마시고, 캠핑을 다니고, 인디 밴드가 노래를 하고, 집에서 취미로 맥주를 만드는 사람들이 있었거든요. 그냥 지금 포틀랜드 그대로의 모습이 오랫동안 유지되면 좋겠어요. 사람들 입에 자주 오르내리면 외부 자본이 들어오기 마련이고 그러다보면 기존에 이 도시의 틀을 만들어온 많은 로컬들이 자리를 내주고 떠나야 할 테니까요."

시어머니표 잼 만들기

파머스 마켓에 판매자로 참여하면서 마켓의 특성과 저마다 개성 있는 손님들을 구경하며 그들과 서로 알아가는 일이 무엇보다 가장 재미있었다. 그중에서도 지금까지 가장 기억에 남는 손님은 일주일에 한 번씩 열리는 마켓을 한 달에 두어 번씩 찾아와 매번 20~30만 원가량의 베리를 쓸어 담아 가던, 모델처럼 큰 키에 이름까지 우아한 마리아 아주머니다. 처음엔 파티를 여나, 레스토랑을 하나 궁금했는데 시어머니와 꽤 가까운 걸 보고는 바로 뒷조사라도 하듯 물어보았다.

"저분은 이 많은 베리를 사다 뭘 하는 거예요?"

"마리아는 아주 맛있는 잼을 만들어."

"그래서 그걸 팔아요?"

"팔긴, 한국에서도 일 년 동안 먹을 김치를 담근다면서? 여기도 제철 과일들을 사다가 냉동시켜놓고는 잼을 만들거나 통조림처럼 만들어서 먹어. 물론 요즘엔 사 먹는 사람들이 훨씬 많지만. 마리아도 우리 베리를 여름 내내 사다가 냉동시키고는 잼도 만들고 파이도 만들고 그러는 거지."

요즘에도 잼을 집에서 만드는 사람이 있다니. 그것도 슈퍼에 가면 진열장 한 면 가득 로컬, 수입, 각기 다른 재료별로 잼들이 수십 가지도 넘어서 한 번씩만 먹어도 평생이 걸릴 것 같은 미국에서? 그러고 보니 우리 집에서도 딸기잼을 만들던 때가 있었다. 어린 시절 학교에서 돌아오면 오전 내내 딸기를 졸여 한 솥씩 잼을 만들어 식히느라 온 집 안에서 단내가 나던 기억이 난다. 그렇게 설탕 폭탄을 맞은 거무튀튀한 잼은 빨간 뚜껑이 달린 플라스틱 통에 담겨 앞집, 뒷집, 고모네와 이모네로 실려 갔었다.

결혼 전 시댁에 놀러 가 아침 식사로 나온 잼을 보고 시어머니께 바보 같은 질문을 했던 게 생각난다.

"이게 딸기잼이에요? 색이 왜 이래요?"

"색이 왜? 딸기 색이 원래 이렇잖니?"

"이상해요. 어릴 때 엄마가 만든 딸기잼은 갈색에 가까웠는데…… 이렇게 밝은 딸기잼은 처음 봐요."

"우리 베리는 당도가 높아서 설탕을 많이 넣지 않고 또 상태가 좋은 딸기를 사용해서 그런 거란다. 오래되거나 무른 딸기를 쓰면 색이 어둡게 나오지."

그저 맛있다고만 생각하며 거의 매일 아침에 토스트에 잼을 발라 먹던 나는 마리아 아줌마를 만나고, 또 시어머니의 설명을 듣고 나서부터는 시댁의 베리와 잼이 무척이나 특별하다는 생각이 들었다. 갑자기 잼에 대한 호기심이 생기면서 시부모님이 참여하는 거의 모든 파머스 마켓을 함께 다니며 그곳에서 판매하는 잼들을 맛보기 시작했다.

포틀랜드 같은 도시에서는 젊은이들이 패키지에 신경을 많이 쓴, 가히 『킨포크』에나 나올 법한 비주얼로 포장한 잼들을 팔고 있다면, 작은 동네일수록 푸근한 인상의 주부들이 대여섯 가지에서 많으면 삼사십 가지의 다양한 잼을 판매한다는 차이가 있을 뿐, 대부분의 잼 판매자들은 농장이나 슈퍼에서 베리를 구입해 제조만 하는 이들이었다. 예컨대 베리 농장에서 직접 잼을 만들어 판매하는 곳은 거의 없었던 것이다.

"이렇게 맛있고 정직한 잼을 우리만 먹는 건 좀 아쉬워요. 우리 베리를 믿고 사는 단골들도 많은데 그런 베리로 만든 잼이라면 다들 좋아하지 않을까요? 우리

도 마켓에서 잼을 팔면 어때요?"

"베리만 키우고 파는 데도 시즌 내내 우리가 얼마나 바쁜지 너도 알잖니. 어휴, 너랑 존이 만들고 팔래?"

넓게 내다보지 못하고 하나에 꽂혀 때를 부리는 며느리와 안 그래도 바쁜 농장 일에 일거리를 더 만들려는 며느리가 귀찮은 부인의 대화를 가만히 듣고 있던 시아버지가 그때 헛기침을 하며 시선을 모았다.

"그래, 만들어봅시다. 여보, 어차피 많아서 다 따지도 못하는 베리도 많은데 매년 우리 먹으려고 만드는 것보다 좀 더 만들어보지, 뭐. 그럼 한국에 계신 영래 가족들도 드디어 우리 베리를 맛볼 수 있을 게 아냐. 그리고 만들었는데 안 팔리면 우리가 겨울 내내 먹으면 되지. 안 그러냐, 아가?"

가장 중요한 순간 시아버지는 언제나 이렇게 철부지 며느리의 손을 들어주었다.

그리고 한 달 뒤. 딸기, 라즈베리, 블랙베리, 블랙캡(복분자), 골든라즈베리 잼은 시댁의 아홉 가지 베리들과 함께 파머스 마켓에서 판매되기 시작했고 내 예상대로 우리 베리를 사가는 이들은 군이 잼을 맛보지 않아도 믿을 수 있다며 구입해 가기 시작했다.

그리고 그해 가을. 마지막 파머스 마켓을 일주일 앞두고 시어머니가 가장 좋아하는 동네에서 마켓을 마치고 돌아오며 "내가 좋은 소식을 가지고 왔지"라며 가족들을 거실로 불러 모았다.

"우리 단골손님 중에 애들이 워낙 잼을 좋아해서 여름이면 우리 베리를 사다가 잼을 만드는 손님이 있거든. 근데 지난번에 우리 잼을 먹어보고는 아이들이 엄청 좋아했대. 슈퍼에서 파는 잼은 첨가물도 많고 방부제가 들어 있어서 꺼려했는데 이제는 굳이 힘들게 잼을 만들 필요가 없겠다는 거야. 그러곤 앞으로 우리 잼을 사 먹겠다는군. 다음 주 마지막 마켓 때 사겠다며 스무 개를 예약하고 갔지 뭐니."

잼 레시피

미국 잼은 펙틴(점도를 높여주는 응고제)을 사용한 젤리 형태의 잼과 펙틴을 사용하지 않아 점도는 떨어지지만 과육의 형태를 남겨서 재료 본연의 맛을 살린 잼으로 나눌 수 있다. 시댁에서 아침마다 갓 구운 토스트에 발라 먹던 시어머니의 잼은 펙틴을 사용하지 않고 무르지 않은 좋은 상태의 과일을 이용해 과육이 살아 있는 것이 특징이다. 삼십 분이면 만들 수 있는 간단한 미국식 베리 잼 만들기를 소개한다.

재료 딸기 800그램
     설탕 4컵
     레몬 1개 (혹은 주스를 이용)

1 잘 씻은 후 물기를 제거한 딸기를 깨끗한 냄비에 넣고 으깬다. 과육이 살아 있는 잼을 만들기 위해 너무 잘게 으깨진 않는다. 딸기와 설탕, 레몬주스를 골고루 섞어 준비한다.
2 준비된 재료를 강한 불에서 한소끔 끓이다가 중불로 줄인 뒤 십 분간 더 끓인다. 다시 약불로 줄여 이십 분간 계속 저어주면 완성. 과육을 살리기 위해 너무 자주 젓지는 않되, 타지 않도록 주시해야 한다.
3 깨끗이 소독된 유리병에 잼을 넣고 실온에 하루 정도 보관한 뒤 냉장고에 넣는다.

❖ 400그램의 과일에는 2컵의 설탕을 이용한다. 딸기뿐만 아니라 다른 과일도 동일하게 적용하면 된다.

3 아웃도어 라이프

　　존과 연애하던 시절, 우리는 함께 여행하고 싶은 도시들에 대한 리스트를 문서로 만들어 공유하기 시작했다. 그가 가고 싶어 하는 곳들은 오리건 주의 작은 시골 마을이나 낯선 여행지들이 대부분이었다. 물론 그 덕분에 나는 이 년 만에 오리건 주의 7대 경관을 모두 경험할 수 있었다.

　　존이 만든 리스트의 공통점은 하나같이 협곡, 동굴, 바다, 절벽, 폭포와 같이 빼어난 절경을 자랑하는 곳이었다. 가고 싶은 여행지가 어디냐고 물으면 프랑스냐 이탈리아냐, 북유럽이냐 동남아시아냐의 테두리에서 심오하게 고민하던 내게 그가 풀어놓은 리스트들은 무척이나 새로웠다. 그때부터 자연과 아웃도어에 대한 관심이 조금씩 자랐다.

　　미국에서 결혼식을 하고 나서 우리는 오리건 주변을 둘러보는 로드 트립을 떠났다. 흔히 생각하는 미국의 광활한 대자연은 아닐지라도 수많은 세월이 만들어낸 자연의 경이로움을 경험하면서, 그와 함께라면 관광지만 둘러보고 오는 여행에서 벗어나 깊은 산속에 숨겨진 보물 같은 곳도 겁 없이 탐험할 수 있을 것 같다는 신뢰가 생겼다.

안개 낀 캐넌 비치

미국에 온 후 장거리 운전을 할 때면 항상 남편과 함께였다. 특히 한국에서 손님이 오거나 친구들이 오면 언제나 그가 묵묵히 운전대를 잡고는 가끔씩 한국 여자들이 정신없이 수다 떠는 동안 알아듣는 부분이 나오면 뜬금없이 "그렇지!", "진짜 한국 가고 싶어" 등을 외치며 맞장구쳤었다. 그런데 오늘은 그가 없기 때문에 그를 대신해 내가 운전대를 잡았다. 한국에서 여행 온 친구들과 함께 포틀랜드 외곽으로 여행을 떠나기로 한 것이다.

　　이미 남편과 여러 번 오갔던 길이어서 장거리 운전도 전혀 문제되지 않았다. 포틀랜드에서 한 시간 반쯤 떨어진 캐넌 비치. 처음 그의 부모님을 만나러 미국에 왔을 때 그는 나를 이곳에 데리고 왔었다. 책이나 TV에서 보던 미국 서부 여행의 꽃이라는 금문교도 그랜드 캐니언도 없는 소박한 오리건이지만 자기 고향에서 가장 로맨틱하고 멋진 곳이라고 했다. 한여름의 반바지가 머쓱할 만큼 쌀쌀한 날씨는 로맨틱한 분위기와는 거리가 멀었지만 처음 마주한 미국의 바다, 태평양 저편엔 우리가 만났던 한국이 있다며 "안녕"을 크게 외치던 닭살 돋는 남편마저 사랑스러워 보이게 만들던 그 바다다.

　　이 그림 같은 곳을 유독 자연을 좋아하는 친구들에게 보여주고 싶었다. 조금만 나가도 이토록 탁 트이고 멋진 풍경을 즐길 수 있는 것 역시 포틀랜드 여행의 매력이라는 것을 알려주고 싶었다.

　　하루 일정으로 다녀올 예정이라 아침부터 서둘러 집을 나섰다. 산등성이 하나 없이 끝없이 펼쳐진 평평한 농장들이 나타나자 처음 보는 미국의 시골 풍경에 저마다 감상평을 늘어놓기 시작했다. 가도 가도 끝이 보이지 않는 농장과 우두커니 서 있는 집 한 채, 그리고 또 이어지는 밀밭과 집 한 채.

"주변에 집도 없고 슈퍼도 없고 덩그러니 농장 한가운데 집 한 채만 우뚝 서 있으니 이 사람들은 외로워서 어떻게 살까."

"한국의 농장과는 비교가 안 될 정도로 크다. 물 주는 기계도 크네."

그럴 땐 그런 농장에서 잠시나마 살아본 내가 나섰다.

"못 살 것 같아도 다 잘 살아. 저래 보여도 십 분만 차 타고 나가면 월마트도 있고, 맥도날드도 있고, 스타벅스도 있어!"

사실 스타벅스와 맥도날드가 나의 외로움을 달래준 건 아니지만 홍대 한복판에서 살 때보다 농장에서 살 때 오히려 외롭다거나 심심해서 쓸데없이 카톡에서 대화할 상대를 훑어보는 일이 덜했다.

서쪽을 향해 한 시간쯤 달리고 나니 끝날 것 같지 않던 농장들이 서서히 사라지고 네할렘Nehalem 카운티 공원의 산자락에 접어들었다. 왕복 2차선의 좁은 고속도로 양쪽으로 시원하게 뻗은, 족히 3미터는 돼 보이는 침엽수들이 신선한 공기를 내뿜기 시작하자 우리는 하나둘 창문을 내리고 손을 뻗어 바람을 느끼며 노래를 부르기 시작했다.

"젊은 날엔 젊음을 모르고, 사랑할 땐 사랑이 보이지 않았네. 하지만 이제 뒤돌아보니 우린 젊고 서로 사랑을 했구나……."

아직 여행은 제대로 시작도 안 했는데 마음은 이미 뭔지 모를 감상에 젖어들었다. 초가을, 시원한 바람과 창밖으로 펼쳐진 오리건의 자연을 즐기다보니 어느새 캐넌 비치에 도착했다. 교통 체증이 없어서일까, 친구들이 왔다는 설렘 때문일까. 미국 고속도로 주행의 전부라고 해도 과언이 아닌 크루즈컨트롤(정속 주행 장치)을 사용할 줄 몰라서 수시로 시속 80마일을 체크하느라 신경이 곤두선 채 운전했었다. 과속으로 딱지라도 끊기는 날에는 300~1,000달러 넘게 벌금을 내야 한다고 겁을 주는 시어머니의 목소리가 귓가에 맴돌기도 했었다. 그런데 어느 샌가 캐넌 비치에 도착한 것이다.

 날씨가 좋을 것이라던 일기예보와는 달리 주차하러 들어선 마을 초입부터 안개가 자욱해 10미터 앞도 보이지 않았다. 캐넌 비치의 하이라이트는 뭐니 뭐니 해도 끝없이 펼쳐진 백사장 위에 우뚝 솟아 있는 72미터에 달하는 헤이스택 바위 Haystack Rock를 바라보며 느긋하게 해변가를 거니는 것인데, 궂은 날씨 탓에 모든 게 허사가 될 듯했다.

 일단 배라도 채우고 나면 날씨가 좀 나아질까 싶어 좋아하는 크레페 집을 찾았지만 가는 날이 장날이라고 급한 사정으로 내부 공사에 들어갔다는 작은 메모만이 우리를 기다리고 있었다. 또 한 번의 미안함이 연타로 날아들었다. 다행히 차선책으로 찾은 레스토랑도 나쁘진 않았다. 나이 지긋한 할머니가 서빙하는 레스토랑에서 맛본 갖은 채소와 살이 통통한 조갯살을 넣어 만든 진한 크램차우더 수프는 시애틀과 샌프란시스코에서 먹었던 것보다 맛있다는 평을 받았다.

 여전히 안개는 걷힐 기미가 없었다. 이리저리 차를 타고 장소를 옮겨봤지만 안개는 조금씩 짙어지더니 결국 앞서가는 친구의 뒷모습도 보이지 않을 지경이 되었다. 서부의 해안이 미국인들에겐 휴가지로 유명하지만 남쪽의 캘리포니아 해변과는 달리 북부에 위치한 오리건의 해변은 한여름에도 긴 후드티를 챙겨 와야 할 만큼 쌀쌀하다는 건 몇 번의 방문으로 익히 알고 있었다. 하지만 이 정도의 악천후를 만난 건 처음이었다.

한치 앞도 보이지 않는 바다에서 하나둘 흩어져 천천히 자욱한 안개 사이를 산책하던 중 누군가가 외쳤다.

"그런데 이 안개 때문에 사진이 굉장히 분위기 있게 찍혀. 여기 나름 운치 있고 멋진데?" 그러자 기다렸다는 듯 여기저기서 긍정적인 이야기들이 쏟아졌다.

"휴, 듣던 중 반가운 소리다."

나 역시 안개 자욱한 바다 사진이 꽤나 마음에 들었으니 미안해서 어쩔 줄 모르는 나를 위로하는 말이라고 해도 마음이 한결 가벼워졌다.

그렇게 안개 자욱한 바다 위로 부서지는 파도와 모래사장과 듬성듬성한 나무에 사로잡혀 얼마나 걸었는지도 모를 만큼 걷고 또 걸었다. 그러다가 뒤돌아보면 저 멀리서 개 한 마리가 안개를 헤치고 달려오고, 그 뒤를 따르는 사이좋은 부부의 모습이 눈에 들어왔다. 가볍게 인사하고 스쳐 지나가면 저 멀리 점처럼 사라지는 사람들. 영화 같은 풍경에 미안함도 아쉬움도 잊은 채 안개를 만난 건 행운이라는 말까지 꺼내며 돌아가려는데 한 노부부가 눈에 띄었다. 바다로 서핑을 나서려는 남편의 모습을 휴대폰에 담는 백발의 아내와 그런 아내 앞에서 소년같이 천진난만한 미소를 보이는 남편.

짧은 순간이지만 노부부가 사진을 찍고 뽀뽀하고 캠핑 의자를 펼 때까지 나를 포함한 네 명의 한국 여인들은 저 멀리서부터 그 모습을 사진으로 찍으며 다가갔지만 누구 하나 먼저 그들에게 말을 걸지 않았다.

여행자일 때는 잘 몰랐다가 생활자가 되면서 자연스럽게 알게 된 것이 있다. 여행지에서 파파라치처럼 무언가를 혹은 누군가를 찍는 일이 현지인에게 어떻게 비쳐지는지, 그리고 그들과 가볍게 인사하고 대화를 나누는 일이 얼마나 중요한

지에 관한 것이다.

"얼마 전 한국에서 손님들이 왔는데 레스토랑에 가면 사진만 열심히 찍고 정작 음식이나 재료에는 관심이 없더라고요."

인터뷰를 통해 만난 포틀랜드 현지인에게 이 이야기를 들었을 때 나는 수긍할 수밖에 없었고, 한편으로는 부끄러운 마음도 들었다. "내가 먹는 음식이 어디에서 온 것인지 알아야 해!"까지는 아니지만 누구보다 음식에 들어간 재료, 맛, 레스토랑 혹은 셰프에 대해 알고 먹어야 직성이 풀리는 남편을 만난 뒤로 알고 먹는 일에 재미를 느끼긴 했지만 여전히 음식이 나오면 카메라를 먼저 들이대는 건 나 역시 마찬가지였다.

그런 사실을 알게 된 후로 나는 비단 사진을 찍을 때뿐만 아니라 상점이나 커피숍 또는 마켓에 나가 현지인들을 만날 때면 자연스럽게 인사를 건네며 이야기를 나누기 시작했다. "안녕!"으로 시작된 인사는 "넌 무엇 때문에 이 도시로 왔니?"로 이어져 인생사, 결혼사, 관심사까지 줄줄이 털어놓게 되었고 그 인연은 이메일을 주고받고, 커피를 마시고, 친구들을 소개 받고, 저녁 식사에 초대 받는 일로 이어졌다. 그러다보니 나의 타지 생활은 '반갑게 인사를 나누는 일'을 시작하기 전과 후로 극명히 달라졌다고 해도 과언이 아닐 만큼 많은 일들이 일어나기 시작했다. 어찌 됐건 그 이후로 어딜 가나 인사 한 번 나눴다 하면 자리를 잡고 시간 가는 줄 모르고 수다를 떠는 나를 보고 친구들은 미국에 와서도 오지랖을 떨고 있다며 소매를 끌어당기기도 했다.

이번에도 나는 캠핑 의자를 펼칠 준비를 하는 할머니에게 먼저 다가가 인사를 건넸다.

"안녕하세요! 멀리서 걸어오는데 두 분 모습이 너무 아름다워서 말씀도 못 드리고 사진을 좀 찍었어요."

"아 그랬어요? 호호호. 우리 남편이 좀 철이 없어요. 남자는 나이가 들어도 다 아들 같다우."

유부녀들의 이 레퍼토리는 동서고금을 막론하고 한결같구나. 친구들도 있어서 그들을 대신해 양해를 구할 겸 자연스럽게 인사만 하려고 했는데, 그녀가 정겹게 맞장구를 치자 나는 바다로 향하는 그녀의 남편을 함께 바라보며 이야기를 이어갔다.

"우리는 은퇴하고 미국 전역으로 여행을 다니고 있어요. RV(버스형 캠핑카)와 바이크를 타고 여행 갔다가 돌아온 지 얼마 안 됐는데, 또 그새를 못 참고 서핑을 꼭 해야겠다고 해서 나왔지 뭐예요."

"날씨가 궂어서 걱정되겠어요."

"원래 여기가 서퍼들이 좋아하는 명당인데 저 사람들이 날씨 따지겠어요? 저기 좀 봐요."

그녀의 손끝을 따라 뿌연 안개 넘어 그녀의 남편이 사라진 쪽을 오랫동안 응시하자 대여섯 명의 서퍼들이 파도를 즐기는 모습이 눈에 들어왔다.

"나이가 들면 서로 다른 취미를 가졌더라도 함께 공유하면서 살면 즐겁고 좋아요."

소녀같이 밝은 미소를 띠고 한 손에 쥐고 있던 서핑 책을 만지작거리며 그녀가 말했다.

친구들과 함께 찾은 안개 자욱한 바닷가. 그곳에서 시간 가는 줄 모르고 안개 속을 거닐다 만난 노부부의 아름다운 모습. 끝까지 수평선 한 번 마음껏 보지 못한 채 반나절의 시간을 보내고 우리는 다시 포틀랜드로 돌아오기 위해 길을 나섰다.

뿌연 안개 속을 걷다보니 조금은 감상적이 된 건지 떠날 때의 부산함은 찾아볼 수 없었지만 어두워진 차 안에서 그 노부부처럼 아름답게 늙어가고 싶다는 이야기를 조곤조곤 나누었다. 그러다보니 어느새 포틀랜드의 입성을 알리는 고속도로의 교통 체증 한복판이었다.

일주일이라는 짧다면 짧은 일정 속에서 하루를 통째로 투자한 친구들과의 여행이 계획대로 되지 않아 괜스레 미안한 마음이 들었다. 하지만 누구 하나 불평하는 이 없이 나름대로 여행의 의미를 찾는 친구들을 바라보며 나는 또 한 번 느꼈다. 이렇게나 다양한 사람들과 같은 도시를 여행하며 매번 다른 느낌을 받을 수 있다는 것은 얼마나 큰 행운인가.

캐넌 비치 주변의 가볼 만한 곳

캐넌 비치 Cannon beach

캐넌 비치는 오리건 관광청이 뽑은 7대 경관 중 하나다. 포틀랜드의 서쪽, 태평양을 마주한 오리건 해안에는 최북단의 도시 애스토리아를 시작으로, 585킬로미터의 해안을 따라서 가볼 만한 크고 작은 마을들이 있다. 캐나다에서 오리건을 거쳐 캘리포니아까지 로드 트립을 하는 이들이 이용하는 루트이기도 하다.

그중에서도 오리건 사람들에게 가장 큰 사랑을 받는 곳이 바로 캐넌 비치다. 여름뿐만 아니라 일 년 365일 관광객들의 발길이 끊이지 않는다. 특히 여름과 겨울에는 해안가에 위치한 멋진 통나무 집 콘셉트의 롯지lodge 숙박 시설을 찾는 여행객들이 많다. 오리건 해안이 내려다보이는 별장을 소유한 이들도 휴가를 보내려고 많이 찾아온다. 여름에도 안개가 잦고 서늘한 날씨가 계속되니 얇은 긴팔 아우터를 챙기면 요긴하다. 날씨가 좋을 때는 아이들과 함께 수영을 하기도 하고 모래사장에서 캠핑을 즐기기도 한다.

가는 방법
자가용 혹은 고속버스를 이용한다.
www.greyhound.com 혹은 Unioun Station에서 고속버스 티켓을 구매한 후 탑승.
편도 17달러.

헤이스택 바위 Haystack Rock

캐넌 비치를 따라 걷다보면 멀리서도 웬 작은 섬이 바다 위에 떠 있나 싶은 큰 돌덩이가 보인다. 이 72미터짜리 돌을 보기 위해 캐넌 비치를 찾는다고 해도 과언이 아닌 캐넌 비치의 랜드마크다. 1,700년 전 그랜드 론드 Grande Ronde 산에서 흘러내린 용암에 의해 형성되었다. 해안도로를 따라 남부로 내려가면 이 용암에 의해 형성된 동굴과 수많은 작은 현무암 돌덩이들을 볼 수 있다.

애스토리아 Astoria

당일치기 혹은 1박으로 캐넌 비치를 갔다면 자동차로 한 시간 정도 거리에 있는 오리건 최북단의 인구 십만의 작은 도시 애스토리아를 놓치기 아깝다. 캐넌 비치가 관광객들을 위한 작은 기념품점과 호텔들이 자리 잡은 관광지라면 오리건 주와 워싱턴 주 사이를 흐르는 컬럼비아 강이 태평양을 만나는 지점에 위치한 애스토리아는 과거에 활발한 어업 활동으로 명실상부 오리건 최고의 어촌이자 항구 도시였다. 하지만 지금은 예술을 하는 젊은이들이 모여들어 새로운 문화를 형성하고 있다. 이들의 영향으로 요즘은 브루어리와 부티크 호텔, 카페, 맛집 등이 생기면서 '제2의 포틀랜드'라는 수식어가 따라붙기도 한다.

Cannon beach

Haystack Rock

Astoria

애스토리아에서 가볼 만한 곳

Commodore Hotel
A. 258 14th Street Astoria, OR
T. 503-325-4747

Street 14 Coffee
Commodore Hotel lobby
T. 503-325-5511

Norblad Hotel
A. 443 14th St, Astoria, OR
T. 503-325-6989

Fort George Brewery
A. 1483 Duane St, Astoria, OR
T. 503-325-7468

캠핑의 완성,
로스트 레이크

"로스트 레이크에 가본 적 있어?"

포틀랜드의 매력으로 아웃도어를 꼽는 이들이 추천하는 여행지에 반드시 들어가는 곳이 로스트 레이크Lost Lake다. 포틀랜드에서는 차로 두 시간, 남편과 자주 찾는 휴양도시 후드리버에서는 한 시간 거리에 있는 이곳은 오리건에서 가장 유명한 후드 산자락 안에 자리한 아름다운 호수다.

먼저 오는 이들이 캠프 그라운드를 차지할 수 있는 시스템(first come first serve!) 때문에 좀처럼 캠핑 기회를 잡지 못하고 드라이브 삼아 가볍게 다녀오곤 했는데, 이번에는 친구들과 함께 원데이 피크닉을 가기로 했다. 로컬 식재료와 테이크아웃 음식들이 가득한 뉴시즌에 들러 살라미와 올리브, 크래커, 맥주, 샐러드 등으로 트렁크를 가득 채우고 길을 떠났다. 남편과 주말을 이용해 다녀오던 당일치기 일정도 여행자들과 함께 하면 나도 모르게 그들에게 동화되어 어디론가 먼 여행을 가듯 들뜨게 된다. 이를테면 여행 속의 여행이다.

로스트 레이크 그 자체도 멋지지만 개인적으로는 여정 중에 중간 중간 차를 세우고 가볼 수 있는 협곡, 폭포, 전망대, 강 역시도 매력 포인트라고 생각한다. 차를 렌트해서 여행한다면 꼭 추천하고 싶은 코스이기도 하다.

시댁과 포틀랜드를 오가려면 꼭 거쳐야 하는 아름다운 84번 고속도로. 땅거미 진 저녁, 동트는 새벽녘, 비가 오고 태풍이 불던 날, 바람 한 점 없이 평온해 의자를 한껏 뒤로 젖히고 운전대를 잡은 존에게 "도저히 못 참겠다!"를 외치고 잠을 청하던 어느 날. 그렇게 수없이 지나다니던 길인데, 오늘따라 유난히 설레는 것은 낯선 곳을 여행하는 이들의 설렘이 전염되었기 때문일 것이다.

포틀랜드에서 고속도로를 타고 오 분쯤 달리다보면 하나둘 건물들의 간격이 멀어지면서 전형적인 외곽 드라이브가 시작된다. 컬럼비아 강을 끼고 있는 협곡을 삼십 분쯤 달리면 높은 곳에서 한눈에 협곡을 내려다볼 수 있는 전망대 비스타 하우스Vista house에 도착한다. 사실 이곳은 오리건 태생인 시댁 식구들과 남편도 와본 적 없는 관광객을 위한 전망대다. 그곳에서 내려다보는 탁 트인 컬럼비아 협곡도 매력적이지만 84번 고속도로가 생기기 전에 옛 사람들이 이용하던 산길, 히스토릭 컬럼비아 리버 하이웨이Historic Columbia river hwy를 달리며 만나는 오솔길의 풍경 역시 무척이나 아름답다. 예년보다 평균 기온이 특히 높았던 올해는 10월이 시작됐음에도 더위는 여전히 물러날 줄 몰랐다. 우리는 쌀쌀할까봐 입고 온 재킷을 모두 벗어던지고 창문을 내린 채 천천히 히스토릭 하이웨이를 달렸다. 뒤따르는 차들은 고맙게도 누구 하나 경적을 울리지 않았지만 나는 한쪽으로 길을 내주며 그들을 먼저 보내고 좀 더 느긋하게 드라이브를 즐겼다. 이 히스토릭 하이웨이의 또 다른 장점은 84번 고속도로로만 다녀서는 절대로 알 수 없는 크고 작은 폭포와 온갖 하이킹 코스가 모두 시작되는 지점이라는 것이다.

전망대를 벗어나자 우리의 여정은 급속히 빨라졌다. 오랜 시간을 로스트 레이크에서 보내기 위해 오리건의 대표적인 폭포인 멀트노마 폭포와는 스치듯 지나갔고, 삼십 분을 더 달려 포틀랜드의 많은 사람들이 짧은 휴가를 보내거나 여름휴가를 보내러 오는 휴양 타운 '후드리버Hood River'에 도착했다. 후드리버는 오리건의 대표 브루어리인 풀세일과 더블마운틴 브루어리 외에도 여러 개의 마이크로 브루어리와 카이트 서핑(연 모양의 서핑)으로 유명하다. 하지만 해가 지기 전에 로스트 레이크에 도착해야 했기에 주유통 가득 기름만 채운 후 다시 오늘의 최종 목적지인 로스트 레이크로 향했다.

휴대폰도 터지지 않는 후드 산의 깊숙한 곳에 자리 잡은 로스트 레이크에 드디어 도착했다. 습하고 비가 많이 내리는 기후라 충분히 수분을 섭취한 탓인지 목을 뒤로 한참을 꺾어야만 끝을 볼 수 있을 정도로 유난히 키가 큰 삼나무들이 호수 입구를 둘러싸고 있었다. 입구의 작은 티켓 박스 앞에 차를 세웠다. 평일이라 그런지, 여름휴가 시즌이 지나서인지 지난번에 남편과 왔을 때와는 달리 무척 한적했다.

"당일치기 피크닉 하러 왔어요."

"호수 쪽으로 가겠어요? 오늘은 아주 한가하니 내려가서 마음에 드는 쪽에 자리 잡으면 될 거예요."

5달러를 내고 호수 전체의 그림이 담긴 지도를 받았다. 이곳은 낡은 독채 캐빈(실내는 리모델링해서 웬만한 모텔보다 쾌적하다), 유목민 텐트 유르트^{Yurt}, 부티크 호텔 형식의 롯지, 캠프 그라운드, 피크닉 테이블 일일 사용 등으로 나뉘어 다양한 형태로 즐길 수 있는 시설이 마련되어 있다. 당일에 선착순으로 이용할 수 있는 캠프 그라운드와 피크닉 테이블을 제외하고는 수개월 전부터 예약이 마감될 정도로 아웃도어인들에게 인기 있는 곳이다. 그러나 여름이 끝난 비수기에 찾은 한적한 호수는 텅 빈 놀이공원을 혼자서 점령한 듯 묘한 뿌듯함을 안겨주었다.

티켓 박스의 아주머니가 알려준 피크닉 존^{zone}을 찾아 차를 타고 다시 오 분가량 들어가자 캠프 그라운드가 나오기 시작했다.

"캠핑은 이런 데서 해야지!"

누군가 창문을 열고 고개를 내밀며 외쳤다. 커다란 고목과 여기저기 널브러진 통나무를 의자와 테이블로 삼아, 빽빽한 나무들 중 튼튼한 놈을 골라 해먹을 걸고, 눈앞에 유유히 흐르는 호수와 저 멀리 보이는 만년설을 바라보며 코코아를 타 먹는 풍경이 단박에 떠올랐다. 누구나 꿈에 그리던 캠핑을 할 수 있는 곳, 그곳이 바로 이 로스트 레이크인 것이다.

 캠핑 존을 두리번거리며 걷다보니 피크닉 테이블이 눈에 들어왔다. 테이블 뒤로는 아마존 같은 캠핑 그라운드가 이어지고 앞으로는 한때 EBS에서 밥 아저씨가 "참 쉽죠?"하며 그려놓은 유화 같은 침엽수를 배경으로 드넓은 호수가 펼쳐졌다. 시계는 세 시를 가리켰고 호수 뒤편의 숲 위로 슬금슬금 해가 떨어지고 있었다. 테이블 위에 홀푸드 마켓에서 사 온 음식들을 툭툭 꺼내놓기만 했는데도 잡지에나 나올 법한 그림이 됐다.

 "원래 이 시간이 사진 찍기도 제일 좋고 산책하기도 좋아."

 이 순간이 멈췄으면 좋겠다는 말에 우리는 누가 먼저랄 것도 없이 맥주가 담긴 플라스틱 컵을 부딪치며 외쳤다. "건배!"

 우리 옆에 자리 잡았던 가족이 수영을 마치고 돌아가고 나자 이 세상에는 우리들만 존재하는 듯한 고요가 찾아왔다. 잔잔한 호숫가에 찰랑이는 물소리와 새소리 그리고 네 여자의 수다 소리만 메아리쳤다.

 언젠가 지금의 이 친구들과 다시 이곳을 찾아 사나흘 머물 수 있다면 우선 캠핑 경험이 많지 않은 그녀들을 위해 숙소는 캐빈(오두막)으로 구할 것이다. 낮에는 캠핑 그라운드에 자리를 펴고 책을 읽다가 수영을 할 것이다. 해가 저물고 별빛이 쏟아지기 시작하면 장작불을 피워 따뜻한 코코아를 함께 마시고, 깊은 밤에는 캐빈에 벽난로를 지피고 둘러앉아 음악을 듣고 끝날 것 같지 않은 수다를 떨 것이다. 그동안 꿈꿔왔던 그 순간, 친구들을 미국으로 불러 내가 제일 좋아하는 곳으로 데려가고 싶었던 바로 그 순간을 지금 맞이하고 있으면서도 나는 또 다음 순간을 꿈꾸고 있었다.

Lost lake, Mt. Hood

Lost lake, Mt. Hood

쉽게 닿을 수 없을 것같이 꼭꼭 숨어 있는 만큼 한여름에 찾아도 붐비지 않는 것이 매력이다. 멀리 보이는 만년설을 바라보며 노를 젓노라면 꿈을 꾸고 있는 듯한 착각이 든다. 여름엔 보트, 카약 등의 수상 스포츠를 즐길 수 있다. 캠프 그라운드를 예약한 경우 매점에서 판매하는 장작을 사서 캠프파이어를 할 수 있다. 매점에서 소시지, 과자, 맥주 등 먹거리를 판매하긴 하지만 불과 조리도구가 없으면 음식을 해 먹기 어려우니 피크닉을 가는 경우에는 음식을 준비해서 가기를 추천한다.

마운틴 후드에서는 GPS 신호가 잘 터지지 않으니 출발 전 구글맵에서 내려오는 길도 미리 검색해서 저장해두는 것이 좋다. 겨울 시즌부터 4월까지는 운영하지 않는다.

http://lostlakeresort.org
가는 방법 | 자동차만 가능.
추천 경로 | 84번 고속도로 –
후드리버에서 281번 도로.

미지의 탐험, 오네온타 협곡

이름도 생소한 오네온타 협곡Oneonta gorge. 이곳은 남편과 함께 여행지 리스트를 작성하던 어느 날 외국 여행 사이트에 첨부된 사진 한 장에서 발견했다. 설명도 없이 그저 '오리건'이라는 무책임한 코멘트 하나에 사로잡힌 나는 바로 남편에게 달려가 다짜고짜 사진을 내밀었다.

"여기가 어디야? 정말 멋지네!" 난생처음 보는 미지의 세계인 듯 사진을 뚫어지게 쳐다보더니 존이 되레 나에게 물었다.

"여기 몰라? 오리건이라는데? 당신, 오리건 사람 맞아?"

현실에 존재하기나 하는 건지 의심스러울 만큼 신비로운 그곳을 찾고 싶은 욕구가 불같이 일었다. 그렇게 몇 날 며칠을 구글과 핀터레스트Pinterest●를 쥐 잡듯이 뒤져 결국 나는 해내고 말았다.

"여보, 오네온타 협곡 알아?"

"그게 어디야? 포틀랜드에 있어?"

그도 모르고, 시댁 식구들도 모르고, 포틀랜드 토박이 친구들도 모르는 그곳을 내가 찾아내고야 만 것이다.

우리는 바로 정보 수집에 들어갔다. 위치, 하이킹 코스 등. 놀랍게도 그곳은 우리가 시댁을 가기 위해 수없이 지나쳤던 84번 고속도로, 그것도 포틀랜드의 대표 관광지인 '멀트노마 폭포Multnomah falls'에서 십 분도 안 되는 거리에 숨어 있었다! 하지만 지금 당장 떠나고 싶은 나의 강한 욕구를 가로막는 문제가 한 가지 있

● 이미지 검색에 특화된 SNS 이용자가 사고 싶은 제품이나 패션, 인테리어 이미지를 한꺼번에 모을 수 있다.

었으니 그건 바로 이 신비로운 협곡을 지나려면 잔잔한 시냇물을 두 발로 거슬러 오르고, 자동차만 한 돌덩이들을 타고 올라 만나는 작은 웅덩이(강수량에 따라 1미터가 될 수도 있는)를 지나야 하는데, 당시는 4월이어서 그곳을 하이킹하기에는 너무 추운 날씨였던 것이다. 마음 같아서는 "힘들어야 탐험이지! 아니면 산책이지!"라고 고집을 피우고 싶었지만 아직은 의욕만 앞선 아웃도어 초보자가 대학 서클에서 암벽 등반을 했던 남편이 말리는데 어찌 반기를 들 수 있단 말인가.

그렇게 한 달쯤 시간이 흐르고 5월의 어느 날, 84번 고속도로를 달리다가 멀트노마 폭포를 보며 존에게 슬며시 물었다.

"여보, 우리 입구가 어떻게 생겼는지 내려가서 살짝 확인이나 하고 올까?"

남편은 여전히 탐탁지 않은 눈빛이었지만 탐험병에 걸려 시름시름 앓고 있는 부인을 위해 중고 아웃도어 용품을 파는 넥스트 어드벤처Next Adventure에 들러 5달러짜리 샌들을 하나 사 신고 얼음물에라도 뛰어들 기세인 의욕 충만한 부인을 따라나섰다.

도대체 입구가 어디라는 거야? 분명 사이트를 샅샅이 뒤져 구글맵에 체크를 해뒀지만 아무리 같은 자리를 서너 번 지나쳐도 사진에서 봤던 간판이 보이지 않았다. "오늘은 그냥 가고 집에 가서 제대로 정보를 찾아보고 오자"라는 남편의 말이 귀에 들어올 리 없었다.

"차 세워놓고 한 번만 더 가보자."

보물 지도라도 되는 듯 구글맵이 켜진 휴대폰을 들고 사방을 두리번거리며 아주 천천히 '쉽게 놓치기 쉬운 입구'라는 그곳을 찾고 있던 그 순간.

"저기다!"

앞서 가던 남편이 드디어 사진으로 봤던 간판을 발견했다.

"어떻게 이렇게 큰 간판을 놓칠 수 있어?"

나무 뒤에 숨겨져 있는 커다란 간판에는 이름도 발음하기 힘든 'Oneonta Gorge'가 아주 큼지막하게 씌어 있었다. 왔다, 드디어 왔다.

그런데 아무리 주변을 둘러봐도 산책로로 들어가는 입구가 보이지 않았다. 작은 개울 위로 놓인 다리에 서서 남편이 말했다.

"아무래도 다시 잘 알아보고 오는 게 좋겠어."

여전히 그는 이 여정이 내키지 않는 게 분명했다. 그 순간.

"개울가? 아 맞아! 잔잔한 시냇물을 거슬러 올라가면서 탐험이 시작된다고 했어."

이미 나는 〈인디애나 존스〉를 찍는 배우라도 된 듯 심취해 있었다.

"저 끝에 내려가는 길이 있네!"

한 사람이 간신히 내려갈 수 있을 만한 비좁은 공간에 시멘트로 만들어놓은 계단이 개울가와 연결되어 있는 것이 나의 레이더에 잡혔다.

"이걸 못 보고 그냥 갔으면 얼마나 아쉬울 뻔했어!"

시작부터 이렇게 흥미로울 수가 있단 말인가. 나는 여전히 망설이고 있는 남편은 잊은 채 좁디좁은 계단을 조심스럽게 내려가 마지막 계단에서 발을 떼고 개울가에 오른발을 담갔다.

"앗, 차가워!"

파릇파릇한 새싹은 진즉에 피어올라 꽃봉오리도 이미 만개해버린 이 완연한 봄의 개울물이 이토록 차가울 줄은 상상도 못 했다. 얼음장처럼 차가운 개울물에 살짝 놀라긴 했지만 발목에도 안 차는 개울물 앞에서 물러서기에는 한 달 동안의 기다림이 너무나 길었다.

"내가 먼저 가볼 테니 잘 따라와!"

뒤도 돌아보지 않고 자갈과 나무가 뒤엉켜 숲인지 개울인지 분간하기 어려운 길을 따라 거슬러 올라가다보니 사람들이 지나다니며 닦아놓은 평평한 언덕길이 보였다. 보물이라도 찾은 듯 환호성을 지르며 팔짝팔짝 뛰다가 뒤를 돌아보았다. 그때서야 엉거주춤한 걸음으로 한 발 한 발 조심스럽게 개울물에 담갔다 빼며 춤이라도 추듯 아슬아슬한 모습의 존이 한참 뒤에서 나를 따라오고 있었다.

"못 갈 것 같아. 물이 너무 차가워."

긴장하면 얼굴에 고스란히 그 불편한 심기가 드러나는 그의 얼굴이 꽤나 심각해 보였지만, 계속 오르다보니 대수롭지 않게 느껴진 개울물에서 탭댄스를 추는 흉내를 내며 내가 말했다.

"웬 엄살이야, 남자가. 처음에만 그래. 여기까지 올라와봐, 익숙해질 거야. 목욕탕의 찬물에 들어갔다고 생각해!"

부산에 가면 온천장 허심청에 냉수 마찰 하러 가자고 난리를 피우는 사람이 왜 여기서는 저리 엄살일까. 티를 내진 않았지만 내심 어린애 같은 그가 좀 귀여웠다. 오만 가지 인상을 쓰며 히말라야를 정복하는 자세로 그가 차가운 개울물을 헤치고 내가 있는 곳까지 왔을 때 심각해진 그의 얼굴을 사진에 담았다. 시댁에 돌아가 시아버지에게 이 사진을 보여주면 또 얼마나 재밌어할까. 시아버지는 존과는 또 다른 의미로 내게 큰 위로가 되는 존재였다. 그래서 맛있는 걸 먹거나 새로운 곳을 갈 때면 언제나 시아버지를 떠올렸고, 그에게 들려줄 에피소드를 잊지 않

았다.

　인위적으로 만들어놓은 길은 없지만 누군가 숲길을 헤치고 다니며 자연스럽게 다져놓은 길을 따라 잔 나뭇가지들을 헤치며 한 발짝씩 앞으로 나아갔다. 갖가지 이끼로 빼곡한 절벽을 손으로 짚으며 커다란 바위를 하나 넘자마자 눈앞에 영화 〈아바타〉의 한 장면을 연상시키는 커다란 협곡 입구가 나타났다. 절벽에서 떨어지는 폭포수 위로 내리꽂히는 한 줄기 빛과 산등성이에서 자연스럽게 떨어져 이제는 이곳의 일부가 된 이끼 낀 나뭇가지들과 고목들이 조화를 이룬 풍경이 신비로웠다. 지척에 있는 이 멋진 자연을 두고도 아직 경험해보지 못한 시댁 식구들에게 당장이라도 달려가 이야기하고 싶은 마음에 잠깐 입구나 확인하고 가자던 나는 조금 더 앞으로 다가가보기로 했다.

　"거긴 좀 위험하지 않을까?"

　어느새 바짝 뒤를 쫓아온 남편이 걱정스런 목소리로 물었지만 이미 나는 그에게서 멀어지고 있었다. 열 발자국, 스무 발자국…… 진짜 오네온타 협곡이 시작되는 지점이 서서히 눈에 들어왔다. 하지만 오늘은 여기까지. 맛있는 양념 치킨을 내일 또 먹고 싶어 남겨놓는 아이의 마음으로 첫 번째 탐방을 마쳤다.

　두 개의 절벽이 아슬아슬하게 닿을 듯 말 듯, 구불구불한 곡선을 이룬 오네온타 협곡의 진짜 매력은 물이 빠진 자갈밭을 걸어 그 끝에 있는 폭포에 이르는, 짧지만 그림 같은 코스에 있다. 디즈니랜드에 갈 날짜를 손꼽아 기다리는 아이처럼 여름이 되길 기다렸고 드디어 만반의 준비를 하고 나선 8월의 어느 날! 다시 이곳을 찾아 눈앞에 펼쳐진 협곡을 보았을 때 나는 하마터면 눈물을 흘릴 뻔했다.

협곡 입구에는 산과 절벽에서 떨어져 나와 이리저리 굴러다니다가 쌓인 몇 미터쯤 돼 보이는 돌덩이들과 고목들이 장애물처럼 가로막고 있었다. 폭포에 이르려면 이 첫 번째 관문을 암벽 타듯 타고 올라야 한다. 그런 다음엔 배꼽까지 차는 물웅덩이를 헤엄쳐 건너야 비로소 협곡의 끝, 폭포를 만날 수 있다. 아는 사람만 알고, 두려움을 무릅쓰고 장애물을 건너야만 만날 수 있는 곳. 삼십 분의 짧은 코스였지만 나에겐 몇 시간의 산행보다 더 큰 모험이었다. 나이 서른둘에 경험한 첫 탐험을 마치고 나서 나는 사 년 전 방콕에서 우연히 만난 배낭 여행객이 내게 했던 그 한마디가 떠올랐다.

"도시를 벗어나면 더 멋진 세상이 널 기다리고 있을 거야."

오네온타 협곡으로 가는 길

협곡이 시작되는 지점. 3, 4미터쯤 되는 고목을 타고 넘어가는 것이 첫 번째 관문이다. 비가 많이 내리고 습한 날씨 탓에 미끄러운 고목을 넘어가는 것은 다소 위험할 수 있다. 어린아이를 업은 아빠, 부모 손을 잡고 따라온 초등학생도 있지만 실제로 내 뒤를 따라오던 여자가 발을 헛디디면서 고목 사이로 떨어져 물웅덩이로 빠지는 걸 목격했을 땐 나도 모르게 소리를 지르고 말았다. 다행히 그녀는 다치지 않았지만 세심한 주의와 큰 용기가 필요하다.

두 번째 관문인 물웅덩이. 방문 시기에 따라, 강수량에 따라 다르지만 여름에는 보통 1미터 이상 물이 차오르는 경우가 많다. 그러니 수영복이나 젖어도 되는 옷을 입어야 하고 카메라나 휴대폰이 젖지 않도록 만반의 준비를 해야 한다. 이런 준비를 미처 하지 못했거나 수영에 자신이 없는 이들은 여기서 포기하고 돌아 나가기도 한다. 고지를 눈앞에 두고!

고가의 카메라 장비를 머리에 인 사람이나 목마를 탄 아이 등 저마다 각양각색의 모습으로 물웅덩이를 통과했다. 왼쪽에 보이는 이는 암벽 등반에 자신이 있었는지 아슬아슬하게 미끄러운 암벽 타기에 성공해 유일하게 뽀송뽀송한 차림으로 최종 목적지에 닿은 사람이다.

협곡의 최종 목적지. 이 폭포를 보기 위해 지금까지의 관문들을 통과했다. 사실 개인적으로는 폭포를 본 것보다 그림 같은 협곡 사이를 통과해 온 것이 더 뿌듯했다. 이곳까지 도달한 많은 이들은 폭포 아래서 수영하며 오랜 시간을 보내고는 들어왔던 길을 다시 되돌아갔다.

가는 방법
히스토릭 컬럼비아 리버 하이웨이/ 포틀랜드에서 차로 40분.
멀트노마 폭포에서 차로 5분/도보 30분.

포틀랜드에서 당일 혹은 1박 2일로 떠날 수 있는 여행 코스

후드리버

포틀랜드에서 동쪽으로 한 시간 반가량 달리면 만날 수 있는 휴양 타운. 뒤로는 만년설이 덮인 후드 산을, 앞으로는 컬럼비아 강을 끼고 있어 사계절 내내 많은 이들이 이곳을 찾는다. 특히 여름에는 여름 스포츠를 즐기러 오는 가족 단위의 여행객들이 많다. 전 세계에서 모여든 카이트 서퍼들이 여유로운 시간을 보내는 모습도 쉽게 볼 수 있다. 작은 타운이지만 유명 로컬 맥주 양조장, 와이너리, 레스토랑, 마운틴 후드 행 기차까지 다양하게 즐길 수 있다. 포틀랜드에서 접하는 로컬 과일과 채소들을 수확하는 농장이 많이 분포되어 있어서 농장을 직접 체험하는 유픽(Upick, 직접 따기) 프로그램도 이용할 수 있다.

멀트노마 폭포 Multnohma Falls

오리건의 관광 기념품점에서 파는 엽서에 가장 많이 등장하는 관광지이다. 고속도로에서 바로 진입할 수 있고 실제 관광시간은 삼십 분 이내가 될 수도 있지만 폭포 앞에 보이는 다리를 지나 하이킹 코스로 진입하면 두세 시간짜리 하이킹을 즐길 수도 있다.

비스타 하우스 Vista House 컬럼비아 강, 협곡 전망대

반드시 가야 할 코스라고는 할 수 없지만 84번 고속도로를 타고 포틀랜드의 동쪽을 여행할 계획이라면 후드리버, 멀트노마 폭포, 로스트 레이크로 가는 길에 한 번쯤 들러볼 만하다. 개인적으로는 전망대 자체보다는 전망대에서 내려다보는 컬럼비아 강과 협곡, 또 히스토릭 하이웨이를 달려 전망대를 올라갔다 내려오며 즐기는 녹음이 매력적이다.

마운틴 후드 Mt. Hood National Forest 국립공원

오리건의 7대 경관 중 하나이다. 포틀랜드에서도 훤히 보이는 만년설의 주인공 마운틴 후드. 전 세계에서 후지 산 다음으로 등산객이 많이 찾는 산이라고 한다. 일 년 내내 눈을 볼 수 있는 곳이기 때문에 한여름에도 버스나 트레일러를 끌고 로드 트립을 다니는 스키어나 스노보더들을 만날 수 있다. 여름에는 정상에 위치한 롯지에서 별보기 이벤트나 음악 페스티벌이 열리기도 한다. 팀버라인 롯지에서 숙박이 가능하다.

후드리버에서 가볼 만한 곳
브루어리와 레스토랑

풀세일 Full sail www.fullsailbrewing.com

위드머 브라더스, 드슈츠 등과 같이 오리건에서 가장 오래된 브루어리 톱 5에 들어가는 곳. 이 브루어리 투어를 위해 후드리버로 여행 오는 이들이 있을 정도로 인기가 높다. 오리건 최고의 클래식한 엠버, 라거를 맛보고 싶다면 들러보자.

더블마운틴 Double Mountain Brewery www.doublemountainbrewery.com

풀세일과 더불어 후드리버를 찾는 맥주 마니아들에게 큰 사랑을 받는 브루어리. 오너가 풀세일에서 근무한 경력을 살려 본인만의 브루어리를 직접 오픈했다. 풀세일에 비해 좀 더 캐주얼하고 자유로운 IPA, 특히 매년 가을에만 맛볼 수 있는 프레시 홉 맥주와 로컬 체리를 이용한 벨기에 스타일의 사워비어가 유명하다. 어느 테이블에나 피자가 놓여 있을 만큼 피자를 먹으러 오는 사람들도 많다.

프림 PFRIEM Family Brewers www.pfriembeer.com

후드리버에서는 가장 최근에 생긴 브루어리로 레스토랑 내에 양조장이 설치된 세련된 인테리어가 인상적이다. 최근 수년 사이에 오픈한 오리건 브루어리 중 가장 핫한 곳이다. 신생 브루어리라고는 믿기 어려울 만큼 전체적으로 질이 좋은 맥주를 만들고 있다. 특히 벨기에 스타일의 스트롱 다크 에일을 추천한다.

후드리버 파머스 마켓
www.gorgegrown.com

여름이 끝나갈 때쯤 포틀랜드 파머스 마켓에서는 다양한 종류의 사과를 접할 수 있는데 대부분의 사과가 바로 이 후드리버에 위치한 농장에서 재배되고 있다. 무라카미 하루키가 포틀랜드로 여행을 다녀온 뒤 쓴 글(『라오스에 대체 뭐가 있는데요?』)에서 맛있게 먹었다고 언급한 후드 스트로베리도 바로 이 지역에서 나온다.

후드리버 유픽
http://hoodriverupick.com

유기농 체리, 블루베리, 라즈베리, 사과를 수확하는 농장에서 열매를 직접 따는 체험을 할 수 있다.

아웃도어, 캠핑숍

알이아이 REI

시애틀에서 탄생한 아웃도어 전문 브랜드. 클라이밍, 하이킹, 스키, 캠핑 등과 관련한 다양한 제품들을 파는 곳으로 포틀랜드의 아웃도어 매장 중 가장 큰 규모를 자랑한다. 스키, 캠핑, 텐트, 산악 장비 등을 렌트할 수 있으며, REI 멤버십에 가입하면 할인 혜택을 누릴 수 있다.

www.rei.com
1405 NW Johnson St, Portland

폴러 스터프 Poler stuff

포틀랜드의 젊은 아웃도어 감성을 느낄 수 있는 로컬 브랜드. 옷처럼 입을 수 있는 컬러풀한 전신 침낭과 센스가 돋보이는 텐트로 주목받기 시작했다. 옷, 배낭, 캠핑 장비 등 다양한 라인을 가지고 있다. 페이스북이나 인스타그램을 팔로우하면 매장에서 열리는 다양한 콜라보레이션과 파티에 관한 정보를 확인할 수 있다.

www.polerstuff.com
413 SW 10th Ave, Portland

스노 피크 Snow peak

한국 캠퍼들에게도 큰 인기를 끌고 있는 일본 아웃도어 브랜드. 북아메리카에 유일하게 오픈한 플래그십 스토어 flagship store가 포틀랜드에 입점했다. 깔끔하고 실용적인 일본의 감성이 절묘하게 어울리는 인테리어와 제품들을 보면 마치 포틀랜드 로컬 브랜드라는 착각이 들 만큼 매장을 잘 꾸며놓았다. 다양한 로컬 브랜드, 매거진과 콜라보레이션해 폴러 스터프처럼 잦은 파티와 이벤트가 열린다.

http://snowpeak.com
410 NW 14th Ave, Portland

넥스트 어드벤처 Next Adventure

다양한 스포츠 클럽을 함께 운영하며 전문가들에게 큰 사랑을 받는 스포츠 용품점. 지하 매장에서는 신발, 의류, 스포츠 용품을 중고로도 구입할 수 있고, 스키, 스노, 산악, 카약 용품 등도 대여할 수 있다. 온라인에서 요금 확인이 가능하다.

http://nextadventure.net
426 SE Grand Ave, Portland

원패스 Worn-path

전 세계의 아웃도어 브랜드 제품을 판매한다. 뿐만 아니라 남성 의류, 가방, 액세서리 등도 구비하고 있어 젊은 남성들에게 큰 사랑을 받는 편집 숍이다.

http://worn-path.com
4007 North Mississippi Ave, Portland

2부
포틀랜드 여행하기

1 스페셜리티 커피, 제3의 물결

미국에서 커피를 좀 마신다는 사람들은 제1, 제2, 제3의 물결에 대해 자주 언급하곤 한다. 우리의 부모 세대가 즐겨 마시는 믹스 커피 같은 상업적인 인스턴트 커피가 미국에서 제1의 물결이었다면, 1970년대에 커피 농장과 연계해 직접 로스팅하는 독립 커피 브랜드인 스타벅스의 등장과 함께 제2의 물결이 시작되었다. 그 후 약 30년이 지난 뒤 공정무역 fair trade에서 조금 더 발전된 직접무역 direct trade 이라는 방식이 등장한다. 이것은 정해진 농장과만 거래하며 양질의 커피 빈을 확보하는 시스템과 세련된 패키지 디자인을 두루 겸비한 스페셜티 커피의 등장을 알리는 것으로, 이로써 커피 세계에는 제3의 물결이 밀려오게 된다.

그런데 제2, 제3의 물결이 모두 미국의 서부 그것도 북서부의 두 도시인 시애틀과 포틀랜드에서 시작되었다. 포틀랜드의 바리스타, 커피숍의 오너, 관광청, 그리고 이곳에서 태어나고 자란 현지인에게 그 이유가 무엇이라고 생각하는지 물었다. 그들은 제각각 다른 이유를 들었다.

"우리가 흔히 PNW Pacific North West 라고 부르는 이곳은 미국 서부에서도 물과 자연이 좋기로 유명한 곳이에요. 물맛이 좋으니 당연히 맥주와 커피가 맛있는 것 아니겠어요?"

"서부에서도 시애틀과 포틀랜드는 기후의 특성상 비가 많이 오고 우중충한 날씨로 유명해요. 영국에서 날씨의 영향을 받아 티 tea가 발달했듯이 여기도 날씨의 영향으로 커피를 마시는 문화가 발달하지 않았을까요?"

저마다 다른 이유를 대지만 분명 결론은 하나였다. 제3의 물결과 함께 등장한 스텀프타운 커피를 필두로 포틀랜드는 지금 미국에서도 손에 꼽히는 스페셜티 커피의 고장으로 자기 매김하고 있다는 사실이다.

스텀프타운에서
커피 마실까?

우선 스텀프타운 커피부터 이야기를 풀어보자.

사 년 전 남편을 따라 처음 포틀랜드에 발을 디딘 후로 매년 가족들을 만나기 위해 포틀랜드를 방문할 때마다 PDX(포틀랜드 국제공항)를 빠져나오기가 무섭게 내뱉는 첫 마디는 언제나 같았다.

"스텀프타운에서 커피 마실까?"

포틀랜드의 수많은 소규모 카페와 레스토랑들은 스텀프타운 커피 빈을 사용한다는 간판을 자랑스럽게 내걸고 있지만, 얼마 전까지만 해도 공항에는 스텀프타운 커피숍이 없었다. 항상 그것이 궁금해서 스텀프타운 오너를 만났을 때 꼭 물어보려고 했는데 그가 아침에 김치를 즐겨 먹는다는 말에 화들짝 놀라 그만 깜박 잊고 말았다. (2016년 8월 드디어 공항에 스텀프타운이 오픈했다!)

아직은 에스프레소의 깊은 맛까지는 왈가왈부할 수 없지만, 매일 아침 그날의 기분과 커피 빈에 따라 호리병 모양의 핸드드립 추출기인 케멕스^{chemex}, 공기압을 이용한 추출기인 에어로프레스, 그리고 프렌치프레스 중 하나를 골라 커피를 내리며 하루를 시작하는 존 덕분에 어깨너머로 커피의 맛을 조금씩 알아가던 시기였다. 포틀랜드에서 누려야 할 첫 번째 혜택은 맛있는 커피가 아닐까 생각하며 이곳에 올 때는 어김없이 스텀프타운에서 작은 사이즈의 모카를 주문했다.

그렇게 한동안 포틀랜드의 동, 서에 흩어져 있는 스텀프타운 지점을 두루 돌아보며 스텀프타운의 매력에 흠뻑 빠져 지내던 어느 날, 때마침 한국에서 요청한 '인터뷰'라는 근사한 이유로 멋진 현지인들을 만나게 되었다. 그때마다 그들에게 꼭 빼놓지 않고 물어보는 것이 있었다.

"제일 좋아하는 카페와 레스토랑을 좀 추천해주세요."

그런데 그들은 예상과는 달리 하트^{Heart}, 코아바^{Coava}, 바리스타^{Barista} 같은 생소한 카페들을 거론했다.

"요즘 스텀프타운은 관광객이 너무 많아요. 난 개인적으로 하트 커피가 제일 맛있더라고요."

"스텀프타운은 이제 대기업이 되어버렸어요. 그러면서 초심을 잃었는지 맛도 예전만 못하더라고요."

사람에 따라 취향이 다를 수는 있지만 지금 포틀랜드를 커피의 도시로 만들고, 어떤 언론에서는 제3의 커피 물결을 불러일으킨 장본인이라고도 일컫는 스텀프타운이 몇몇 현지인들에게는 이런 취급을 받다니……. 의아하긴 했지만 이 또한 포틀랜드다운 사고라는 생각에 피식 웃음이 났다. 그들에게는 '작은 사업을 밀어주어라(Support small businesses)'는 생각이 근저에 깔려 있는 것이다.

물론 스텀프타운 커피는 여전히 포틀랜드에서 제일 바쁜 커피숍 중의 하나다. 언제나 많은 현지인들과 여행자들이 줄을 서니까.

그렇게 매년 휴가철이면 어김없이 포틀랜드로 날아와 스텀프타운 커피를 마시지 않으면 큰일이라도 나는 줄 아는 존과 나는 우리가 만난 현지인들이 추천한 커피숍들을 하나둘 섭렵해보기로 했다. 매일 동네 단골 카페를 가는 생활인의 마인드에서 벗어나 호기심 가득한 여행자의 마인드로 말이다.

우리가 선택한 커피 TOP 5

코아바 커피 로스터스 Coava Coffee Roasters

포틀랜드는 화이트나 실버, 밝은 우드 톤의 심플함이나 세련미보다 질은 빈티지 컬러의 러프함이 잘 어울리는 도시라는 게 나의 개인적인 느낌이다. 그런데 커다란 창고를 개조한 듯한 코아바의 커피 바Brew Bar를 처음 방문했을 때 받은 인상이 딱 그러했다. 2010년에 포틀랜드의 사우스이스트South East, 센트럴 이스트사이드Central Eastside 공업지구의 목공소와 공업소들이 즐비한, 어쩌면 조금은 삭막한 동네에 자리 잡았지만 동네의 특성을 고스란히 느낄 수 있는 특별한 인테리어가 훌륭한 커피 맛만큼이나 많은 이들의 입에 오르내린다.

오전 8시. 출근하는 길에 들러 커피를 사서 한 손에 들고 서둘러 일터로 향하는 사람들과 사무실인지 집인지 분간이 안 갈 만큼 편안한 자세로 앉아 있거나 혹은 (극히 드물지만) 서서 신문을 읽고 있는 사람들, 랩탑(노트북)으로 일을 시작한 사람들로 북적거리는 이곳의 아침을 사랑한다. 다른 곳에서는 보통 카푸치노나 모카를 마시지만 이곳에서는 꼭 바리스타가 직접 케멕스에서 내려주는 커피를 고집하는 데는 나만의 특별한 이유가 있다.

하나, 카운터에 나란히 놓인 세 개의 케멕스 앞에서 신중하게 커피를 내리는 바리스타의 모습이 좋아서.

둘, 나에게는 포틀랜드 최고의 드립커피이기에.

www.coavacoffee.com

코아바 브루 바 Coava Brew Bar
1300 Southeast Grand Avenue, Portland

포틀랜드에서 가장 쿨한 매장이라고 해도 과언이 아닐 만한 커다란 창고 형식이 분위기를 압도한다. 매장에 자연스럽게 놓아둔 기계들을 테이블 삼아 커피를 마시며 새로운 기분을 느껴보자. 종이를 아끼기 위해 그들이 자체 제작한 콘(메탈) 필터를 사용한다. 매일 기본적으로 두 가지 핸드드립 커피와 에스프레소 베이스 커피를 제공한다.

에스프레소 바 Espresso Bar
2631 SE Hawthorne Blvd, Portland

www.heartroasters.com

West 지점
537 SW 12th Ave, Portland

East 지점
2211 E. Burnside St, Portland

하트 커피 | Heart Coffee

하트 커피는 두 곳의 지점을 갖고 있다. 느긋하고 한가한 분위기를 누리고 싶을 땐 다운타운과 가까운 웨스트엔드 West End 지점을 찾고, 좀 더 활기찬 공기와 짙은 커피 향이 그리울 땐 이스트 번사이드 E. Burnside 지점으로 향한다. 두 지점 모두 포틀랜드에서 가장 핫한 동네에 자리 잡고 있다. 오너의 안목이 탁월하다.

『킨포크』의 에디터인 조애나와 인터뷰할 때도 하트 커피에서 진행했는데, 이곳이 그녀의 페이버릿 커피숍이기 때문이었다. 그녀뿐만 아니라 내가 만난 많은 포틀랜드의 젊은이들은 이곳을 자신들의 베스트 커피숍으로 꼽았다. 커피 맛도 훌륭하지만 정갈하면서도 나름의 개성이 느껴지는 분위기 때문이라고 했다. 커피 맛이야 개인의 취향이겠지만 이곳에서는 유독 깔끔한 스타일로 멋을 부린 사람들과 자주 마주쳤다. 반면 코아바는 러프한 커피숍의 분위기 탓인지 수염을 잔뜩 기른 상남자 스타일의 이들이 자전거를 끌고 많이 찾는 것 같았다. 물론 어디까지나 나의 착각일 수도 있다. 좀 더 진지한 하트 커피의 메시지는 핀란드 출신 오너인 뷔레 일리-루오마 Wille Yli-Luoma 와의 인터뷰에서 자세히 풀어놓겠다.

Heart Coffee

바리스타 Barista

대부분의 포틀랜드 커피 브랜드가 직접무역과 싱글 오리진(한 농장에서 재배한 한 품종의 원두로 만든 커피)을 외치며 이름과 자존심을 걸고 로스팅한다. 이 가운데 포틀랜드에서는 최초로 '최고의 로스터를 찾아 최고의 커피를 뽑아드리겠습니다'라고 당당하게 선언한 카페가 있다. 직접 로스팅하지 않고 최고의 로스팅 빈을 사용해 커피 추출만으로 차별화를 내세운 카페 바리스타다. 그도 그럴 만한 것이 오너인 빌리 윌슨Billy Wilson은 노스웨스트 바리스타 경연대회에서 세 번이나 챔피언을 거머쥔 실력파이다. 커피를 추출하는 기술만큼은 단연 으뜸인 것이다.

2009년 펄Pearl 지구에서 첫 매장을 오픈한 후 2016년 현재 포틀랜드 전역에서 네 개의 매장을 운영하고 있다. 바리스타가 이처럼 확장될 수 있었던 건 역시 대형 프랜차이즈에 대한 거부감은 하늘을 찌르지만 로컬 브랜드의 확장과 서포트에는 한없이 관대한 이곳 사람들 덕분이라 해도 과언이 아니다. 네 개 매장의 콘셉트는 모두 같지만 저마다 다른 분위기를 풍긴다.

비 오는 날에는 23rd 점의 창가에 앉아 지나가는 사람들을 하염없이 바라보았고, 날씨가 좋을 땐 주저 없이 앨버타Alberta 점으로 달려가 넓은 야외 자리를 차지했다. 코아바의 핸드드립을 '사랑한다'고 말할 수 있다면, 바리스타의 모카에는 중독됐다는 표현이 적절할 듯하다.

"커피 한 잔 마시러 와서 맥주 한 잔 하며 머무세요(Come for a coffee and stay for a beer)."

앨버타 점에서는 로컬 생맥주도 마실 수 있다는 것도 잊지 말기를.

http://baristapdx.com

앨버타 지점
1725 NE Alberta St, Portland,

23rd 지점
823 NW 23rd Ave, Portland

펄 지점
539 NW 13th Ave, Portland

다운타운 지점
529 SW 3rd Ave #110, Portland

www.couriercoffeeroasters.com

923 SW Oak St, Portland

쿠리어 Courier

포틀랜드는 크기는 서울의 절반 정도이고, 인구는 서울의 약 15퍼센트밖에 안 되는 소도시이지만 매일같이 로컬 커피숍만 돌아다녀도 질리지 않는다. 그중에서도 단연 포틀랜드다운 분위기를 띠고 많은 로컬들에게 사랑받는 곳이 바로 이 쿠리어가 아닐까 싶다. 언제 가도 이제 막 들어온 건지, 나가려는 건지 알 수 없을 만큼 좁은 카페를 자유분방하게 휘젓고 다니는 오너. 그는 자전거를 이용해 직접 로스팅한 커피를 지역 레스토랑에 배달하기도 하고, 가까운 포틀랜드주립대학PSU에서 열리는 파머스 마켓에 가서 자전거에 한가득 신선한 재료를 실어 오기도 한다.

쿠리어 카페와 함께 아기자기한 편집 숍과 레스토랑이 들어선 건물의 코너만 돌면 전 세계에서 가장 큰 독립 서점인 파월스북Powell's book이 위엄에 찬 자태를 뽐내며 블록 하나를 다 차지하고 있다. 파월스북을 찾는 많은 사람들과 도로변이라 유동 인구가 많은 지역임에도 불구하고 쿠리어에 앉아 창밖을 바라보고 있노라면 이곳이 다운타운이라는 사실이 믿기지 않을 만큼 한가로움이 느껴진다.

많지 않은 테이블을 오래 차지하는 게 미안한 것만 빼면 카페 전면의 통유리를 통해 들어오는 오후 햇살을 만끽하며 마음껏 느긋해지기 좋은 곳이다. 직접 로스팅한 빈으로 신선하게 내리는 커피는 두말할 것도 없이 만족스럽다.

11월에 여행 온 내 친구 혜진은 한 달 동안 포틀랜드에 머물며 거의 매일 카페를 찾았다. 그중에서도 이곳에서 가장 많은 시간을 보냈다. 온몸으로 햇살을 받고, 그림을 그리고, 또 위빙(세로줄에 가로줄을 교차하면서 다양한 패턴을 만들어내는 손뜨개)을 하며 많은 여행자들이 갈망하는 방식으로 유유자적하게 포틀랜드를 즐겼다.

스텀프타운 Stumptown

포틀랜드가 많은 이들의 입에 오르내리는 데 그 어떤 관광지보다도(포틀랜드에는 다른 미국의 대도시처럼 내로라하는 관광지가 없는 것도 사실이다) 큰 역할을 해온 것이 스텀프타운 커피일지도 모른다. 포틀랜드 출신 커피 브랜드로는 처음으로 로스앤젤레스, 뉴욕 등의 에이스 호텔 로비에 자리 잡으며 포틀랜드 커피의 진가를 미국 전역에 알린 브랜드다. 많은 바리스타 또는 커피 마니아들에게 최고의 미국 스페셜리티 커피 브랜드의 하나로 손꼽히는 스텀프타운의 매력은 하루아침에 생겨난 힙한 카페와는 좀 다르다.

1999년 존이 대학교 2학년이 되던 해, 스텀프타운은 디비전Division이라는 조용한 골목에서 처음 문을 열었다. 지금으로부터 16년 전이다. 그때만 해도 포틀랜드는 시애틀이나 샌프란시스코 같은 대도시와는 모든 면에서 거리가 먼, 음악을 하거나 그림을 그리는 (혹은 마약에 중독된) 히피나 아티스트들이 모여 사는 작은 도시였다. 어느 도시에서나 유행은 아티스트들이 모인 지역에서 태어난다고 하지 않던가.

그렇게 작은 동네 카페로 시작한 스텀프타운은 16년간 포틀랜드 스페셜리티 커피의 터줏대감으로 자리 잡았다. 지금은 포틀랜드 전역에 네 개의 지점과 공항점, 로스팅과 투어 개발을 진행하는 오피스를 운영하며, 현지인뿐만 아니라 외국이나 다른 도시에서 찾아오는 이들을 맞이하고 있다.

http://www.stumptowncoffee.com

디비전 지점
4525 SE Division St, Portland

벨몬트 지점
3356 SE Belmont St, Portland

에이스 호텔 지점
1026 SW Stark St, Portland

다운타운 지점
128 SW 3rd Ave, Portland

내가 만나본 많은(특히 로컬 지향주의와 독립 비즈니스를 선호하는) 현지인들은 수많은 관광객들로 인산인해를 이루는 스텀프타운을 두고 초심을 잃었다, 예전 같은 맛이 아니다, 대규모 투자회사의 투자를 받아 더 이상 독립 커피숍이 아니다 등 여러 가지 이유를 들며 스텀프타운을 최고의 자리에서 내려놓았다. 대신 그들은 뒤를 이어 오픈한 다른 소규모 카페들을 최고로 꼽았다. 개인마다 취향은 다를 수 있지만 그래도 이 정도의 취급을 받는 건 좀 놀라웠다.

한국에서 자주 찾던 유명 스페셜리티 커피숍의 한 바리스타는 스텀프타운이 여러 개의 체인점을 두고 줄기차게 들이닥치는 관광객들을 소화하기 위해 초반에 비해 전문성이 떨어지는(그저 생계수단으로 생각하는) 바리스타들이 커피를 만들고 있기 때문이라고 추측했다. 그의 말이 맞는지는 확신할 수 없지만 이래저래 스텀프타운을 두고 말이 많은 것은 사실이다.

커피 전문점인 스펌프타운뿐만 아니라 일종의 서비스업hospitality에 관심이 많아서 베이커리, 레스토랑 등 다양한 식음료업으로 사업을 확장하고 있는 오너 듀안 소렌슨을 만나 인터뷰했던 때를 잊을 수 없다. 그때까지 만난 대부분의 포틀랜드 비즈니스맨들이 사업가라기보다 동네 가게 주인 같은 푸근한 이미지였다면 듀안은 분명 사업가였다. 그는 수시로 전화기를 들여다보며 스케줄을 확인하고 다음 질문을 재촉하는 듯한 태도로 상투적인 답변을 쏟아냈다.

"우리는 고객 만족을 최우선으로 생각하며 최상의 커피 빈과 변치 않는 서비스를 제공하는 데 집중하고 있어요."

그다지 깊이가 느껴지지 않는, 미리 짠 대본 같은 답변들이 이어졌다. 시간을 내어 인터뷰에 응해준 것에 감사해야 할 판이었다. 그런데 인터뷰를 마치고 수개월이 지난 지금, 노트북 앞에 가만히 앉아 포틀랜드에 대해 또 그들의 커피 문화에 대해 좀 더 깊이 생각하고 글로 적으면서 나는 어쩌면 조금은 거만해 보이기도 하고 자부심이 넘치던 그를 이해할 수 있을 것도 같았다.

듀안은 16년 동안 한결같이 최고의 커피를 제공하기 위해 직접무역을 고수하고, 포틀랜드의 감성을 잃지 않으면서 커피뿐만 아니라 디자인 제품, 다양한 메뉴 개발에 게으르지 않았다. 포틀랜드가 미국에서도 손꼽히는 커피 도시가 되는 데 큰 기여를 한 그들의 노고를 그저 대기업에서 투자 받고 관광객들이 많이 찾는다는 이유만으로 물거품으로 만들 수는 없었다.
"개인적으로 코아바 커피가 좀 더 맛있지만 그렇다고 스텀프타운이 싫다거나 맛이 없어졌다고 제쳐놓을 순 없어. 아직도 한가한 벨몬트 점에 가면 대학 때 커피를 마시면서 시간을 보냈던 추억이 떠오르거든. 포틀랜드를 단지 요즘 뜨는 여행지로 보거나, 이곳에 온 지 얼마 안 돼 핫한 데만 골라 가려는 사람들은 어떨지 모르겠지만, 오랫동안 포틀랜드가 발전해오는 모습을 지켜본 사람들에게 스텀프타운은 추억이고 역사야."

아는 만큼 보인다. 나이가 들면서, 또 여행을 하면 할수록 더욱 뼈저리게 느끼는 것 중 하나다. 하지만 때로는 아무런 정보와 편견 없이 눈에 보이는 것, 직접 먹어본 맛으로만 평가하는 것이야말로 여행자들의 특권이다.

최고의 카페? 그건 모든 여행이 끝난 후에 당신만이 정할 수 있는 것!

그 외 가볼 만한 카페

www.sterling.coffee

커피하우스
노스웨스트 Coffeehouse Northwest
1951 West Burnside St, Portland

스털링 Sterling
417 NW 21st Ave, Portland

스털링 sterling 커피

커피 맛에 조예가 깊은 이들이 커피 투어로 포틀랜드를 찾을 때 꼭 언급하는 곳이 바로 이 다섯 평도 안 되는 작은 스털링 커피다. 카페의 규모로 짐작했을 때는 로스팅까지 직접 하는 것이 신기했지만 그들이 내려주는 커피를 한 번 맛보고 나면 자연스럽게 카운터에 쌓여 있는 원두를 집어 들고 나오게 된다. 스털링, 커피하우스 노스웨스트라는 이름으로 다운타운의 서쪽에 두 개의 매장을 운영하고 있다. 아이스 캐러멜 라테, 위스키 잔에 내려주는 더블 에스프레소를 추천한다.

http://ristrettoroasters.com

리스트레토 커피 Ristretto coffee

2005년에 시작해 현재는 포틀랜드에 세 곳의 매장을 가지고 있다. 미디엄 로스트 medium roast로 배전한 풍미 깊은 커피와, 사이펀 syphon과 프렌치 프레스 french press 추출 스타일을 접목시켜 좀 더 일관된 커피 맛을 내는 스팀펑크 steampunk 식 커피가 대표적이다.

www.wateravenuecoffee.com

워터 에비뉴 Water avenue

사우스이스트에서도 공업 지역에 위치하고 있어 찾아가기가 수고로울 수 있지만 포틀랜드 로스팅 카페 중 톱 5에 드는 곳이다. 빈티지한 인테리어의 넓은 실내와 간단하게 즐길 수 있는 다양한 스낵류를 구비하고 있어 느긋하게 여행의 피로를 풀 수 있다. 포틀랜드에서 커피 투어를 즐기고 싶다면 들러보자.

뷔레 일리-루오마 Wille Yli-Luoma
하트 커피의 오너

　수많은 독립 커피숍의 홍수 속에서 굳이 하트 커피의 오너를 인터뷰하고 싶었던 건 역시 이곳에서 만난 사람들의 뜨거운 반응 때문이었다. 이곳 사람들에게 가장 좋아하는 카페가 어딘지 물어봤을 때 평균적으로 가장 많이 오르내린 커피숍이 바로 하트 커피였던 것이다. 물론 이곳의 커피 맛과 분위기, 브랜드 이미지 역시 마음에 들긴 했지만 뭐니 뭐니 해도 핀란드 사람이 어쩌다가 이곳으로 흘러들어 포틀랜드에서 가장 핫한 동네에 두 개의 카페를 오픈하게 되었는지 그를 직접 만나 자세한 내막을 들어보고 싶었다.

　이메일을 보내자 그는 자신이 조금 더 많은 시간을 보내고 있는 본점인 이스트 번사이드 점에서 만나자는 답장을 보내왔다. 그는 언제나 메일을 보는 즉시 지체 없이 답장을 했고 아주 간결했다.

　마침 그와 약속한 날은 우리의 첫 번째 결혼기념일 다음 날이었다. 우리가 묵었던 에이스 호텔에서 자동차로 번사이드 다리를 달려 십 분 만에 하트 커피에 도착했다. 이른 시간이었지만 언제나 그렇듯 오늘도 거의 만석이었다. 그래도 다행히 세 사람이 앉을 만한 자리를 찾았다.

웨스트엔드 점의 두 배쯤 되는 공간, 연신 구수한 향을 풍기며 카페의 정중앙을 차지하고 있는 로스팅 기계, 밖에서 얼핏 봤을 때는 진가를 알 수 없는 시커멓기만 한 외관. 하지만 안에 들어오니 벽 한 면에 창고형 문을 개조해 만든 커다란 창문으로 햇살이 스며들고, 이 브랜드의 메인 컬러인 블랙과 화이트가 멋스럽게 조화를 이룬 인테리어와 높은 천장이 마음을 편하게 해준다. 북유럽의 모던함과 포틀랜드의 자유로움이 잘 어우러졌다.

커피를 한 잔씩 시키고 앉아 그가 나타나길 기다렸다. 십 분쯤 흘렀을까, 한 손에는 바나나를 들고 분주하게 오피스와 키친을 드나드는 남자가 눈에 띈다.

"저 사람인가봐."

흥분한 나와는 달리 한 손에 킨들(전자책)을 들고 차분히 앉아 있는 존을 쿡 찔렀다.

"제가 좀 늦었죠. 미안해요. 갑자기 처리할 게 있었어요. 참, 바나나 좀 먹겠습니다. 아침을 아직 못 먹어서요."

회색 포켓 티셔츠에 블랙진, 부스스한 머리를 한 뷔레는 자리에 앉자 자연스럽게 바나나를 먹었다. 지금 돌이켜 생각해보니 그의 행색은 오히려 심플하고 깔끔한 전형적인 유러피언의 모습에 가까웠지만 당시에는 허겁지겁 테이블로 미끄러지듯 앉으며 바나나를 먹는 모습이 어딘지 밤을 꼴딱 새고 집에도 못 들어가고 온 워커홀릭처럼 피곤해 보였다.

"자 그럼 어떤 얘기부터 시작할까요?"

바나나를 30초 만에 먹어 치운 그가 다음 단계를 재촉한디. 인터뷰를 시작하기도 전에 분주해 보이는 그를 보자 나까지 덩달아 마음이 급해졌지만 언제나 그렇듯 천하태평인 존이 자신의 페이스대로 차분하게 인터뷰를 이끌자 그는 금방 진지하게 인터뷰에 응하기 시작했다.

　핀란드 출신인 그는 학창 시절에 방학마다 어머니가 살고 있는 포틀랜드를 찾았다. 겨울엔 만년설이 덮인 산에 올라 스노보드를, 여름엔 오리건 해변과 호수를 찾아 수영을 즐기면서 점점 포틀랜드의 매력에 빠지게 됐다. 그러다가 스물다섯 살이 되던 해에 헬싱키에서 포틀랜드로 이주했다. 그가 이주를 결심하게 된 결정적인 계기는 발달된 자전거 문화, 편리한 대중교통, 차 없이 살 수 있는 도시, 가까운 산과 바다, 질 좋은 음식 등이 그의 고향인 핀란드를 떠올리게 했기 때문이었다. 그는 지금도 주말이면 자전거나 오토바이를 타고 캠핑을 떠난다고 했다.

　"저희도 사실 캠핑에 관심이 많아요. 혹시 자주 가거나 정말 좋은 장소가 있나요?"

　"제가 정말 좋아하는 곳이 있어요. 거기는 차를 타고 갈 수 없어서 캠핑 장비를 들고 몇 시간을 등산해야 만날 수 있는 곳이죠. 그런데 미안하지만 알려줄 수가 없네요. 저는 그런 조용한 곳이 사람들에게 알려져서 시끄러워지는 걸 원치 않거든요."

　정말 마니아다운 답변이 아닐 수 없었다. 인터뷰 내내 적극적이고 직설적인 답변을 서슴지 않던 유러피언의 면모가 드러나는 순간이었다.

　사실 한 시간 가까이 진행된 인터뷰에서 그의 사생활 얘기는 마지막 오 분도 차지하지 못했다. 그의 개인적인 이야기가 궁금했지만 그는 첫 번째 질문을 듣기도 전에 심오한 커피 철학을 쏟아놓기 시작했다. 솔직히 말하면 그가 전하고자 하는 철학과 열정, 커피에 대한 전반적인 지식을 이해하느라 리스닝 테스트를 하듯이 그의 이야기에 집중하지 않을 수 없었다는 게 더 맞는지도 모르겠다.

　언젠가 커피를 좋아하는 한국의 한 바리스타가 포틀랜드로 커피 여행을 왔다가 하트 커피에 들러 맛은 물론이고 커피를 대하는 그들의 진중한 모습에 반하고 돌아갔다는 이야기를 들었을 때 나는 인터뷰 내내 온건하지만 직설적으로 자신의 커피 철학을 밝히던 뷔레가 떠올랐다.

현재 포틀랜드 커피 시장의 상황은 어떤가요?

"많은 경험과 관계들을 거치면서 하트 커피가 지금의 자리에 왔다고 생각해요. 긴 여정이었죠. 사람들은 우리가 아주 수익성이 좋다고 생각하지만 그렇지는 않아요. 제가 고급 승용차를 타지 않는 걸 보면 알 수 있죠. 스텀프타운이 처음 포틀랜드에 문을 열었을 때만 해도 그 주변엔 아무것도 없었어요. 그들은 좋은 커피 빈을 사고, 농장과 직접 계약을 맺고, 빈을 오버로스팅하지 않으면서 긍정적인 트렌드를 만들어갔어요. 하지만 지금의 포틀랜드 커피 시장은 포화상태라고 볼 수 있어요. 갈수록 경쟁이 치열해지고 있는 지금은 누가 변함없이 좋은 커피와 서비스를 제공하는지가 관건이죠."

그렇다면 점점 커피숍의 운영이 어려워지는 건 아닐까요?

"개인적으로는 가장 좋은 상품이 이길 수 있는 지금의 성숙한 커피 시장이 좋아요. 이제 사람들은 '내가 잘 아는 사람이라서', '오랫동안 가본 곳이라서' 같은 부수적인 것들에 신경 쓰지 않고 그저 '고객에 대한 서비스와 좋은 품질'만을 보고 평가할 수 있을 테니까요."

포틀랜드 커피가 미국 전체에서 차지하는 위상은?

"솔직히 말하면 나는 포틀랜드 커피가 아주 훌륭하다고 생각하지 않아요. LA나 샌프란시스코 커피가 훨씬 낫죠."

포틀랜드의 핫한 커피숍을 운영하고 있는 오너의 입에서 나온 정말 솔직한 말이었다. 이어지는 그의 이야기 역시 거침이 없었다.

"포틀랜드는 옛 방식에 아직도 갇혀 있어요. 스텀프타운을 너무 경계하다보

니 새로운 것을 시도하는 걸 두려워해서 나타난 현상이라고 생각해요. 현실에 안주하기 때문이겠죠. 하지만 서서히 그것도 바뀌기 시작했어요."

새로운 시도란 어떤 걸 말하나요?

"LA의 많은 카페들은 전 세계의 다양한 로스터의 빈을 사용하면서 맛의 영역을 넓혀갈 기회를 찾고 있어요. 나는 다시 이 사업을 시작하라고 한다면 로스팅은 이제 하지 않을 것 같아요. 그냥 카페를 열고 좋은 빈을 받아서 좋은 커피를 만들고 싶어요. 물론 지금 로스팅을 하면서 행복하긴 하지만 이건 정말 손이 많이 가는 일이니까요. 힘든 작업이에요."

그는 또한 개인적으로는 많은 유럽인들이 그렇듯 강한 로스팅 스타일의 커피보다는 가벼운 로스팅이 좋다고 했다. 그래서 스타벅스 식의 강한 로스팅 커피에 우유나 크림을 타 먹는 것에 익숙해진 미국인의 입맛에 맞는 가벼운 로스팅 커피를 만들어내기까지 꽤 많은 시간과 노력을 기울였다고 한다. 커피를 로스팅하는 데 가장 중요한 것은 "단순히 로스팅이 강하다, 약하다의 문제가 아니라 강한 로스팅을 통한 캐러멜의 단맛과 가벼운 로스팅을 통한 풋풋한 떫음의 밸런스를 잘 잡는 것"이라고 했다.

마지막으로 포틀랜드를 여행하는 이들에게 해주고 싶은 말은?

"음식, 커피, 맥주, 파머스 마켓은 기본이고, 자전거를 타고 도시를 돌아본 뒤, 사우스이스트의 다양한 구역을 탐험해보세요. 시간이 좀 더 있다면 협곡으로 하이킹을 떠나고, 마운틴 후드로 가는 길에 있는 샌디 리버Sandy River에 가서 튜브에 몸을 실어보세요!"

커피 투어

제3의 물결 투어 Third wave coffee tour

미국 내에 마이크로 로스팅 붐을 일으킨 스텀프타운 커피를 시작으로 하트, 코아바, 리스트레로 로스터 등 다양한 로스팅 브랜드가 탄생하면서 전 세계의 수많은 커피 애호가들이 포틀랜드로 커피 투어를 오기 시작했다.

스트리트 카(트램 형식의 전차)를 타고 다니며 커피의 맛과 향을 감별하는 커핑cupping, 다양한 커피를 맛보는 테이스팅tasting 등 여러 가지 방법으로 로컬 마이크로 로스터를 만나는 프로그램을 운영하고 있다. 1인당 40달러.

자세한 스케줄과 프로그램은 홈페이지(www.thirdwavecoffeetours.com)를 참조.

스텀프타운 커피 클래스 Stumptown coffee classes

스텀프타운 본점에서 진행하는 다양한 커피 클래스
A. 100 SE Salmon Street, Portland
T. 503-467-4123

Stumptown free public tastings
매주 월요일~토요일 오후 3시

Tours of stumptwon HQ
매주 수요일 오후 1시 / 토요일 오전 10:30 / 15달러 / 사전 예약 필수

Introduction to Brewing
매주 토요일 오후 1시 / 15달러 / 사전 예약 필수

포틀랜드 커피숍 정보   www.pdxroasters.com

포틀랜드 전역에 분포된 대부분의 커피숍 정보가 시도와 함께 제공된다.

2 맥주의 도시, 마이크로 비어 캐피탈

포틀랜드가 마이크로 브루어리, 크래프트 비어의 도시로 유명하다는 사실을 알게 되면 대부분의 관광객들이 꼭 물어보는 것이 있다.

"왜 하필 포틀랜드죠?"

물론 미국에서는 포틀랜드뿐만 아니라 서부의 맥주가 다른 지역에 비해 인지도가 높고, 또 전 세계 크래프트 맥주 톱에 링크된 브루어리에는 캘리포니아 브루어리도 꽤 많이 포함되어 있다. 그런데 유독 포틀랜드에 작은 독립 크래프트 맥주 양조장이 많이 모여있다. 그 이유는 뭘까? 태평양 연안 북서부 Pacific North West에 위치해 숲이 울창하고 자연환경이 좋은 탓에 물맛이 좋기 때문이라는 주장도 있고, 태평양과 컬럼비아 강에 면해 있어 항만, 목재 등의 산업이 활발해 맥주를 즐겨 마시던 노동자들이 양조장을 하나둘씩 만들었기 때문이라는 주장도 있다. 하지만 많은 맥주 애호가들이 가장 공감하는 이유는 미국의 다른 도시에 비해 훨씬 일찍부터 포틀랜드에 크래프트 맥주가 선을 보였기 때문이라는 것이다.

1984년에 본격적으로 포틀랜드에 크래프트 맥주 붐이 일기 시작했지만 최초로 오리건 주에서 브루어리가 설립된 것은 1852년 독일계 미국인 양조업자 헨리 바인하트 Henry Weinhard에 의해서였다. 그 후 대형 맥주 회사들을 배 불리기 위한 것이라는 질타를 받았던 홈브루잉 금지법(1919년 미국의 금주법과 함께 시행됨)이 1978년 지미 카터 대통령에 의해 풀리면서, 맥주를 좋아하는 많은 이들이 홈브루잉을 취미 생활로 삼기 시작했다. 이때부터 홈브루잉으로 갈고 닦은 솜씨를 지닌 이들이 중심이 되어 하나둘 마이크로 브루어리를 열기 시작했고, 현재는 포틀랜드에만 84개의 소규모 맥주 양조장이 운영되고 있다. 맥주 강국인 독일과 영국을 제치고 지금의 '마이크로 비어 캐피탈 Micro Beer Capital'이라는 이름을 얻게 된 경위다.

맥주를 맛있게
마시는 방법

테이스팅 혹은 샘플러는 순서대로!

요즘은 한국에서도 크래프트 맥주 바람이 불면서 샘플러 잔으로 맥주를 맛볼 수 있는 곳이 늘어나고 있다. 포틀랜드에서는 10달러 전후의 가격으로 4~6잔의 각기 다른 맥주를 맛볼 수 있다. 술이 세지 않지만 다양한 맛을 경험하고픈 이들에게 추천할 만하다. 두 명 이상이 샘플러를 마실 때는 1번부터 차례대로 돌아가며 같은 맥주를 마시고, 또 두 번째 잔을 마시는 식으로 진행해 맥주의 순서가 바뀌지 않도록 하는 것이 좋다. 그래야 나중에 본인의 입맛에 맞았던 맥주를 다시 주문할 때 헷갈리지 않는다. 와인 테이스팅과 동일한 방식으로 진행하면 된다.

맥주는 꼭 잔으로!

미국 영화를 보면 남자들이 여럿 모여 미식축구 게임을 관전하면서 연신 병나발을 부는 모습을 쉽게 볼 수 있다. 하지만 이곳 포틀랜드만큼은 예외다. 맥주를 병째로 마시다보면 코로 맥주의 향을 제대로 맡을 수 없기 때문에 와인 못지않게 시각, 후각, 미각을 중요시하는 맥주 마니아들은 언제나 맥주 종류에 따라 알맞은 컵에 따라서 마신다. 물론 가게에서도 그렇게 서빙한다.

테이크아웃도 가능!

한국에서도 크래프트 맥주를 파는 곳에서는 테이크아웃이 가능한 곳이 늘고 있지만, 아직은 투명한 일회용 잔에 따라주는 경우가 많다. 하지만 맥주의 도시라면 얘기가 다르다. 본인이 직접 그라울러growler라고 하는 맥주 통(포틀랜드의 많

은 브루어리들은 저마다의 로고를 새긴 병 혹은 스테인리스 스틸 재질의 그라울러를 직접 제작하고 있다)을 가지고 와서 맥주를 따라 가는 방식이 대세인 것이다. 대부분의 탭맥주(생맥주)를 파는 브루어리나 펍에서도 가능하긴 하지만, 요즘에는 병맥주만 모아 판매하는 보틀숍bottle shop에 이어 그라울러숍growler shop이라는 테이크아웃 전문점도 속속 등장하고 있다. 숙소에서도 방금 내린 생맥주를 거품이 채 가라앉기 전에 마시는 일이 포틀랜드라면 가능하다. 맥주에 관해서라면 모든 것이 가능할 것만 같은 도시다.

대부분의 브루어리(양조장과 펍)에서 그라울러에 맥주를 담아 테이크아웃 할 수 있지만 특히 그라울러 전문점으로 인기를 끌고 있는 두 곳을 소개한다.

그라울러스 호손 Growlers hawthorne   www.growlers.net
간단하게 맥주를 마실 수 있는 테이크아웃 전문점.
3343 SE Hawthorne Blvd, Portland

그라울러 가이스 Growler guys   www.thegrowlerguys.com
48종류의 다양한 생맥주를 현장에서 즐길 수 있을 뿐 아니라 본인만의 그라울러에 맥주를 담아 갈 수 있다.
816 SE 8th Ave. #109, Portland

자극적인 음식은 피하라!

한국 맥주처럼 가볍고 청량감으로 마시는 맥주는 크게 영향이 없지만 질 좋은 크래프트 맥주의 경우 자극적인(매운) 음식으로 혀가 예민해지면 맥주 본연의 맛을 느끼기 어려운 경우가 많다.

얼음잔은 NO!

　이것 역시 한국 맥주이기에 가능한 이야기다. 시원한 맛에 벌컥벌컥 들이켜는 라거 스타일을 좋아하는 한국에서는 모든 맥주를 얼린 컵에 마셔야 맛있다는 잘못된 선입견이 있다. 대부분의 맥주에는 적정 혹은 권장 온도가 있지만 그것까지 체크하며 마시기는 귀찮을 수 있다. 집에서 편하게 온도를 조절하려면 맥주를 냉장실에 보관하고 마시기 십 분 전쯤 실온에 두었다가 마시는 것이 알맞다.

프레시 홉과 시즌별 맥주를 즐겨라!

　수십 가지의 종류가 씌어 있는 양조장이나 펍의 메뉴판에 기죽지 말자.
　대부분은 일 년 내내 판매하는 맥주와 시즌별(스페셜 에디션) 맥주 Seasonal Beer로 나뉘어 있다는 걸 알면 선택하기가 한결 쉬워진다.
　특히 시즌별 맥주의 경우는 봄, 여름, 가을, 겨울로 나뉘어져 브루어리에서만 한정으로 마실 수 있는 생맥주가 대부분이지만 시중의 슈퍼마켓에서도 쉽게 구입할 수 있도록 병맥주로 판매하기도 한다.
　프레시(생) 홉 Fresh Hope 맥주는 일 년 중에 홉 재배가 이뤄지는 9~10월 사이에만 맛볼 수 있는 맥주이다. 하지만 모든 양조장이 프레시 홉 맥주를 제조하는 것은 아니다. 절차도 복잡할뿐더러 프레시 홉을 이용한 강한 맥주 맛에 대한 호불호가 갈리기 때문이다. 보통 일반 맥주는 말린 홉을 이용해 일 년 365일 자유롭게 양조할 수 있지만, 프레시 홉의 경우 재배와 동시에 빠르게 마르는 특성이 있어서 여기에는 특별한 007작전이 전개된다.
　먼저 홉 농장에서 막 재배한 신선한 프레시 홉을 바로 냉장 트럭에 실어 몇 시간을 달려 브루어리에 도착하면 만반의 준비를 하고 대기하고 있던 양조장에서는 바로 프레시 홉을 받아 양조 과정에 들어간다. 프레시 홉 맥주는 그 기간에만 한정적으로 슈퍼마켓이나 브루어리에서 병맥주로도 구입할 수 있지만 이왕 포틀랜드에 발을 들였다면 꼭 생맥주로 마셔보길 권한다.

주문이 어렵다면?

메뉴판이 복잡해서 도대체 어떤 맥주를 선택할지 판단이 서지 않는다면 아래의 맥주 종류를 한번 참고해보자. 평소 좋아하는 맥주 스타일이 어떠한지 알고 있다면 선택하기가 훨씬 쉬울 것이다.

IPA style   과일 향의 신맛이 강해 톡 쏘는 맛의 에일 맥주.
Lager style   한국 맥주 스타일로 목 넘김이 시원해 여름에 잘 어울린다.
Stout, Porter   흑맥주 스타일. 초콜릿, 커피, 스모크 등 다양한 맛을 즐길 수 있다.

❖ 옆에 표시된 도수에 따라 강하고 부드러운 정도를 예측해보는 것도 좋은 방법.

새로운 맥주 맛에 도전해보고 싶다면 샘플러를 시켜 맛을 본 뒤 가장 마음에 드는 맛의 번호를 체크해 큰 잔으로 주문할 수도 있고, 가게에 따라서는 주문하기 전에 무료로 혹은 1~3달러를 내면 미리 맛을 보고 맥주를 주문할 수도 있다. 맥주에 관해서라면 저널리스트 못지않은 전문가인 종업원에게 과일 맛^{fruity}, 신맛^{sour}, 부드러운 맛^{mild}, 흑맥주$^{dark\,or\,stout}$ 스타일 등 자신이 좋아하는 맥주의 기본적인 정보를 알려주고 추천을 받는 것도 초보자들에게는 좋은 방법이다.

슈퍼마켓에서 쉽게 살 수 있는 오리건 로컬 맥주

드슈츠 브루어리 Deschutes Brewery

블랙 버트 포터 Black Butte Porter. 초콜릿, 커피 맛을 느낄 수 있는 부드러운 흑맥주.

미러 폰드 페일 에일 Mirror Pond Pale Ale. 맥아와 홉의 밸런스가 좋은 드슈츠 브루어리의 대표 맥주. 조금 쓰게 느껴질 수 있지만 쌉싸름한 맥주 맛을 좋아하는 사람에게 추천할 만하다.

위드머 헤페 Widmer Hefe

요즘에는 한국에서도 쉽게 구할 수 있는 헤페바이젠 스타일의 맥주. 위드머의 맥주들이 전체적으로 한국인들이 좋아하는 스타일이지만 특히 헤페바이젠의 맛이 깔끔하면서도 풍부하다. 신선한 여름 맥주로 적당하다.

닌카시 옥토 Ninkasi Okto

독일 옥토버페스트 스타일의 맥주. 청량감이 좋은 라거 스타일이지만 고소한 맛이 특징.

로그 초콜릿 스타우트 Rogue Chocolate Stout

포틀랜드 로컬 맥주 브랜드 중 가장 인기가 좋은 초콜릿 맛 흑맥주.

풀세일 세션 Full Sail Session

한국 스타일 맥주 혹은 버드와이저를 좋아하는 이들의 입맛에 잘 맞는 라거 맥주. 오리건에서 가장 널리 알려진 브루어리 가운데 하나인 풀세일의 보편적인 로컬 맥주. 버드와이저의 경우 맥아와 쌀의 비율이 30~60퍼센트인 데 반해, 풀세일 세션은 같은 스타일의 라거 맥주이지만 100퍼센트 맥아를 사용해 가볍고도 깊은 맛을 느낄 수 있다.

맥주를 제대로
즐길 줄 아는 남자

술을 한 잔만 마셔도 불타는 고구마가 되어버리는 나는 대학 시절 엠티에서 호된 신고식을 치른 이후 화이트 와인이나 과일주, 칵테일류를 한 잔 정도 입에 대는 것도 연중행사일 만큼 술과 거리를 두고 살았다. 게다가 남자친구 혹은 배우자가 될 사람은 절대로 술을 마시지 않는 사람이어야 한다는 것이 나의 평소 지론이었다. 그런데 그런 내가 맥주를 즐기는 것에 그치지 않고 해박한 지식과 홈브루잉을 취미로 하는 오리건 남자와 결혼한 것은 나 자신에게도 나를 아는 이들에게도 일대 사건에 가까운 일이었다.

처음 존과 데이트를 하며 서로의 취향을 알아갈 때 남편은 맥주 마시는 것이 취미라고 했다. 맙소사! 하지만 서로에게 호감이 생겨 조금씩 알아가고 있던 때라 다짜고짜 "더는 만날 수 없겠다, 왜냐 당신이 술을 마시니까"라고 퇴짜를 놓을 수는 없는 노릇이었다. 그리고 몇 번의 만남이 이어지며 그가 보여준 순수함과 진지한 모습에 나는 조금 더 이 남자를 알아보자고 마음먹었었다.

"맥주가 왜 싫어요?"

"맛도 없고, 몸에서 해독을 잘 못해요. 그리고 가장 큰 이유는 부어라, 마셔라 하는 술 문화를 별로 안 좋아해요."

레스토랑에 가면 그는 언제나 와인 한 잔, 혹은 맥주 한 잔을 시켜 (눈으로 보고, 향을 맡고, 시음을 하는) 절차대로 술을 조금씩 즐기길 좋아했다. 때로는 메모를 하고, 외국 맥주 브랜드에 대한 역사나 마케팅 비하인드 스토리를 가끔씩 들려주기도 했다. 크게 관심은 없었지만 그렇다고 그런 행동이 눈에 거슬리지 않을 만큼 그는 다른 매력이 많은 사람이었다.

2012년 당시만 해도 홈플러스 같은 대형 마트나 세계 맥주 바^{Bar} 같은 곳에서 수입 맥주를 구할 수는 있었지만 까다로운 (오리건 출신의) 존의 입맛에는 턱없이 부족한 라인업이었던 모양이다. 그가 서울에서 지내는 동안 가끔씩 구하기 어려운 맥주를 발견하면 한두 잔 음미하는 경우는 있었지만 많이 마시는 일은 일년에 한두 번 정도였다. 그랬던 그가 미국에 도착해 집으로 가기 전에 들른 대형 식료품점 홀푸드Whole food에서 어찌나 신중하게 이 주일의 휴가 동안 마실 맥주를 고르던지 웃음이 날 정도였다. 그도 그럴 것이 포틀랜드에는 맥주만 전문으로 파는 보틀숍도 많지만, 슈퍼마켓 중에서도 홀푸드와 뉴시즌 마켓New Season Market의 맥주 셀렉션도 꽤 괜찮은 편이기 때문이다. 쇼핑에는 영 관심이 없는 그였지만 요리할 재료를 살 때와 맥주를 살 때, 이때만은 전업주부 못지않은 슈퍼마켓 친화력을 내뿜었다.

그가 다양한 종류의 오리건 맥주를 카트에 열심히 담는 모습을 보면서 나는 웰컴 파티에서 혹은 오랜만에 만나는 친구들과 함께 마실 맥주를 고른다고 생각했지만, 그는 휴가 기간이 끝나갈 때까지 한 번도 손님들이 모인 자리에서 그의 맥주를 꺼낸 적이 없었다.

그런 그가 유일하게 애지중지하는 맥주들을 꺼내 들고 나오는 시간이 있었다. 오후 5~6시. 그의 아버지가 농장 일을 끝내고 집으로 돌아와 뒷마당의 포치에 앉아 저 멀리 들리는 기차 소리와 새소리만이 존재하는 평화로운 순간을 담배 한 모금으로 만끽하고 있을 때였다. 존은 언제나 맥주 한 병과 글라스 두 개를 들고 나와 오랜만에 만난 아버지와 함께 그 순간을 맞았다.

그의 예민한 미각과 요리와 맥주에 대한 호기심이 아버지로부터 물려받은 유전자인가 싶을 만큼 두 사람은 맛있는 음식을 좋아하고, 새로운 맛에 도전해 무슨 맛인지 맞추는 일에 흥미를 느꼈다. 둘은 맥주를 천천히 음미하고 또 향을 맡으며 마치 재미있는 다큐멘터리 한 편을 보듯 눈을 크게 뜨고 해쭉 벌어진 입으로 연신 이야기꽃을 피웠다. 아버지는 아들의 이야기를 경청하고 또 질문했고, 아들은 그동안 떨어져 지내며 보낸 일상과 여행의 에피소드를 들려주었다. 빨갛게 물든 해 질 녘을 배경으로 두 사람은 거의 매일 저녁, 오붓한 시간을 보냈다. 시아버지는 평소 술은 입에도 대지 않았지만 존이 건네는 술잔을 거부한 적은 없었다. 비록 오만상이 절로 지어질 만큼 신 벨기에 사워 맥주belgian sour beer일지라도 아들과 함께 공유하는 시간이 1, 2초의 쓴맛보다 더 소중하다는 걸 누구보다 잘 알고 있는 분이었다.

맥주 한 잔을 사이에 두고 노을을 바라보며 가장 편안한 자세로 의자에 기대 한참 동안 이런저런 이야기를 나누는 부자의 모습을 보면서 나는 근 십 년 넘게 지켜왔던 술에 대한 내 가치관이 무너지는 소리를 들었다.

'저렇게 맥주 한 잔, 초콜릿 하나를 아버지와 나눠 먹으면서 자연스럽게 삶을 이야기할 줄 아는 사람이 내 남편, 내 아이의 아빠가 된다면……'

나는 그를 이해하려고 되지도 않는 노력을 하거나 시간이 지나면 저놈의 술을 끊게 해야지!라는 상상 같은 건 애초에 하지도 않았다. 그 역시 내가 싫어한다고 해서 일부러 그의 취미를 포기하거나 포기하는 척하지도 않았다. 하지만 이 년 가까이 그의 맥주 사랑과 홈브루잉 취미생활을 지켜보면서 나는 자연스럽게 그의 취미를 존중할 수 있게 되었다.

우리의 미국 결혼식 답례품 역시 무척이나 존답게 그가 집에서 직접 만든

홈메이드 맥주로 결정했다. 자기가 마음에 들어 하는 우리의 사진을 레이블로 만들어 사람들에게 한 병씩 나눠주며 그가 말했다.

"각자 돌아가서 일주일 후에 마시면 돼요. 맛은 장담할 수 없지만 마시면서 한 번 더 우리의 결혼을 축하해주면 더 좋고요."

그 뒤로 그의 취미를 조금 더 넓은 마음으로 이해하게 된 나는 맥주에 관해서라면 모르는 게 없는 그가 전 세계에 흩어져 살고 있는 친구들과 그 나라에서 마셔본 맥주에 대한 평을 공유하는 데 그치는 것이 너무 아까웠다. 그래서 맥주 전문 저널리스트가 돼보는 것이 어떻겠냐고 제안했다. 농담으로 말하곤 하는 그의 꿈은 은퇴 후 브루 마스터$^{brew\,master}$가 되거나 독일의 양조 분야 대학에서 학위를 받는 것일 만큼 맥주에 대한 열정이 보통이 아니었기 때문이었다. 그런데 마침 그가 한국에서 발간되는 외국인들을 위한 잡지(그루브)에 맥주 특집 기사를 써볼 요량으로 이미 잡지사에 연락해놓았다고 했다.

그리고 한 달 후 그의 첫 번째 공식적인 글「겨울에 잘 어울리는 수입 맥주」가 매거진에 실렸다.

"이제부터 자기를 그냥 비어 긱(beer geek, 요샛말로 맥주 덕후)이라고 부르지 않을게."

"그럼? 비어 마스터$^{beer\,master}$라고 불러줄래?"

"아니, 맥주를 제대로 즐길 줄 아는 남자!"

비어 클래스 인 포틀랜드

미국에 온 뒤로는 공부하는 남편의 부인으로, 남는 시간은 부모님의 베리 농장을 돕는 일과 간간이 들어오는 잡지사의 인터뷰 요청 외에는 딱히 정해진 일이 없는 반백수 주부생활이 계속되었다. 시댁이 있는 농장과 포틀랜드를 오가며 한가로운 시간을 보내던 어느 날, 블로그에 올린 포틀랜드 이야기를 읽고 보낸 한 여대생의 이메일은 몇 달 동안 고요히 잠들었던 나의 '일 벌이기' 세포를 단번에 깨우기에 충분했다.

"안녕하세요! 저희는 맥주를 사랑하는 여대생들입니다. 한국의 모기업에서 주최하는 꿈을 지원하는 프로그램에 포틀랜드로 맥주 여행을 가는 프로젝트를 응모했다가 당첨되어 올 여름 친구와 함께 오리건의 맥주세계를 탐방하기 위해 떠나게 되었습니다. 가능하면 그곳에서 만나 뵙고 인터뷰를 하고 비어 클래스를 들을 수 있을까요?"

길지 않은 메일이었지만 매우 흥미로운 제안이었기에 내 쪽에서 먼저 만나 묻고 싶은 게 많은 친구들이었다. 이야기를 전해 듣는 내내 남편은 다양한 억양으로 "Interesting!"을 연발하며 단번에 수락했고, 그렇게 예상보다 빨리 서울에 이어 포틀랜드에서의 비어 클래스가 시작되었다.

결혼 후 한국에서 지내던 시절, 나와 친구들은 존의 영향 때문인지는 몰라도 한국에서 막 불기 시작한 크래프트 맥주 열풍에 심취해 있었다. 우리는 종종 남편의 단골집인 홍대의 어느 벨기에 수제 맥주 집에 모여들었다. 그러면 어느샌가 퇴근 후 합석한 존이 면접관을 연상케 하는 심각한 표정으로 친구들의 입맛에 꼭 맞는 맥주를 찾아주곤 했다. 게다가 크래프트 맥주의 새로운 맛과 자신의 맥주 취향을 알아가기 시작한 친구들은 웃고 떠들며 마시는 것에 그치지 않고 맥주의 세계를 좀 더 심도 있게 배워보고 싶어 했다. 급기야 우리들은 존에게 비어 클래스를 열어달라는 말을 농담처럼 건넸고 그 말은 곧 현실이 되었다.

우리는 서울의 생활을 정리하고 미국으로 떠나기 전까지 나의 블로그를 통해 혹은 친구의 친구들을 통해 알음알음 찾아온 다양한 사람들과 함께 맥주를 시음하고, 재료와 맛에 대해 이야기를 나누는 홈 클래스를 진행했던 것이다.

그런데 포틀랜드에서 이렇게 빨리 다시 비어 클래스를 하게 될 줄은 그도 나도 전혀 예상하지 못했다.

예상보다 어린 그녀들을 직접 만나보니 한없이 철없고 젊을 줄 알았던 나도 이제 삼십대가 됐다는 사실이 실감 났다. 그래도 호기심만큼은 그녀들의 젊음에 뒤지지 않을 자신이 있던 나는 투어 장소로 이동하기 위해 밴에 올라타기가 무섭게 가장 궁금했던 질문을 쏟아냈다.

"포틀랜드가 맥주로 유명한지 어떻게 알고 이곳을 택했어요?"

"이 친구가 맥주에 정말 관심이 많거든요. 한국에서는 최초로 자가제 양조를 시작한 부산의 갈매기 브루잉이라는 회사에서 일하면서 많이 배우고 또 좋은 분들을 만나서 어깨너머로 배운 것도 많고요."

나에게 연락한 혜림이 짧은 머리에 안경을 쓰고 톰보이처럼 털털해 보이는 다솜을 대신해 똑 부러지는 목소리로 포틀랜드에 오게 된 사연을 털어놓았다. 우리의 첫 투어 코스인 후드리버로 가는 내내 그녀는 프리젠테이션을 하듯이 간략

하지만 핵심을 찌르는 언어들로 자신들을 소개했다.

"저는 기획하고 추진하는 것을 좋아해요. 제가 또 제주도 출신이거든요. 포틀랜드를 알아가다보니 제주도와 비슷한 부분이 많은 것 같았어요. 지역민들을 서포트하고 자기 고장을 자랑스럽게 생각하는 것도 그렇고요. 그래서 저는 지역사회의 활성화를 돕는 마이크로 브루어리에 관심을 갖게 됐고, 맥주 자체를 좋아하는 다솜이는 오리건 맥주에 관심이 많다고 해서 이쪽으로 정하게 됐어요."

프로젝트에 당첨될 만큼 당차고 동기가 확실한 여행이라는 생각이 들었다. 반짝반짝 빛나는 혜림의 눈빛을 바라보며 나는 저 나이 때 뭘 했던가 하는 생각이 들었다.

"보통 '맥주' 하면 독일로 많이 가잖아요. 특히 한국 사람들은. 그런데 포틀랜드로 결정한 게 신선하네요."

궁금한 것투성이인 나는 끊임없이 질문을 쏟아냈다. 마치 그 이벤트의 담당자라도 된 것처럼.

"안 그래도 나중에 담당자들한테 얘길 들어보니까 저희 말고도 맥주 여행 기획서를 낸 학생들이 많았는데 거의가 독일이었대요. 그런데 생뚱맞게 미국의 낯선 도시로 맥주 여행을 간다는 기획서를 보고 '얘들은 뭐야' 싶은 마음이 들었다고 하더라고요."

역시 그녀들의 포틀랜드 선택은 신의 한 수였다.

몇 개월 만에 처음 만나는 한국 사람이 너무나 반가워서 그녀들보다 더 신난 나를 보고 남편이 놀리며 말했다.

"우리 부인 한국말 이렇게 잘했어?"

한 시간여를 달려 드디어 후드리버에 도착했을 때는 앞좌석에서 고개를 돌린 채 얼마나 열심히 이야기했던지 뒷골이 땅길 지경이었다.

휴양 도시로 유명한 후드리버에 위치한 몇 개의 유명 브루어리 중 가장 오래되고 유명한 풀세일에 이미 개인 투어를 신청한 그녀들의 스케줄에 맞춰 풀세일을 가장 먼저 방문했다. 그때까지 무척이나 조용하던 다솜이 갑자기 변신한 건 맥주가 나오고 나서다. 그녀는 뛰어난 영어 실력과 맥주에 대한 지식을 뽐내며 나는 물론이고 존까지 당황하게 만들었다. 그저 호기심 많고 열정적인 '어린' 친구들이겠거니 생각했던 내가 살짝 미안할 정도였다.

자연스럽게 맥주에 관한 이야기가 오가기 시작하자 다솜은 존이 말하는 것을 거의 백퍼센트 이해했고, 그가 말하는 재료나 역사에 대해서도 척척 알아들었으며, 향을 맡고, 맛을 유추하고, 시음을 하며, 신중하게 메모하는 모습은 영락없이 존이었다. 이후에 존은 다솜과 함께 시음하며 이야기를 나눴던 시간이 가장 비어 클래스다운 시간이었고 자신도 아주 즐거웠다고 말했다. 그러고 보면 존은 내성적이거나 외향적인 성격과는 상관없이 조곤조곤 자기 목소리를 내고 소통할 줄 아는 사람을 매력적으로 보았다.

우리는 여섯 시간의 짧은 일정으로 풀세일과 더블마운틴, 두 곳의 브루어리를 방문하고 멀트노마 폭포에서 아쉬움을 달래며 투어를 마쳐야 했다. 하지만 그녀들은 포틀랜드에 더 머물면서 미리 조사해온 브루어리를 방문해 인터뷰하고, 포틀랜드에서 가장 큰 규모와 유명세를 자랑하는 드슈츠 브루어리의 양조장이 있는 벤드Bend라는 곳까지 주저 없이 찾아가는 열정을 보였다.

그런데 그녀들이 오리건의 마지막 여행지로 선택한 벤드로 가기 위해 유니언 스테이션Union Station에 도착한 날, 그들이 다급한 내용의 메시지를 보내왔다.

내용인즉, 포틀랜드와 후드리버를 다니며 구입한 맥주와 인터뷰한 브루어리의 오너에게 직접 받은 '다른 곳에서는 구할 수 없는' 맥주를 트렁크에 넣으면 깨질까봐 직접 들고 타려다가 버스 기사에게 주류를 반입할 수 없다고 제재를 받았다는 것이다. 당시엔 우리도 당장 가서 맥주를 받아 올 수 있는 상황이 아니었기 때문에 결국 그들은 맥주를 터미널 직원에게 맡긴 채 버스에 몸을 실어야 했고 다솜은 끝내 눈물까지 보였다고 한다. 이후에 우리가 맥주를 찾으러 갔지만 인상착의만으로 그 직원을 찾기는 어려웠다. 혜림과 다솜은 신경 써줘서 감사하다고 인사했지만, 어린 소녀들의 용감한 미국 맥주 탐험기에 눈물 어린 에피소드를 남기게 한 것 같아 미안함은 쉽게 가시지 않았다.

한국으로 돌아간 뒤 단순히 투어로 끝낼 것이 아니라 흔적을 남겨야 한다며 수제 맥주에 관한 매거진을 준비 중이라던 그녀들. 얼마 전에는 러시아를 여행하고 있다는 혜림이 안부 인사를 보내왔다. 그녀는 그곳을 여행하며 또 무엇을 얻어 왔을까. 그들이 만든 매거진에는 또 어떤 이야기들이 실렸을까.

풀세일과 더블마운틴 두 곳 모두 브루어리 펍에서는 생맥주를 마실 수 있고, 포틀랜드 다운타운의 슈퍼마켓이나 보틀숍에서는 병맥주로도 구입할 수 있다. 하지만 브루어리에서만 맛볼 수 있는 스페셜 맥주 또는 시즌별로 한정 생산되는 맥주들이 있으니 직접 방문한다면 스페셜 맥주를 메뉴에서 확인해보는 것이 좋다.

맥주 페스티벌과 맥주 투어

맥주 페스티벌

포틀랜드는 맥주에 관해서라면 그 어떤 도시에도 뒤지지 않는 다양한 이야기와 기록을 가지고 있는데 그 이유는 작은 도시 규모와 인구에 비해 브루어리와 맥주 소비량이 엄청나게 많기 때문이다. 맥주의 도시 뮌헨이나 런던도 인구수에 비하면 포틀랜드보다 훨씬 낮은 기록을 가지고 있을 정도다.

맥주에 이어 포틀랜드 사람들이 또 많이 즐기는 것이 애플 사이다(Apple cider, 사과를 이용한 과실주)이다. 미국에서 포틀랜드보다 더 많은 사이다를 마시는 도시는 없으며, LA 사람들도 비슷한 양의 사이다를 마신다고 하는데 LA의 인구수는 포틀랜드의 6배에 이른다.

처음 포틀랜드에서 페스티벌을 경험했던 건 삼 년 전 '북미 유기농 양조 페스티벌North American Organic Brewers Festival'이었다. 전 세계에서 가장 큰 규모를 자랑하는 아웃도어 비어 페스티벌인 '오리건 양조 페스티벌Oregon Brew Festival'(이하 O.B.F)과 함께 많은 맥주 마니아들이 즐겨 찾는 페스티벌이다. 행사의 규모나 맛볼 수 있는 맥주의 수로 보면 O.B.F가 월등하지만 두 페스티벌 모두 나름의 매력을 지니고 있어 우열을 가리기 어렵다.

오리건 양조 페스티벌Oregon Brew Festival

O.B.F는 매년 7월의 마지막 주에 진행된다(자세한 일정은 홈페이지 참조).

미국 전역(주로 오리건의 맥주가 가장 높은 비율을 차지한다)과 외국에서 들어온 맥주를 포함해 대략 84종의 생맥주를 경험할 수 있는 페스티벌이다. 서울의 한강과 닮은 포틀랜드 다운타운 쪽에 위치한 워터프런트 공원Waterfront Park에서 진행되는 이 페스티벌은 한여름의 날씨를 즐기기에 더없이 완벽한 곳이다.

O.B.F에 참가하기 위해 7월의 포틀랜드에는 전 세계에서 수많은 맥주 마니아들이 모여들 뿐 아니라, 평소에는 다 어디 숨어 있었나 싶을 만큼 많은 현지인들도 이곳에서 만날 수 있다. 큰 규모만큼이나 시끌벅적하고 맥주 한 잔을 마

www.oregonbrewfest.com

Period. 매년 7월의 마지막 주 4~5일(정확한 날짜는 홈페이지에서 확인)

Place. 워터프런트 공원 (사우스이스트 모리슨 브리지와 번사이드 브리지 사이의 공원)

Parking. 공원 바로 앞의 유료주차장보다 한두 블록 전에 있는 스트리트 파킹(공용주차장)이 훨씬 저렴하다.

Price. Taster 4oz 1토큰(1달러) / Full glass 14oz 4토큰(4달러)

시기 위해서도 긴 줄을 서야 하지만 포틀랜드의 젊음을 한껏 만끽할 수 있다.

유리 글라스나 플라스틱 컵을 구입하고(환경을 우선시하는 단체와 안전을 우선시하는 경찰의 의견 대립으로 매년 플라스틱 컵과 유리컵 사용이 뒤바뀌다가 2015년에는 핀란드에서 유리컵 같은 플라스틱을 수입하게 됐다고 한다) 현장에서 현금처럼 쓸 수 있는 토큰을 구입한 다음 84종의 맥주 정보가 담긴 팸플릿을 참고해 나만의 맥주를 찾아 나서면 된다!

www.naobf.org

Period. 매년 8월 중순(정확한 기간은 홈페이지 참조)

Place. 오버룩 공원 Overlook Park

북미 유기농 양조 페스티벌 North American Organic brewers festival

"유기농을 마시고, 지구를 구하라!(Drink Organic, Save the Planet!)"

이 페스티벌은 이름과 콘셉트부터 포틀랜드다움을 폴폴 풍기는데, 지금까지 가본 크고 작은 비어 페스티벌 중 가장 기억에 남는 곳이다.

재료만 유기농을 사용한 브루어리가 아니라 생산방식이나 양조 후의 처리방식까지 철저히 환경을 생각하는 양조장들이 참가하는 곳이다. 확실한 개성이 느껴지는 맥주에 좀 더 깊은 조예와 관심이 있는 이들이 주로 찾는다. 60개에 가까운 맥주와 사이다(과일주)를 맛볼 수 있다. 푸른 잔디밭에 자유롭게 눕거나 햇살을 피해 캐노피에 앉아 저마다 원하는 방식으로 차분하게 맥주 맛을 음미할 수 있다는 것이 최고의 매력! 부모와 함께 찾은 아이들을 위해 키즈존이 따로 운영되고 있다.

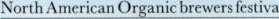

맥주 투어

포틀랜드에서는 두 가지 형태의 맥주 투어를 즐길 수 있다. 브루어리에 직접 신청하는 프라이빗 투어와 여러 군데의 브루어리를 방문하고 다양한 맥주를 경험하는 여행 상품 형태가 그것이다. 현재는 모두 영어(혹은 일본어)로만 진행되는 점이 아쉽다.

대부분의 브루어리는 프라이빗 투어를 운영하고 있으니 홈페이지를 통해 신청하면 된다.

브루바나 Brewvana

미국의 얼터너티브 록밴드 너바나를 떠오르게 하는 포틀랜드의 또 다른 닉네임 '브루바나'를 내건 투어. '맥주 열반'이라는 뜻의 이름만 봐도 그들의 맥주 사랑을 짐작할 수 있다. 대중교통 혹은 전용 버스를 타고 3~4개의 추천 브루어리를 함께 다니면서 테이스팅하는 프로그램이다.

www.experiencebrewvana.com
Price. 1인당 60~120달러

브루사이클 Brew cycle

자전거를 타며 둘러보는 브루어리 투어. 이보다 더 포틀랜드다울 수 있을까. 투어 회사에서 직접 개발한 브루사이클에 올라타 15명의 승객이 함께 페달을 밟으며 정해진 네 곳의 브루어리를 방문하고 시음하는 투어다. 시내 투어와 브루어리 투어를 동시에 해결할 수 있는 일석이조의 투어. 젊고 열광적인 맥주 투어 문화를 경험하고 싶다면 브루사이클을 추천한다!

www.brewgrouppdx.com
Price. 1인당 20~25달러

미래의 브루 마스터를 꿈꾸는 존의 추천 브루어리!

브레이크 사이드 브루잉 Breakside Brewing

2010년에 오픈한 브루어리로 그 다음 해에 '전미 맥주 페스티벌 The Great American Beer Festival'에서 처음으로 메달을 수상하며 이름을 알리기 시작했다. 2014년에는 무려 백 가지가 넘는 종류의 맥주를 직접 양조했다. 가장 경쟁이 치열한 'America IPA' 부문에서 금메달을 수상하기도 했다.

우리의 결혼식에 참석하기 위해 세계 각지에서 모인 친구들과 함께 처음 찾았던 곳도 바로 이곳이었다. 내가 이곳을 80개가 넘는 포틀랜드의 양조장 중에서 첫 번째로 뽑은 이유는 대부분의 양조장들이 주력하는 한두 가지 스타일만 잘 만들고 다른 맥주들은 그저 그런 경우가 다반사인데, 이곳은 다양한 맥주를 시도하면서도 전체적으로 항상 만족스럽기 때문이다. 그리고 창고 형식의 양조장 입구에 심플하게 준비되어 있는 바와 커다란 오크통을 테이블로 쓰는 인테리어 역시 이곳을 찾게 만드는 매력이다.

www.breakside.com

데쿰 펍 Dekum Pub
Open. 일~목: 11:30~22:00
금~토: 11:30~23:00
A. 820 Northeast Dekum St, Portland
T. 503-719-6475

밀워키 탭룸과 브루어리
Milwaukie Taproom & Brewery
Open. 월~금: 15:00~20:00
토~일: 12:00~20:00
A. 5821 Southeast International Way Milwaukie, OR

사계절 추천 맥주 | Wanderlust IPA, Pilsner
시즌별 추천 맥주 | Salted Caramel Stout, Passionfruit Sour Ale, La Tormenta

이클립틱 브루잉 Ecliptic Brewing

오리건 양조업계의 전설로 불리는 사나이 존 해리스 John Harris가 오너 겸 헤드 브루어로 있는 곳이다. 오리건의 유명 양조장인 풀세일과 드슈츠 그리고 맥메나민스 McMenamins를 거치며 수많은 업적을 남긴 그가 자신의 이름을 걸고 본격적으로 시작한 브루어리니만큼 믿고 마실 수 있는 곳이다.

http://eclipticbrewing.com
Open. 월~목: 11:00~22:00
금~토: 11:00~23:00
일: 11:00~21:00
A. 825 North Cook St, Portland
T. 503-265-8002

사계절 추천 맥주 | Spica Pilsner, Canopus India Wheat Ale, Oort Imperial Stout
시즌별 추천 맥주 | Coalsack Cascadian Dark Ale, Facial Tripel Wit, Lacerta Frambuesa

더 커먼스 브루어리 The Commons Brewery

많은 포틀랜드의 소규모 브루어리가 그렇듯 이곳 역시 창고에서 한 번에 1배럴(120리터)의 맥주를 만드는 소규모로 시작해 최근에는 7배럴을 만드는 브루어리이다(대규모 브루어리는 한 번에 200배럴까지 만들기도 한다). 그럼에도 포틀랜드 맥주 마니아들에게 전폭적인 지지를 받으며 성장해 최근에는 매장을 옮겨 양조 양을 늘리고 있다.

소규모임에도 불구하고 큰 사랑을 받는 이유는 대부분의 미국 양조장이 영국 스타일 맥주(IPA, Porter Stout)를 주력으로 하는 반면, 이곳은 팜하우스 에일(Farmhouse ale, 프랑스와 벨기에 국경에 위치한 농장 지역에서 주로 마시던 가벼운 스타일의 에일)에 포커스를 맞추기 때문이다. 작지만 확실한 스타일이야말로 이곳의 마니아들을 끌어들이는 강력한 매력 포인트다.

www.commonsbrewery.com
Open. 월~일: 12:00~22:00
A. 630 SE Belmont St, Portland

추천 맥주 | Urban Farmhouse Ale

업라이트 브루잉 Upright Brewing

기본적으로 벨기에식 맥주를 생산하는 양조장이다. 그들의 인기 맥주인 필스너는 2015년 포틀랜드를 대표하는 매거진 『윌러밋 위클리 Willamette Weekly』에서 선정한 '최고의 맥주 Beer of the Year'에 뽑히기도 했다. 이곳의 필스너는 평범함을 (혹은 진부함을) 거부한 진정한 필스너라고 할 수 있으니 필스너의 깊은 맛을 느껴보고 싶다면 주저 없이 이곳을 찾길 바란다.

www.uprightbrewing.com
Open. 목: 17:00~21:00
금: 16:30~21:00
토: 13:00~20:00
일: 13:00~18:00
A. 240 North Broadway Suite 2, Portland
T. 503-735-5337

사계절 추천 맥주 | Roggenbier, Coffee Stout, Four
시즌별 추천 맥주 | Billy the Mountain(겨울)

드슈츠 브루잉 Deschutes Brewing

오리건의 가장 큰 크래프트 브루어리다. 포틀랜드에서 가장 많은 관광객들에게 사랑받는 브루어리라고 해도 과언이 아닌 곳이다.

메인 양조장은 포틀랜드의 남쪽에 위치한 벤드Bend에 있지만 포틀랜드 시내에 있는 브루펍 역시 큰 인기를 누리고 있다. 클래식한 에일 맥주를 만들지만 다른 어떤 브루어리보다 훌륭한 맛을 자랑한다.

포틀랜드에서 가장 큰 브루어리인 위드머Widmer에 이어 두 번째로 큰 매장을 가지고 있으며 19가지의 생맥주를 즐길 수 있다. 브루펍에서는 식사까지 가능해 맥주를 마시는 이들뿐만 아니라 가족과 함께 혹은 친구들끼리 식사하기 위해 들르는 곳으로도 유명하다.

www.deschutesbrewery.com
Open. 일~화: 11:00~22:00
수~목: 11:00~23:00
금~토: 11:00~24:00
A. 210 Northwest 11th Ave, Portland
T. 503-296-4906

사계절 추천 맥주 | Black Butte Porter, Mirror Pond Pale Ale, Fresh Squeezed IPA
시즌별 추천 맥주 | Red Chair Northwest Pale Ale(개인적으로 강력 추천)
The Abyss(늦가을과 겨울), The Dissident(겨울)

Breakside Brewing

Deschutes Brewing

그 외 포틀랜드의 유명 브루어리

위드머 브라더스 Widmer Brothers

위드머는 버드와이저에 20퍼센트의 주식을 팔고, 유통망까지 그들의 힘을 빌리고 있다. 물론 그 덕분에 전 세계에서 위드머의 맥주를 맛볼 수 있게 되었고 요즘은 한국에서도 위드머 맥주를 쉽게 구할 수 있다. 그렇지만 이 때문에 미국의 크래프트 협회는 위드머를 크래프트 브루어리로 인정할 수 없다고 선언했고, 위드머는 이것은 단지 투자에 관한 일일 뿐 맥주를 만드는 레시피와 운영에 관해서는 그들로부터 일절 간섭 받지 않고 전통적인 방법을 고수한다며 반박했다. 하지만 결국 크래프트 협회는 그들을 받아들이지 않았다. 지금도 이 세계적인 브루어리를 두고 여전히 크래프트 비어다, 아니다라는 논쟁이 계속되고 있다. 하지만 그저 술 맛이 좋아서 찾는 소비자에게는 그리 중요한 일이 아니다. 유명한 데는 이유가 있는 법. 집안싸움일랑 차치하고 포틀랜드에서 가장 큰 규모를 자랑하는 브루어리를 찾아가 병맥주로는 맛보지 못하는 신선함을 입 안 가득 느껴보자.

http://widmerbrothers.com
홈페이지에서 브루어리 투어를 사전에 예약할 수 있다.
A. 929 N Russell St, Portland

로그 Rouge

한국에도 수입되기 시작한 오리건 맥주 로그는 1988년부터 양조되기 시작했다. 다양한 맥주를 제조하고 있지만 그중에서 가장 유명한 것은 그들을 미국뿐만 아니라 세계적으로도 유명하게 만든 '데드 가이 에일 Dead Guy Ale'이다. 브루어리와 브루펍뿐만 아니라 맥주에 들어가는 재료를 재배하는 농장을 직접 운영하고 있다.

www.rogue.com
A. 1339 NW Flanders St, Portland

맥메나민스 McMenamins

www.mcmenamins.com

펍, 브루어리, 그리고 역사가 오래된 호텔을 함께 운영하는 맥메나민스는 미국의 가장 큰 브루어리 톱 50에 랭크될 만큼 규모가 있는 곳이다. 맥주 맛도 훌륭하지만 여러 체인 호텔의 브루어리와 펍의 분위기도 독특하고 다양한 엔터테인먼트도 함께 즐길 수 있다.

추천 맥주 | Terminator stout ales (깊으면서도 톡 쏘는 청량감이 훌륭한 스타우트 에일)

브리지포트 BridgePort Brewing

www.bridgeportbrew.com
▲ 1313 NW Marshall St, Portland

1984년에 설립된 포틀랜드에서 가장 오래된 크래프트 브루어리다. 과거 와인을 만들었던 리처드 and 낸시 폰지 Richard and Nancy Ponzi에 의해 시작되었다. 30년 이상 크래프트 맥주를 만들어오고 있고 노스웨스트(오리건, 시애틀 지역) 스타일 IPA의 기준이 된 브리지포트 IPA 맥주가 가장 유명하다.

컬미네이션 Culmination Brewing

http://culminationbrewing.com
▲ 2117 NE Oregon St, Portland

2015년 6월에 오픈한 신생 브루어리. 하지만 품질과 맛의 깊이는 포틀랜드 맥주 마니아들 사이에서 이미 정평이 나 있다.

3 포틀랜드, 어디에서 잘까?

    포틀랜드 외곽에 있는 시댁을 베이스 삼아 생활하는 우리는 일주일에 한 번씩 포틀랜드로 향했고 잦을 때는 매주, 적게는 한 달에 두세 번씩 포틀랜드에서 하루나 이틀을 보내며 다양한 숙박 시설을 접해볼 수 있었다.

    생일이나 기념일, 혹은 외국에 살면서 여름휴가에 맞춰 방문할 때는 다운타운에 있는 에이스 호텔이나 히트먼 호텔 같은 분위기 있는 호텔을 찾았고, 서울에서 친구들이 여행 와서 함께 묵고 싶을 때는 방이 세 개 달린 큼지막한 독채 에어비앤비를 선택했으며, 아웃렛에서 다음 시즌까지 입을 옷을 쇼핑해야 할 때는 아예 아웃렛 근처의 모텔에서 머물며 쇼핑에 열을 올리기도 했다.

    우리 부부의 특별한 처지 때문에 포틀랜드의 다양한 숙박시설을 두루 이용해본 경험을 바탕으로 포틀랜드에서 숙박시설 고르기의 노하우를 살짝 공유해볼까 한다.

부티크 호텔의 새로운 장, 에이스 호텔

지역사회와 교류하는 부티크 호텔

시애틀 지점이 에이스 호텔의 모체라면 포틀랜드 지점은 지금의 에이스 호텔이 가진 브랜드 이미지의 틀을 마련한 곳이라고 할 수 있다. 주목받지 못하던 다운타운의 한구석, 작은 블록에 세워진 약 백 년의 역사를 가진 클라이드 호텔^{clyde hotel}(2010년 오리건의 역사적 주요 지형지물로 지정되었다)의 건물을 그대로 유지한 채 포틀랜드만의 매력을 더해 지금의 에이스 호텔이 들어서게 되었다.

에이스 호텔이 명소가 된 과정은 어느 곳이나 비슷하다. 우선 다운타운에서 벗어나 주목받지 못하는 외진 지역을 골라 호텔이 들어설 자리를 선점한다. 그러면 약속이나 한 듯 감각적이고 유행에 민감한 사람들이 몰려들고, 그 주변으로 창의적인 숍, 레스토랑, 카페들이 하나둘 문을 열기 시작한다. 그러다보면 어느새 에이스 호텔 주변은 그 지역에서 가장 핫한 지역으로 자리 잡는다. 스텀프타운의 오너 듀안 소렌슨은 이런 현상에 대해 에이스 호텔의 개방적인 분위기가 사람들을 끌어 모으는 원동력이라고 『매거진 B』와의 인터뷰에서 언급한 바 있다.

에이스 호텔을 다룬 책과 잡지들도 나올 만큼 이 호텔이 큰 이슈가 된 것은 세련된 디자인 콘셉트뿐만 아니라 상업과 문화를 함께 아우르는 그들의 감성 코드, 즉 지역 커뮤니티와 교류하고 로컬 브랜드와 꾸준히 협업하면서 호텔 그 이상의 브랜드 가치를 끌어올렸기 때문이다.

일반적인 럭셔리 부티크 호텔이 유명 디자이너에게 인테리어를 맡기고 값비싼 가구와 그림으로 치장해 자신들의 개성을 드러낸다면, 에이스 호텔은 백 년 이상의 역사를 가진 이 지역의 담요 브랜드인 펜들턴과 함께 담요를 디자인하고, 미니바에는 로컬 상점에서 출시한 초콜릿, 음료 등을 채우는 식으로 자신들의 정체성을 내세운다. 1층에는 스텀프타운 커피가 입점해 있고, 아침 식사는 로컬 브랜드에서 만든 식재료를 사용한다. 뿐만 아니라 호텔의 홈페이지에는 수많은 독립 디자이너들과 함께 작업한 옷, 가방, 액세서리 등을 판매하는 숍 카테고리가 따로 마련되어 있을 정도로 디자이너들과도 활발하게 교류한다.

이처럼 에이스 호텔은 단순한 숙박업의 개념을 넘어서 편안하면서도 그 지역의 문화와 어우러지는 콘셉트를 지속적으로 확장하며 자신들의 색깔을 확실하게 보여준다. 이것만으로도 포틀랜드를 대표할 만한 개성을 가진 호텔이라고 당당하게 말할 수 있을 것 같다.

사진 한 장에서 비롯된 에이스 호텔 사랑

에이스 호텔! 포틀랜드라는 도시에 대해 아무런 지식도 없었던 4, 5년 전부터 에이스 호텔은 디자이너 친구들의 입을 통해 들어왔기에 익숙했다. 한창 유럽을 기점으로 자신들만의 독특한 색깔을 가진 부티크 호텔이 유행하던 시기였기에 그런 호텔들 중 하나라고 생각했을 뿐 특별히 죽기 전에 꼭 가봐야 하는 호텔 리스트에 올릴 정도의 흥미는 없었다. 그때만 해도 에이스 호텔의 배경에 대해선 알 길이 없었다.

그러던 내게 흥미를 불러일으킨 사진이 한 장 있었다. 낡은 빈티지 샹들리에가 매달린 높은 천장 아래로 커다란 테이블이 놓여 있고 그 주위를 둘러싸고 있는 보기만 해도 편안해지는 짙은 초록색 소파들. 그리고 그것들과 절묘하게 어울리는 HOTEL이라는 낡은 철제 사인.

"때로 여행은 사진 한 장에서 비롯되기도 한다."

내 여행의 지론이기도 하다.

아무런 정보도 없이 사진 한 장에 매료되어 가보고 싶다고 생각했던 그곳은 순식간에 포틀랜드 생활에 없어서는 안 될 중심이 되었고, 동네 커피숍 가듯 수시로 찾았다. 서울에서 손님이 오면 1층 로비에서 만나 한참 동안 이야기를 나눴고, 근처 레스토랑의 대기 시간이 길 때면 또 그곳을 찾아 시간을 보내기도 했다. 특별한 날에는 남편과 호텔 로비에 설치된 즉석 사진기에서 얼굴이 남산만 하게 나오는 예쁘진 않지만 마음에 드는 기념사진을 찍기도 했다. 하지만 그렇게 에이스 호텔의 로비를 사랑방 드나들듯 하는 사람은 나뿐만이 아니었다. 뜨개질하는 사람, 책 읽는 사람, 공부하는 사람, 애인을 기다리는 사람, 여행의 피로를 풀기 위해 잠시 엉덩이를 붙인 사람…… 에이스 호텔은 그렇게 모든 사람들에게 자신의 로비를 내어주며 휴식을 제공하는 포틀랜드의 진정한 사랑방이었던 것이다.

에이스 호텔에 대한 애증(2백 달러를 넘게 주고도 화장실을 공용으로 써야 하는가 vs 핫한 에이스 호텔인데 그것쯤은 감수해야지! 하는 허세와 편리성 사이의 갈등)을 눈치챈 남편은 뜻밖에도 우리의 첫 결혼기념일에 에이스 호텔에서의 하루를 준비해놓고는 아주 로맨틱한 목소리로 내게 말했다.

"부인이 가보고 싶은 곳이니 우리 한번 가봅시다."

사실 존은 유행과는 거리가 멀고 오래된 전통이 있는 호텔을 선호하는 편이어서 에이스 호텔은 그의 취향이 아니었다. 그의 페이버릿 호텔은 다양한 부대시설과 이벤트를 즐길 수 있는 오리건의 유명 호텔 맥메나민스였고 오리건 전역에 걸쳐 각기 다른 콘셉트를 표방하는 아홉 개의 체인 중 다섯 군데를 방문했을 만큼 열렬한 팬이었다. 물론 그곳이 자체 브루어리를 운영하는 것은 이곳이 포틀랜드임을 감안하면 그리 놀랄 일이 아니었다.

그동안 동네 사랑방처럼 드나들던 에이스 호텔에 하룻밤을 묵으러 가는 길, 그날의 기분은 분명 여느 때와는 달랐다.

결혼기념일의 행운

언제 가도 친절한 도어맨의 안내가 오늘따라 좀 더 따뜻하게 느껴지는 건 숙박 일정에 맞춰 잡아놓은 에이스 호텔의 마케팅 담당자 도널드와의 인터뷰가 예정되어 있었던 탓일까. 아니면 매번 로비에 앉아 커피만 마시던 신세에서 한 손에 여행가방을 들고 비싼 숙박비를 지불했다는 당당함 때문일까. 호텔로 오는 길에 갑자기 인터뷰를 미룰 수 있겠냐는 연락을 받아 조금 당황스럽긴 했지만 서울에서 출장 온 상황도 아니었기에 문제없다는 답장을 보내고 우리는 가던 길을 재촉해 호텔에 도착했다. 주차장이 없는 호텔이라니, 역시 제멋대로인 게 포틀랜드답군. 그러고 보면 포틀랜드에서 묵은 호텔들은 대체로 인근 주차장을 유료로 이용해야 했다.

체크인을 하자 미팅을 다른 날로 미뤘으면 한다는 예상치 못한 도널드의 메시지와 그를 대신해 룸 업그레이드 서비스가 우리를 기다리고 있었다.

"J와 Y를 잘 보살펴줘요. 멋진 첫 번째 결혼기념일을 보낼 수 있도록."

결혼기념일에 인터뷰를 잡아서 내심 남편에게 미안했는데 차라리 잘된 일이었다. 체크인을 마치고 서둘러 프런트에서 받은 열쇠를 들고 엘리베이터로 향했다. 삐거덕 삐거덕. 백 년의 세월이 고스란히 느껴지는 낡고 느린 엘리베이터를 타고 4층에 올라가 복도 끝에 위치한 룸에 도착했다.

에이스 호텔답게 캐주얼하지만 결코 가볍지 않은 모던한 방 안의 공기, 심플한 화장실과 세면대를 중심으로 리빙룸과 베드룸이 분리된 널찍한 방 안을 둘러보며 입이 다물어지지 않던 우리는(공짜 좋아하는 건 어딜 가도 변하지 않는다) 에이스 호텔의 트레이드마크인 펜들턴 담요 위로 쓰러지듯 몸을 던지며 서로에게 말했다.

"Happy lucky anniversary."

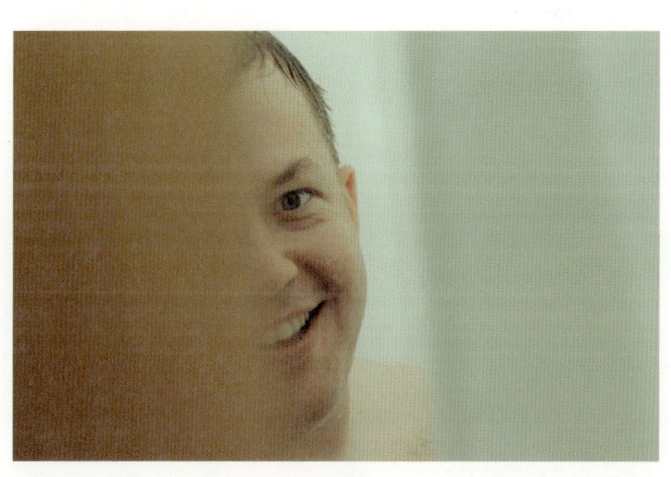

포틀랜드의 호텔과 게스트하우스

캐주얼 부티크 호텔

커플이나 친구들끼리 트렌디한 포틀랜드를 온몸으로 느끼고 싶다면 캐주얼한 느낌의 부티크 호텔만 한 곳이 없다. 주로 다운타운 혹은 음식점이나 클럽 등이 가까이 있는 곳에 자리 잡고 있어서 초저녁이면 레스토랑과 펍 외에는 갈 곳이 없는 포틀랜드에서 어떻게 돌아갈지를 걱정하지 않고 마음껏 저녁시간을 보낼 수 있다.

www.acehotel.com

에이스 호텔

시애틀을 시작으로 전 세계에 7개의 지점을 가지고 있는 캐주얼 부티크 호텔이다. 20~30대에게 크게 사랑받으며 포틀랜드의 랜드마크로 자리 잡고 있다. 다운타운에서도 힙한 카페, 레스토랑, 편집 숍이 몰려 있는 서쪽 끝 지역(웨스트엔드)에 위치해 대중교통을 이용하지 않고도 도보로 다운타운 주변을 모두 돌아볼 수 있다. 단, 캐주얼 부티크 호텔이니만큼 가장 기본적인 사양인 베이직 셰어드 싱글 Basic Shared Single 룸은 화장실과 샤워실을 공용으로 사용해야 한다. 1층에 있는 두 개의 레스토랑과 스텀프타운 커피 역시 에이스 호텔의 자랑이다.

http://jupiterhotel.com

주피터 호텔 Jupiter Hotel

다운타운을 대표하는 캐주얼 부티크 호텔이 에이스 호텔이라면 강 건너 사우스이스트에는 주피터 호텔이 자리하고 있다. 이스트번사이드에 위치한 이 호텔은 모텔을 인수해 리노베이션한 곳으로 70~80년대의 모텔식 건물의 외관을 그대로 유지하면서 자신만의 색을 덧입혀 젊은이들에게 큰 사랑을 받고 있다. 다운타운과는 떨어져 있음에도 불구하고 호텔 주변으로 레스토랑, 공연장, 펍 등이 있어서 쇼핑, 식사, 음주까지 한 번에 해결할 수 있다. 단 가족 단위나 아이가 있는 이들에게는 권하고 싶지 않다.

중, 고급 호텔

http://portland.heathmanhotel.com

히르먼 호텔 Heathman Hotel

가족 단위로 포틀랜드를 찾는 이들은 다운타운에 있는 호텔에 머무는 것을 추천하고 싶다. 그중에서도 얼마 전 무라카미 하루키가 그의 여행 에세이 『라오스에 대체 뭐가 있는데요?』에서도 언급한 히르먼 호텔은 고급스러운 인테리어와 침구뿐만 아니라 레스토랑의 음식까지 훌륭한 것으로 유명하다.

벤슨 호텔 Benson Hotel

1913년에 오픈해 포틀랜드의 역사적인 랜드마크로도 여겨질 만큼 역사와 품위를 지닌 럭셔리 호텔. 호텔 로비에 들어서는 순간부터 영국의 어느 궁전에 와 있는 듯한 고급스러운 인테리어와 널찍한 로비에 압도된다. 2012년에 포틀랜드의 베스트 호텔로 뽑힐 만큼 전 세계의 관광객들에게 언제나 최고의 숙소로 각광받는 호텔이다.

가족형 호텔

www.mcmenamins.com

맥메나민스 호텔

와이너리, 브루어리, 극장, 수영장, 사우나, 웨딩홀, 공연 등 단순한 숙박시설을 넘어서 온 가족이 함께 다양한 부대활동을 즐길 수 있는 새로운 형태의 호텔이다. 오리건에만 8개의 각기 다른 콘셉트의 지점을 보유하고 있다.

기본적으로는 오래된 기숙사를 개조한 형태로 화장실과 샤워실을 공유해야 하는 객실도 있으니 예약 시 꼼꼼한 체크가 필요하다. 포틀랜드 다운타운에 있는 크리스털 볼룸에서는 유명 아리스트들의 공연이 자주 열리고, 사우스이스트에 위치한 케네디스쿨은 작은 소킹풀(soaking pool, 따뜻한 스파 형식의 수영장)을 함께 즐길 수 있다.

www.marriott.com

레지던스 인 포틀랜드 다운타운/펄 디스트릭트 Residence Inn Portland Downtown/Pearl District

메리어트에서 운영하는 레지던스 형 호텔로 가족 특히 아이가 있는 여행객에겐 최적의 숙박 시설이다. 호텔 서비스의 혜택을 온전히 누리면서 취사도 가능한 넓은 객실을 보유하고 있다. 펄 디스트릭트에 위치한 레지던스 인은 다운타운과도 멀지 않아 접근성이 좋다. 레지던스 인은 포틀랜드에 몇 개의 지점을 보유하고 있다.

게스트하우스, 호스텔

에어비앤비보다 저렴하고, 여러 여행객들과 생생한 여행 정보를 교환하며 젊음을 만끽하고 싶다면 포틀랜드 다운타운에서 멀지 않은 게스트하우스를 찾아보자.

http://nwportlandhostel.com

노스웨스트 포틀랜드 호스텔 Northwest Portland Hostel

많은 배낭 여행객들이 찾는 포틀랜드의 대표적인 호스텔. 에이스 호텔 등이 몰려 있는 웨스트엔드, 펄 디스트릭트를 걸어서 갈 수 있는 위치에 있다는 것이 최고의 장점이다. 단, 여럿이 함께 쓰는 도미토리의 경우 예상치 못한 불쾌한 일이 생길 수도 있다. 그 점이 조금이라도 걱정된다면 독방을 사용하는 것이 좋다. 호스텔이란 자고로 자유로운 영혼들의 집합소가 아닌가. 도미토리는 25~35달러 선이다. 친구나 가족 단위로 쓸 수 있는 프라이빗 룸은 65달러 선.

www.portlandhostel.org

포틀랜드 호스텔 호손 디스트릭트 Portland Hostel Hawthorne district

노스웨스트가 다운타운과 웨스트를 대표하는 호스텔이라면 포틀랜드 호스텔 호손 디스트릭트는 이스트, 즉 동쪽 지역을 더 느긋하게 둘러보려는 여행객에게 알맞은 곳이다. 도미토리뿐만 아니라 가족 혹은 혼자 이용할 수 있는 프라이빗 룸도 2개 갖추고 있다. 홈페이지를 통해 포틀랜드 정보와 호스텔 주변의 관광 정보까지 잘 정리해서 제공하고 있다.

에어비앤비 Airbnb,
여행보다 소중한 경험

흔히 B&B$^{Bed\,and\,Breakfast}$라고 하면 우리의 민박 형태와 가깝지만 서양에서는 주로 은퇴한 노부부들이 여유 있는 집 안의 공간을 여행객들에게 내어주고 아침 식사도 제공하는 숙박 형태다. 그리고 거기서 따온 B&B를 붙여 전 세계를 여행하는 여행객들이 좀 더 쉽게 현지인의 집에서 머물 수 있도록 최근에 등장한 서비스가 바로 에어비앤비다.

지금이야 해외여행을 준비하면서 호텔로 할까, 에어비앤비로 할까를 고민할 만큼 한국에서도 꽤나 익숙한 숙박 형태가 됐지만 불과 2~3년 전만 해도 외국어를 배우려고 작정하고 홈스테이를 하는 것도 아닌데, 외국까지 나가서 낯선 서양인들과 함께 머무는 것이 왠지 불편하고 불안하게 느껴졌다.

그러다가 본격적으로 에어비앤비를 이용하기 시작한 건, 포틀랜드에서 묵을 일이 잦아지면서 매번 십만 원이 훌쩍 넘는 호텔비를 지불하는 것이 부담스러워지면서였다. 처음엔 하룻밤만 자면 되니 기왕이면 권총 든 마약쟁이들이 득실거릴 것 같은 모텔보다는 다양한 포틀랜드 집도 구경할 겸 에어비앤비를 이용해 보자는 마음이었다. 그런데 막상 한 번, 두 번 이용 횟수가 늘어나면서 간접적으로나마 그들의 생활을 지켜보는 재미를 느꼈다.

이들도 재활용을 하고(미국의 대부분 도시들은 여전히 재활용과 음식물 분리수거를 하지 않는다), 음식물을 모아 퇴비를 만들기도 하고, 동양문화에 관심이 많아 불상이나 중국식 서랍장과 같은 고가구(나중에 알고 보니 미국에서는 부유층으로 분류하는 기준에 동양의 고가구 소유 여부가 들어 있었다)를 수집하기도 했다. 무엇보다 단순히 남는 방을 여행객에게 내주고 부수입을 올리는 목적보다는 다양한 나라에서 온 이들과 만나 서로의 문화를 알아가고 포틀랜드를 보여주며 소통하는 것에 목적을 둔 경우가 많다는 사실을 알게 되었다(때로는 투숙하는 목적이나 포틀랜드 방문 목적을 먼저 묻고 본인들의 취향과 맞지 않는다고 생각할 때는 거절하는 경우도 있었다). 그때부터는 숙박비를 아끼는 데서 그치지 않고 그들과 이야기를 나누고 사람을 사귀는 일에 더 큰 매력을 느꼈다.

요즘 유행의 트렌드가 되어버린 에어비앤비의 모토 '여행은 살아보는 거야'를 본격적으로 경험하게 된 것이다.

이 언니들, 느낌이 좋아

하루, 이틀 짧은 일정으로 에어비앤비를 경험하거나 대부분의 시간을 밖에서 보내고 숙소에 들어와서도 방에서 좀처럼 나오지 않는다면 에어비앤비의 진짜 매력을 느끼기는 어렵다. 물론 그들과 좀 더 가까이서 소통하고 현지인처럼 살아보는 여행을 하고 싶다면 말이다.

존과 나 역시 처음에는 오로지 숙박을 목적으로 에어비앤비를 이용했기에 주인 얼굴도 한 번 마주치지 못하고 민망하게 체크아웃을 한 적도 여러 번이다. 그러다가 한국에서 긴 일정으로 친구들이 놀러 왔을 때 주저 없이 독채를 예약하기도 했고, 아예 한 달간 개인 방을 빌리기도 했다. 물론 독채를 빌리면 이런저런 눈치 볼 필요 없이 늦은 밤까지 테이블 앞에 모여 앉아 수다를 떨고, 진한 된장찌개에 삼겹살을 구워 먹으며 마치 집 주인이라도 된 듯한 기분을 마음껏 누리는 재미가 쏠쏠했다. 하지만 진짜 에어비앤비의 매력을 알게 된 것은 한 달간 놀러 온 친구 민정과 함께 노스이스트에 위치한 작고 아담한 집에 개인 방을 구했을 때였다.

"이 집은 다운타운에서는 좀 떨어져 있지만 가격도 다른 곳에 비하면 거의

반 정도고 집도 깔끔해서 괜찮을 것 같은데 어때?"

아무래도 에어비앤비를 처음 경험해보는 친구도 나름대로의 취향이나 요구사항이 있을 테니 그녀의 의견을 존중하고 싶었다.

"이 정도면 훌륭한데 뭘. 매일 나갈 것도 아니고 여기로 하자!!"

크게 고민할 것도 없이 앨버타에서도 버스로 십 분쯤 떨어진 곳에 위치한 이 작은 집을 한 달간 지낼 곳으로 결정했다. 당시에 민정은 한국에서, 나는 카자흐스탄에 살면서 여행 계획을 함께 짜고 있었는데, 체크인을 하기도 전부터 호스트와 여러 번 메시지를 주고받다보니 빠른 피드백과 친절함이 물씬 풍기는 그들에게 호감이 생겼다.

"이 언니들 너무 착하고 좋은데? 느낌이 좋다. 한 달간 멋진 경험을 할 수 있을 것 같아!"

체크인을 하는 날. 그들은 짐이 많은 우리를 위해 직접 터미널로 픽업을 나왔다. 수십 번도 넘게 에어비앤비를 경험했지만 흔치 않은 호의였다. 깔끔한 SUV 세단에서 내린 금발의 커트머리인 그녀는 로즐린. 하얗디하얀 피부와 깔끔한 금발이 무척이나 잘 어울렸다. 터미널에서 이십 분 정도를 달리는 동안 새초롬하지만 위트 넘치는 손짓과 말투로 그녀가 들려주는 이야기를 듣다보니 방금 만난 사이라는 게 믿어지지 않을 만큼 그녀가 편하게 느껴졌다.

마음을 다하는 배려

그녀들의 집은 그리 큰 편은 아니었다. 깔끔하게 정리된 작은 정원과 뒷마당, 주방과 연결된 거실 그리고 두 개의 방. 생각보다 집이 넓지 않아 생활하는 데 조

금은 불편할 수도 있겠다는 생각이 들었지만 사진으로 보는 것보다 깔끔하고 감각적으로 꾸며놓은 집 안을 둘러보다보니 그런 생각도 이내 사라져버렸다.

그리고 로즐린의 파트너 쑥. 사진과 이름만 봤을 때는 한국계 미국인이 아닐까 싶었지만 그녀는 말레이시아계였다. 언제나 웃는 얼굴에 검은 머리인 쑥은 비록 한국어는 한마디도 할 줄 몰랐지만 밥을 먹고 김치와 된장을 즐겼다. 그런 그녀가 왠지 모르게 편안하게 느껴졌다.

그녀들의 발걸음은 언제나 조심스러워서 밖에 사람이 있는지 없는지 구분이 가지 않을 정도였고 낮 시간의 대부분을 거실이 아닌 뒷마당에서 보냈다. 나중에 알고 보니 이것 역시 우리가 좁은 집에서 조금이라도 편하게 지냈으면 하는 마음에서 자리를 피해준 것이었다. 아침 6~7시면 기상하는 그녀들과는 달리 우리의 기상시간은 8~9시였지만 아침 식사를 준비할 때마저도 물소리 하나 들리지 않을 정도로 매사에 신경을 써주었다. 그러다보니 하루 이틀, 일주일이 지나기도 전에 이곳이 내 집처럼 편안해졌다. 어떤 때는 하루 종일 밖에 나가지 않은 채 하루 세끼를 집에서 해결하기도 했다. 물론 깔끔한 그녀들의 집 안이 평소처럼 유지되도록 뒤처리와 청소에 더 많은 신경을 썼다. 특히 싱크대를 건조하게 유지하는 로즐린의 행동을 유심히 관찰한 뒤엔 언제나 싱크대에 물기가 없는지를 확인하며 두세 번 행주질을 하는 것도 잊지 않았다.

포틀랜드의 많은 젊은이들처럼 그들도 유명한 회사를 다니다가 직접 비즈니스를 하기 위해 퇴사한 용감하고 감각 있는 힙스터들이었다. 칵테일과 소다용 시럽을 만드는 사업을 하고 있는 두 사람은 언제나 건강한 메뉴로 이른 아침을 먹고 나무 그늘 아래 혹은 캐노피 아래 캠핑 의자에 앉아서 대부분의 오전 시간을 보냈다. 사무실도 따로 없이 집을 사무실로 쓰고 있었지만 사업하는 사람들이라는 게 믿기지 않을 만큼 언제나 느긋하고 여유로웠다. 그녀들만큼이나 급할 것 없는 우리도 거의 대부분의 아침은 집에서 먹었고 그녀들이 비워준 거실, 방, 주방에서 시간을 보냈다. 그리고 그녀들과 좀 더 가까워진 뒤에는 함께 뒷마당에 나가 오전 시간을 보내곤 했다.

그렇게 편안하게 머물긴 했지만 우리가 유독 친해지게 된 계기는 바로 음식이었다. 당시 임신 중이던 나는 심한 입덧으로 살이 4킬로그램이나 빠졌지만 포틀랜드에 돌아오자마자 농담처럼 입덧이 끝났고 그동안 섭취하지 못한 영양가 있는 한식과 신선한 제철 과일에 집착하게 됐다. 다행히 그녀들 역시 집에서 대부분의 식사를 해결했고, 우리가 편히 밥을 해 먹도록 냉장고를 비워주었다. 요리를 할 때는 자기들이 가지고 있는 향신료나 소스를 편히 쓰라며 배려해주기도 했다. 자라난 환경이 다른 만큼 두 사람이 만드는 메뉴 역시 무척이나 흥미로웠다. 이국적이면서도 건강한 음식에 관심이 많아 중식, 말레이안식, 한식, 일식 위주의 메뉴들이 많았고, 느끼하고 무거운 미국 음식은 질색이라고 재치 있게 말하곤 했다. 그런 그녀들이었기에 우리가 만들어 먹는 한식에도 큰 관심을 보였다. 우리가 만든 한식을 좀 나누어주면 다음 날은 그녀들이 점심을 만들어 함께 먹자고 권했다. 그렇게 식사를 함께하기 시작하면서 서로를 알아갔고 매일 조금씩 더 가까워졌다.

매일 밥 먹는 시간이 기다려질 만큼 4인용 식탁에는 다양한 국적의 메뉴만큼이나 다양한 이야기가 함께했다. 각자가 겪었던 일들, 여행 이야기, 최악의 직장, 우스웠던 직장 상사, 한국의 메르스 사태, 북한의 실태, 여성의 인권, 미국의 사찰 수준 등 수많은 이야기들이 꼬리에 꼬리를 물었다. 결국 식사시간도 모자라 업무

상 칵테일 레시피를 개발하느라 저녁마다 칵테일을 한두 잔씩 만드는 그녀들과 함께 밤마다 모여 앉아 자정이 넘도록 수다를 떨었다.

식탁에서 친밀감을 쌓은 뒤로는 밖에서 만나 시간을 보내는 일도 잦아졌다. 극장에서 코미디 영화를 함께 본 날은 집에 오는 내내 누가 더 여배우 흉내를 잘 내는지 내기라도 하듯 각자 가장 재밌었던 대사를 읊조리며 박장대소했다. 또 어떤 날은 노래방을 찾아가 두 시간이 어떻게 흘러갔는지도 모르게 자신들의 애창곡을 뽐내며 춤을 추기도 했다. 우리는 수학여행에서 만난 교관과 헤어지는 것을 아쉬워하는 소녀들처럼 그곳을 떠날 날이 다가오는 게 전혀 반갑지 않았다.

한번은 시애틀로 출장 가는 그녀들을 대신해 그녀들의 충견 배런을 맡아 이틀간 돌봐주기로 했는데 그게 고마웠는지 자신들이 놓고 간 차를 (그것도 렉서스를) 편하게 써도 된다며 흔쾌히 차키를 건네주기도 했다. 우리는 또 그게 너무 고마워서 어떻게 보답할지 머리를 맞대고 아이디어를 짜냈다. 때마침 그녀들이 시애틀에서 돌아오기 전날 두 사람에게는 평생 잊을 수 없는 기념비적인 일이 벌어졌다는 얘기를 미리 문자 메시지로 전해 들었던 터라 작은 이벤트를 계획했다.

그녀들이 오는 시간에 맞춰 온 집 안의 불을 끄고 꽃다발과 케이크 그리고 두 사람이 갖고 싶다고 노래를 부르던 뚝배기를 한인 슈퍼에서 구해 최대한 한국식으로 포장해 테이블 위에 올려두었다. 집으로 돌아온 그녀들은 감동의 환호성을 질렀다.

"사실 너희가 처음 예약했을 때는 방에서 잘 안 나올 줄 알았어. 그런데 거실로 나와서 우리랑 얘기도 잘 하고 편하게 지내줘서 얼마나 좋았는지 몰라."

쑥 역시 고등학교까지 말레이시아에서 보냈기 때문에 젊은 아시안 특히 여

자들이 수줍음을 많이 탄다는 것쯤은 알고 있었기에 우리 역시 그러리라고 생각했던 모양이다.

친절하고 항상 호기심 어린 눈빛으로 우리와 대화를 나누던 그녀들이 아니었다면 나는 그저 목욕하고 아침밥을 차려 먹는 것으로 '그곳에 살아봤다'고 말하는 소극적인 여행객에 그쳤을지도 모른다.

여행은 사람으로 기억된다

"나는 우리가 이 집을 선택한 걸 정말 행운이라고 생각해. 너희와 나눈 이야기 그리고 건강과 환경을 생각하며 장을 보고 정성스럽게 음식을 해 먹는 모습. 신선한 채소를 구입하기 위해 삼십 분을 달려 근처 농장에 가는 일. 함께한 시간이 칠 년이나 됐음에도 마치 엊그제 만난 사이처럼 서로를 존중하고 아끼는 모습. 함께 성장해가면서 하나씩 하나씩 집을 꾸미고 채워가는 모습. 자기 사업을 하면서도 여유로운 자기 시간을 갖기 위해 조금 더 부지런을 떨고 노력하는 모습. 너희 두 사람을 통해 정말 많은 것을 배웠고 또 나를 많이 돌아보게 됐어. 한 달 동안 매일 밖에 나가 커피숍과 쇼핑몰을 돌아다니기만 했다면 절대로 느낄 수 없었을 거야. 정말 고마워."

어느덧 한 달이 지나고 민정이 홀로 한국으로 돌아가기 바로 전날. 그녀를 위해 깜짝 이벤트로 준비한 저녁 시간에 피곤한 스케줄에도 불구하고 나타나준 쑥과 로즐린. 포틀랜드 시내가 내려다보이는 전망 좋은 레스토랑에서 해는 뉘엿뉘엿 저물고 테이블을 밝히던 촛불 하나, 좋은 와인과 음식들을 앞에 두고 흘러나온 나의 고백에 로즐린은 이내 눈시울을 붉히며 고개를 돌렸다.

마지막 밤, 택시를 타고 집으로 향하는 차 안에서 가로등이 켜진 포틀랜드의 밤거리를 바라보며 민정이 입을 열었다.
　"정말 네가 했던 말이 뭔지 알 것 같아. 역시 여행은 사람으로 기억된다는 말. 포틀랜드에서 경험한 많은 것들이 좋았지만 그중에서 가장 소중한 건 쑥과 로즐린을 만난 일 같아."
　한여름이지만 싱그럽고 기분 좋은 바람이 불던 7월의 중순, 민정이 떠나고 몇 주 후 로즐린에게서 연락이 왔다.
　"너희 만나러 10월에 한국으로 여행 갈게! 우린 너희가 말했던 제주도에 꼭 가보고 싶어!"
　그렇게 그녀들은 덜컥 비행기 표를 끊었고 우리는 다시 네 여자의 두 번째 추억을 태평양 건너에서 만들 수 있게 되었다.

내 여행에 맞는
에어비앤비

금방 사랑에 빠지는 것은 나의 고질병이다. 사람도, 도시도. 때론 깊은 후회를 남기기도 하지만 극한 흥분과 설렘으로 나를 쾌락에 빠트리는 아주 위험한 병이기도 하다. 포틀랜드가 그랬다. 비록 스스로 선택하고 티켓을 끊어 찾아온 도시가 아니라 남편을 따라왔다가 알게 된 도시이지만 나는 또 금방 이 도시와 사랑에 빠져버렸다.

포틀랜드에 온 지 삼 개월이 채 되지 않았을 때 나는 한국에서 여행 온 이들이 여행 정보가 풍부하지 않아 이 도시를 깊이 보지 못하고 돌아가는 것이 아쉬워서 투어 프로그램을 시작했다. 이 도시를 온전히 꿰뚫고 있지는 못했지만 내겐 오리건 출신에 커피와 맥주에 해박한 든든한 남편이 있었다.

그리고 그 일을 통해 더 많은 여행자들을 만날 수 있었다. 투어 프로그램을 진행하면서 가장 흥미로웠던 건 너무나 다양한 그들의 '여행하는 목적'이었다. 그들이 머무는 숙소에서부터 여행의 성격을 느낄 수 있었다.

독채가 좋아

"여행을 자주 하자!"라고 외치는 N은 그 누구보다 여행에서 숙소를 중요하게 여기는 타입이었다. 더욱이 빛이 잘 들면서도 센스 있는 주방이 딸린 독채 에어비엔비는 그녀가 여행에서 가장 중요하게 생각하는 숙박 조건이었다. 과일과 빵으로 간단한 미국식 아침을 만들어 먹기도 했지만 여행에 슬슬 적응하기 시작하면 이내 보글보글 끓는 된장찌개에 쌈을 싸 먹는 토종 한국 입맛을 가졌으니 눈치 보지 않고 된장 냄새를 풍길 수 있는 곳이 필요했던 것이다. 그리고 무엇보다 음악을 크게 틀고 늦잠을 즐기며 일상 같은 여행을 하는 그녀에게는 독채만큼 잘 어울리

는 숙소도 없었다.

관광객이 없는 한적한 곳 없나요?

패션 디자이너로 수출업을 하느라 안 다녀본 곳이 없을 만큼 여행에 도가 튼 한 가족은 투어를 신청하면서 가볼 만한 한적한 동네가 어딘지 물었다. 다운타운에서는 차로 한 삼십 분쯤 걸리지만 산길을 통해 가는 길도 예쁘고 산책 삼아 둘러보기도 좋은 '레이크 오스위고Lake Oswego'라는 곳을 추천했다. 그런데 일주일 정도 머무는 동안 그곳에 숙소를 구할 줄은 꿈에도 생각하지 못했다. 알고 보니 그들은 여행할 때 숙소를 미리 정하지 않고 여행지에 도착해 한적한 동네를 한두 군데 가 본 후에 머물 곳을 정하는 아주 대범한 스타일의 여행자였다.

픽업을 하기 위해 그들이 머물고 있는 에어비앤비로 찾아갔을 때는 막 짐을 꾸려 나오는 참이었다.

"늦어서 죄송해요. 잠시 들어오세요!"

"하루 만에 이런 예쁘고 아담한 독채 하우스를 어떻게 예약하셨어요?"

"운이 좋았어요, 하하하."

아이가 있는데도 이렇게 즉흥적으로 움직일 수 있는 사람들은 대체 얼마나 마음이 여유로운 걸까. 나처럼 미리 리뷰를 보고, 가는 길을 확인하고, 주변에 슈퍼마켓 위치까지 확인하고 나서야 숙소를 예약하는 사람은 도저히 이해하기 힘든 타입이었다.

맥주를 좋아하고 여행을 많이 다녀본 두 가장(존과 투어 신청자)은 유난히 이야기가 잘 통했고 우리는 자연스럽게 그다음 날도 함께 길을 나섰다.

"제가 이 동네에서 진짜 맛있는 피자집을 찾았거든요. 거기서 함께 식사하죠. 아, 그 옆에 정말 맛있는 컵케이크 집도 있는데 오늘은 문을 닫았네요."

"벌써 맛집까지 파악했군요. 다운타운은 가봤어요? 계속 동네에만 있었나봐요."

"어휴, 포틀랜드 다운타운이야 뭐 볼 거 있나요. 잠깐 들렀어요. 출장으로 미국의 큰 도시들은 많이 가봐서 굳이 여기서도 시내를 가고 싶지는 않더라고요."

분명 보통 사람은 아니었다. 다들 포틀랜드 다운타운의 조금은 차별화된 분위기를 즐기러 이 도시를 찾는다고 해도 과언이 아니거늘, 투어 진행자인 나에게 동네 맛집을 소개해주는 이 사람의 정체는 과연 무엇일까. 이틀이라는 짧은 시간을 함께하며 우리는 그들이 몇 년 후 아이를 키우기 위해 이민 가면 좋을 도시를 알아보려고 포틀랜드를 찾았다는 사실을 알게 됐다. 그래서 그들이 그 지역에 일주일간 머물며 여유롭게 동네를 탐방했다는 사실도.

여행이란 모든 게 출발 전에 준비한 것처럼 완벽할 수 없다는 사실을 받아들일 수만 있다면 예상치 못한 일에 기겁하는 일은 없을 것이다. 어쩌면 그런 경험이 우리를 성장시킬지도 모르니까.

아이와 함께라면 더 깐깐하게

대학생, 커플, 신혼부부, 아이가 있는 부부. 참 다양한 사람들이 블로그를 통해 내게 포틀랜드 여행에 관한 정보와 특히 숙박에 대해 문의해왔다. 처음에 한두 번은 미물러봤던 곳 중에 믿음이 가고 여러 장점이 있는 에어비앤비를 추천해주기도 했지만 여행 날짜가 안 맞아 머물지 못하는 경우가 다반사였다. 그래서 그 뒤로는 여행 스타일이나 성격에 맞는 지역을 알려주곤 했다.

그런데 중이 제 머리 못 깎는다는 말이 바로 나를 두고 하는 말이었다는 건 한국에서 아이를 출산하고 다시 포틀랜드를 찾았을 때 알게 됐다.

2월의 포틀랜드는 여름에 비해 한가한 편이지만 급작스러운 여행 일정 변경으로 체크인을 이틀 앞두고 숙소를 찾아야 했다. 시애틀에서 줄곧 호텔에 묵으며 애기 옷을 빨고 젖병을 닦는 일이 불편해 이번엔 에어비앤비를 이용하기로 했다. 그런데 언니와 언니의 아이까지 어린아이 둘을 데리고 차가 없는 상태로 마음에 드는 집을 (이틀 전에) 찾는 건 쉽지 않았다. 집 안의 컨디션과 위치까지 확인하고 그나마 최선이라고 생각한 곳을 예약했지만 문제는 캐리어 네 개에 유모차와 아이 둘을 데리고 숙소에 도착한 순간 우리 눈앞에 펼쳐졌다.

사진 속엔 집 안 계단을 통해 2층으로 올라가게 되어 있었지만 눈앞에 나타난 건 경사가 80도쯤 돼 보이는 야외 철제 계단이었다. 더 큰 문제는 집에 들어가자 적어도 한 달은 쓸고 닦지 않은 것처럼 머리카락과 먼지 뭉치가 굴러다녔다.

"휴, 이런 데서 두 달 된 애기를 어떻게 데리고 자지?"

"어쩔 수 없지 뭐. 일단 청소기 좀 빌려달라고 해. 내가 치울게."

당황한 나와는 달리 언니는 청소기를 돌리고 키친타월을 적셔 집 안 구석구석을 닦기 시작했다.

"이야, 이것 좀 봐. 청소를 아예 안 했는데?"

닦고 닦아도 나오는 먼지에, 이상야릇한 냄새까지 더해 비염이 있는 언니는 기침을 하기 시작했다.

"우리 여기서 잘 수 있을까?"

그렇게 저녁이 됐지만 언니의 기침은 가라앉을 줄 몰랐고 갓난쟁이 헤이든의 피부가 울긋불긋 올라오기 시작하자 나는 결국 참지 못하고 집주인에게 메시지를 보냈다.

"우리가 집에 왔을 때 집이 전혀 청소되어 있지 않았어요. 그래서 청소기를 빌려서 청소까지 했는데도 여긴 더 이상 머물기 힘들 것 같아요. 환불이 가능하다면 체크아웃을 하고 싶어요."

집주인은 불쾌한 기색이었지만 본사에 연락했고 그렇게 처리해주겠다는 메시지를 아침에 보내왔다. 우리는 이삿짐 같은 여행가방을 들고 급하게 새로 찾은 곳으로 숙소를 옮겼지만 더 큰 문제는 며칠 후 집주인에게서 온 메시지였다.

"미안하지만 환불은 어려울 것 같습니다. 당신들이 원해서 체크아웃을 했고, 우리는 집을 최상의 컨디션으로 만들어놓았었어요. 당신들이 나간 후로 우리도 사람들을 받지 못했으니 만약 그 기간 동안 다른 사람들이 예약한다면 환불을 해줄게요."

나는 60만원에 가까운 돈을 포기하기에는 고생한 것이 너무 아까워서 참을 수가 없었다. 미국 본사에도 연락해보았지만 집주인이 환불을 원치 않을 때는 일이 복잡해서 길게는 소송까지 가야 한다는 것과 주인과 더 이야기해보겠다는 말뿐이었다. 결국 이 일에 쏟아야 할 에너지와 시간이 아까워 먼저 꼬리를 내리고 말았지만 두 가지 결론을 얻었다.

첫째, 에어비앤비는 호텔이 아니다.

둘째, 남이 사는 집에서 쿨하게 지내지 못할 바에는 호텔로 가자.

에어비앤비 결정하기

몇 년 전만 해도 포틀랜드는 볼거리도 별로 없는 작은 도시라는 인식 때문에 2~3일의 짧은 일정으로 여행하는 이들이 많았지만 요즘은 이 주일이나 한 달씩 머물며 천천히 이 도시의 매력을 알아가고 싶어 하는 이들이 많아졌다. 개중에는 간혹 한두 달의 단기 일정으로 아파트를 구해 지내고 싶어 하는 경우도 있지만 삼 개월 이내로 계약이 가능한 곳은 찾기도 힘들뿐더러 침대나 책상 같은 가구들까지 직접 마련해야 하기 때문에 여행자들에게는 현실적으로 어려운 점이 많다.

그러니 가족과 함께 혹은 친구들과 함께 머물 예정이고, 일주일 이상 투숙하고자 한다면 가격이 조금 비싸더라도 모든 것이 갖춰져 있고 현지 사정을 잘 아는 집주인의 도움도 받을 수 있는 에어비앤비를 이용해보는 것도 괜찮은 선택이다. 포틀랜드 사람들이 살아가는 모습을 간접적으로 체험할 수 있다는 건 또 다른 묘미다.

여행 일정을 고려해 지역을 선택하라

일정이 짧은 경우는 다운타운과 강 건너의 노스이스트, 사우스이스트까지 모두 섭렵하기는 시간상 어렵기 때문에 본인이 집중적으로 둘러보고 싶은 곳이 많은 지역에 머무는 것이 편리하다. 간혹 '버스로 30분'이라는 글만 보고 포틀랜드 중심부에서 한참 떨어진 동네(주변에 볼 것도 별로 없는)를 예약하는 경우도 있는데, 배차 간격이 20~30분인 주거지역에서 버스를 기다리고 갈아타는 시간까지 더하면 외출해서 돌아오는 데만 두 시간 이상 소요될 수도 있다. 그러므로 '지역' 역시 에어비앤비 선택 기준에서 매우 중요한 요소라 할 수 있다.

자신의 성향에 맞게 독채와 개인실을 택하라

집 전체를 쓸 수 있는 독채는 보통 150~200달러 정도이고 개인실은 60~120달러 정도다. 당연한 얘기지만 포틀랜드도 비수기와 성수기의 가격이 다르고 다운타운일수록

가격이 올라간다. 특히 포틀랜드에는 오래된 주택이 많아 마룻바닥이 삐걱대고 방음이 잘 안 되는 곳도 많으니 잠자리에 예민한 편이라면 개인실보다 독채를 추천한다.

한인 민박을 원한다면 비버턴으로

간혹 외국인들과 긴 시간을 보내는 것이 부담스러워서 한인들이 운영하는 민박을 찾는 경우도 있다. 한인들이 운영하는 민박은 대부분 다운타운에서 트램으로 40분에서 한 시간 정도 떨어진 외곽에 위치한 '비버턴Beaverton'이라는 한인들이 많이 사는 도시에서 찾을 수 있다. 다운타운까지 시간이 좀 걸리기 때문에 일정이 짧은 여행객들에게는 추천하지 않지만 시간에 구애받지 않고 좀 더 편안하게 머무르고 싶다면 그곳을 알아보는 것도 좋다.

에어비앤비 숙박 시 주의사항

- 입실 후 집주인과 문제가 생겼을 때는 바로 한국 에어비앤비 쪽으로 연락하는 것이 좋다. 직접 해결하려다가 추후에 환불을 못 받는 일이 발생할 수도 있다.
- 버스 정류장이나 환승 정보도 확인하자.
- 다운타운에서 버스로 30~40분 이내가 좋다.
- 지하실인 경우는 창고를 개조해 습하거나, 세탁실이 붙어 있는 경우가 있어서 불편할 수 있다.
- 주변에 홀푸드, 뉴시즌, 주판스 마켓이 있는 지역은 치안이 좋다고 볼 수 있다.
- 리뷰가 많고 질문에 답장이 빠른 곳은 대부분 전문적으로 혹은 진지하게 에어비앤비를 운영하는 곳이니 좀 더 친근한 주인을 만날 가능성이 높다.
- 포틀랜드의 주택들은 대부분 백 년이 넘은 목조 주택이기 때문에 계단을 오르거나 거실을 지나다닐 때 삐거덕거리는 소리가 나는 경우가 많다. 이 문제를 해결하기 위해 미니 선풍기 사이즈의 소음기를 비치해둔 방도 더러 있다. 잠귀가 밝은 경우 숙면을 취하기 어려울 수 있으니 고려하자.

4 포틀랜드 시티 라이프

네델란드의 헤이그. 여행지로는 우리에게 조금 낯선 그 도시를 구석구석 알게 된 건 누군가 그곳에서 꽤 오랫동안 유학생활을 하며 찍어 올린 수백 장의 자전거 사진을 통해서였다. 그런데 자전거로 출퇴근하고, 커피를 배달하고, 하이킹을 하는 모습을 네덜란드도 아니고 독일도 아닌, 걷는 것을 싫어하고 자동차 의존도가 전 세계에서 가장 높을 것만 같은 미국에서 보았을 때의 신선함이란!

'에코 프렌들리'라는 포틀랜드의 닉네임은 이 도시를 지탱하고 있는 다양한 문화로부터 파생되어 붙여진 것일 테지만, 그중에서 가장 높은 비중을 차지하는 것은 대중교통과 자전거 이용률일 것이다.

평평한 도로와 도시 곳곳에 우거진 가로수 길을 유유자적하며 자전거로 달리는 이들의 모습은 잠시 스쳐 지나가는 여행객들마저 자전거에 올라타고 싶게 할 만큼 이 도시와 조화로운 하모니를 이룬다. 하지만 여느 미국의 도시와는 달리 유독 포틀랜드가 자연친화적인 도시로 자리 잡고 자전거 문화가 이 도시의 상징이 되기까지는 구 성원들의 의식적인 노력이 있었을 것이다. 그런 만큼 그들의 자전거 사랑은 각별했다.

친구들과 함께한
좌충우돌 자전거 투어

존에게 서울이 왜 좋은지 물어보면 꼭 얘기하는 것이 편리한 대중교통이다. 중앙 차선제와 환승 시스템의 도입으로 더욱 저렴하고 편리하게 이용할 수 있게 되자 존은 외국에서 가족이나 친구들이 서울을 방문할 때마다 전문 가이드를 자처하며 입에 침이 마르도록 한국의 대중교통을 칭찬하곤 했다. 그렇게 차 없이도 만족스럽게 서울에서 뚜벅이 생활을 하다가 미국에 온 우리는 어쩐 일인지 자동차 껌딱지가 되어버렸다.

"오늘 한번 차 안 가지고 나가볼게. 버스를 마스터하고 온다, 내가."

큰소리치고 집을 나서면서 나는 이상하리만치 자연스러웠던 미국 생활에서 처음으로 이방인이 된 듯한 느낌을 받았다. 안내방송이 나오지 않는 버스를 타고 어딘지도 모르는 목적지를 한없이 지나치는 건 예사고, 다운타운으로 가는 버스를 탄다는 게 잘못 타서 공항 쪽의 버스 차고지에서 홀로 내려 마침 근처에 있던 아주머니에게 구제 받은 적도 있다.

다행히 호된 신고식을 치른 탓인지 그 뒤로는 안내방송이 나오지 않는 버스를 타더라도 당황하지 않고 구글맵을 손에 꼭 쥔 채 실시간 위치를 확인해가며 원하는 정류장에 실수 없이 내렸다. 그렇게 나는 많은 이들이 입이 닳도록 자랑하는 포틀랜드의 대중교통에 익숙해지고 있었다.

실제로 포틀랜드는 다양한 대중교통 수단(현대식 지상전차인 맥스와 스트리트카, 그리고 버스)이 다운타운뿐만 아니라 주거지역까지 확대되어 있고, 노선과 배차 간격 역시 조직화되어 있어서 차 없이 대중교통만 이용해도 생활하는 데 무리가 없다. 그러다보니 미국에서도 대중교통이 잘 정비되어 있는 도시로 손꼽힌다.

자전거도 한번 타보고 싶었지만 좀처럼 기회가 오지 않았다. 그러던 어느 날 한국에서 여행 온 친구들이 자전거에 유독 관심을 보이기에 이때다 싶어 하루 동안 자전거를 빌려 함께 투어를 해보기로 했다.

일기예보를 확인하고 비가 오지 않는 날을 골라 일정을 잡고, 드디어 친구들과 집을 나섰다. 버스를 타고 근처에서 가장 유명한 자전거 렌털 숍으로 향하는 동안 구름 한 점 없이 맑던 하늘에 어느새 먹구름이 끼고 있었다. 하루에도 열두 번씩 오락가락하는 포틀랜드 날씨를 믿은 내가 바보지……. 하지만 이왕 세운 계획이니, 우리는 가던 길을 돌리지 않고 한두 방울 떨어지는 비를 맞으며 렌털 숍으로 향했다.

생각보다 작은 점포에는 중앙과 벽에 빽빽하게 자전거가 채워져 있었고, 부스스한 곱슬머리의 히피 종업원이 미소년 같은 미소를 지으며 먼저 온 사람들이 있으니 잠시 기다려달라며 눈웃음을 쳤다. 그럼요, 기다리고말고요.

"오래 기다리셨죠? 어떤 자전거로 하시겠어요?"

우리는 간단하게 신청서를 작성하고 각자의 키에 맞는 사이즈의 자전거를 하나씩 골라 들었다. 히피 청년은 친구들에게는 평범한 자전거를 골라주고 나에게는 사이클용 자전거를 추천해주며 괜찮은지 물었다. 얼떨결에 "예스"라고 대답한 건 분명 낯선 도시에서 자전거를 타는 것에 부담감을 가질지도 모르는 친구들 앞에서 당당하고 믿음직한 모습을 보여주고 싶었기 때문일 것이다, 아무렴!

서류 작업과 자전거 고르기가 끝나자 히피 청년은 가게 밖으로 나가 자전거 높이를 맞춰주며 한 바퀴 돌아보게 했다. 오, 마이, 갓. 서로의 자전거 실력을 뻥튀기한 사람은 아무도 없지만 그래도 상태는 심각했다. 우리 중 누구 하나 자전거에 익숙한 사람이 없었다. 페달을 돌릴 때 구부정해지는 혜진의 안장을 높이며 히피 청년은 안장이 높아야 다리가 곧게 펴지면서 페달을 잘 밟을 수 있다고 했지만, 그녀는 불안한 듯 안장을 조금만 낮춰달라고 했다. 하지만 그는 1센티미터도 채 내리지 않고 더 이상은 안 된다고 했다. 소영은 넘어지지 않고 잘 앉아 있긴 했지만 직선으로 가는 게 불안해 지그재그로 페달을 돌렸다. 내 바이크는 한없이 높은 안장과 세상모르게 낮은 양머리 핸들이 달려 있어 브레이크를 밟기가 너무 어려웠다. 브레이크를 한 번 밟고 정차하려면 자전거에서 거의 뛰어내리다시피 해야 할 판이었다. 어쨌거나 우리의 아슬아슬한 연습 라이딩을 지켜본 히피 청년은 이제 가도 된다는 사인을 보냈다.

"애들아 준비됐니?"

작은 가방 두 개를 빌려 자전거 양쪽에 매달고 카메라와 자물쇠를 넣으니 꽤 무게가 나갔지만 달리는 데 문제가 될 것 같진 않았다. 크게 넘어질 정도는 아닐 거라는 근본 없는 자신감으로 우리는 유치원생이 소풍 가듯 줄 맞춰 길을 나섰다.

흔히 보는 이곳 라이더들이 자동차와 나란히 속도를 맞추며 멋지게 차도를 달리는 것이 부럽긴 했지만 막상 안장에 몸을 싣고 차들이 달리는 도로까지 나와보니 아무리 자전거를 먼저 생각해주는 포틀랜드 운전자들이라고 해도 우리가 먼저 사고를 낼 것 같은 불안감이 밀려왔다. 결국 조금 돌아가더라도 한산하고 안전한 주택가 사이를 마음껏 누비기로 했다.

자전거 세 대가 나란히 달리기 시작한 지 채 몇 분이 지나지 않아 커다란 난관에 봉착한 건 모두 내 사이클 자전거 때문이었다. 끼이익! 처음 타보는 사이클

자전거로 속도가 난 상태에서 브레이크를 밟고 정지하며 한 발을 땅에 내딛는 것은 생각보다 훨씬 어려웠다. 끼익, 쿵, 으악. 급정거와 충돌, 넘어짐이 반복됐다. 하지만 다행히 선두에 나선 나의 좌충우돌 브레이크 밟기도 그녀들의 지그재그 속도도 점점 안정감을 찾아갔다.

10월 초, 가을이라기엔 여전히 푸르른 가로수 길과 그럼에도 가을을 느낄 수 있는 낙엽이 수북이 쌓인 주택가의 풍경. 집집마다 잘 가꾸어놓은(때로는 손도 대지 않은 듯한) 정원을 가로지르며 고요한 주택가를 달리는 것은 멋지게 질주하는 도로 위의 라이딩과는 또 다른 평온함과 자유로움을 안겨주었다. 그렇게 고대하던 자전거 라이딩인데, 이 멋진 순간을 단 몇 초 만에 돌파해버릴 순 없었다.

"잠깐 정지!"

나는 고개를 홱 돌려 저 멀리 뒤쳐져 아름다운 동네 풍경에 푹 빠져 느릿하게 따라오는 그녀들에게 외쳤다. 나는 자전거 브레이크를 밟고 점프하듯 길가의 푹신한 잔디밭으로 몸을 던졌다. 얼마 달리지 않았지만 이미 서너 번은 족히 넘어지고 부딪힌 우리는 옷만 찢어지지 않았을 뿐 만신창이가 된 듯 고달팠다.

"여기서 좀 쉬었다 가자."

자전거 거치대를 찾을 필요도 없이 인도 옆 잔디밭에 세 대의 자전거를 나란히 눕히고 한숨 돌리며 생각했다. 차를 타고 가거나 걸어가면서 수없이 지나쳤던 이 익숙한 풍경이 문득 오늘, 이 몇 초 동안 그토록 새롭고 설레게 다가왔던 이유가 뭘까. 나는 마치 다시 여행자로 돌아가 이 도시에 난생처음으로 발을 디딘 듯 이 도시를 즐기고 있었다.

하지만 여유롭게 쉬기엔 갈 길이 아직 멀었다. 적당히 다리의 근육을 이완

시키고 놀란 가슴을 고요한 동네 풍경으로 진정시킨 뒤 다시 엉덩이에 불질을 해대는 안장 위에 몸을 실었다. 우리의 일정은 짧았지만 무모했다. 미시시피와 앨버타 가(街) 사이에서 자전거를 빌리고 미시시피 가까지 내려오며 왕복 2차선의 좁은 길을 따라 달리다보니 어느새 윌러밋 강에 불그스름한 노을이 지고 있었고, 그 아름다운 강변을 따라 시선을 옮기니 빨간 철제 다리가 인상적인 프리몬트 다리 Fremont bridge가 눈앞에서 손짓하고 있었다.

우리 실력으로 다리를 건널 수 있을까? 단 1초의 망설임도 없이 또 급브레이크를 밟자 내리막에 속도가 붙어 따라오던 친구들 역시 급브레이크를 밟으며 한 명은 내 자전거에 쿵, 다른 한 명은 인도의 잔디로 쿵. 하지만 이미 우리는 이 어설픈 라이딩에 무척이나 흥미진진해하던 중이라 누구 하나 급브레이크에 넘어져도 화를 내거나 당황하지 않고 그저 웃어댔다.

"아, 뭐야. 왜 섰어 또, 하하하."

"인간적으로 다리는 한번 건너봐야 하지 않겠어?"

"Go, Go! 까짓것 건너!"

역시 무식하면 용감하다는 말은 틀리지 않았다. 다행히 꽤나 넓은 인도를 확보하고 있는 왕복 4차선 다리 위의 운행은 생각보다 어렵지 않았다. 두 친구들을 먼저 보내고 카메라를 꺼내 자전거를 타고 있는 친구들의 모습을 처음이자 마지막으로 아슬아슬하게 담았다. 우리의 라이딩 기록을 샅샅이 찍겠다던 나의 포부는 이미 사라진 지 오래였다.

다리를 건너오자마자 목적 달성의 기쁨과 함께 피로가 폭풍처럼 몰려왔다. 자전거 반납이고 뭐고 그냥 내팽개치고 싶은 마음만 간절했다. 우리는 그리 멀

지 않은 곳에 위치한 베일리스 탭룸Baileys tap room에서 이 여정을 마무리하기로 하고 떨리는 다리와 손으로 자전거를 주차했다. 다양한 브루어리의 맥주를 파는 이곳은 남편이 가장 좋아하는 펍 중 하나다. 서당 개 삼 년이면 풍월을 읊는다고, 나는 친구들에게 마시고 싶은 종류의 맥주를 물어본 뒤 종업원에게 에일, 스타우트, IPA 종류로 추천을 받았다. 허기를 느낄 새도 없이 흥분과 긴장으로 뜨겁게 달아오른 몸과 목구멍을 타고 넘어가는 그 스타우트의 맛은 지금껏 포틀랜드에서 마셨던 그 어떤 맥주와도 견줄 수 없을 만큼 황홀한 맛이었다.

해가 저문 다운타운의 끝자락은 늘 그렇듯 적당히 어수선했다. 여름 같은 가을 날씨에 반팔티를 입고도 땀이 흐르던 반나절의 라이딩. 야외 테이블에 앉아 시원한 맥주를 마시며 꿀 같은 수다가 이어지기를 한 시간쯤, 자전거와 함께 이제 집으로 돌아가야 하는 막중한 임무가 슬슬 기억났다. "자전거 따위 그냥 버리고 가자"고 외쳤지만 현실은 밤새 세워뒀다가 누가 훔쳐 가면 어쩌나 싶은 걱정이 앞서는 새가슴의 여인들이었다.

자전거를 타고 돌아가는 일은 애초에 배제했고, 버스와 택시로 귀환하는 방법으로 좁혀졌다. 하지만 포틀랜드는 한 버스당 두 대의 자전거밖에 실을 수 없고, 택시는 자전거 한 대도 제대로 실을 수 없기에 괜한 실랑이를 벌이고 싶지 않았다. 어쩔 수 없이 그녀들을 먼저 온 버스에 자전거와 함께 실어 보내고 사십 분 후에나(저녁에는 버스 간격이 길어지고 구글맵의 버스 시간 안내도 믿을 수가 없다) 도착한 다음 버스에 나의 자전거를 싣고 버스에 오르자 안도와 희열에 눈시울이 붉어졌다. 휴, 그래도 아무도 다치지 않고 무사히 잘 끝났구나.

어느 도시를 여행하건 그곳의 현지인들과 자연스럽게 어우러지는 남편을 만난 후로 그와 함께라면 일생을 어디에서 보내건 여행자처럼 시도하는 생활을 하고, 현지인처럼 여행하며 살아갈 수 있겠다고 생각했다. 그럼에도 일상에 익숙해지면 어쩔 수 없이 나태해지는 게 인간이다. 친구들과 여행하듯 보냈던 며칠은, 여행자들과의 만남이야말로 타지에서 여전히 설렘을 간직한 채 살아갈 수 있게 해주는 촉매제라는 사실을 새삼 깨닫게 해주었다.

그 후로는 정기적으로 한국에서 여행 오는 이들과 함께하는 시간을 만들었다. 그렇게 인연이 되어 만난 다양한 여행자들의 새로운 시각이 없었다면 나는 서울에서 그랬듯, 가까이에 있는 것의 진가를 알아보지 못하고 여전히 닿을 수 없는, 먼 곳에 있는 것만 동경하며 살지 않았을까?

자전거 투어 루트

포틀랜드 관광청 홈페이지(www.travelportland.com) 혹은 다운타운에 위치한 관광안내소를 찾으면 자전거 루트가 담긴 지도를 받을 수 있다. 하지만 이 지도는 말 그대로 자전거가 다니기 좋은 길을 알려주는 안내 역할을 하는 지도이기 때문에 자전거를 일상적으로 타는 사람들이 아닌 일반 관광객들에게는 조금 복잡할 수도 있다.

다운타운 돌아보기

윌러밋 강과 워터프런트 파크, 다운타운을 전체적으로 둘러보며 마음에 드는 숍들을 체크해보는 코스.

> 사이클 포틀랜드 바이크Cycle Portland Bike Tours & Rentals에서 자전거 대여 → 워터프런트 파크 → 포틀랜드 주말 마켓 → PSU 파머스 마켓 → 다운타운 쇼핑몰 → 웨스트엔드(에이스 호텔, 편집 숍 밀집 지역)

다만 이 코스는 자동차가 많고 스톱사인(정차) 구간과 일반 통행이 많아 초보자들에게는 조금 복잡할 수 있으니 주의가 필요하다.

먼저 다운타운 중심에 있는 사이클 포틀랜드 바이크에서 자전거를 대여하자. 당일 반납은 20달러(9~18시 반납), 24시간 사용은 35달러. 사전 온라인 예약도 가능하니 당일의 대여 상황이 걱정된다면 온라인을 이용하는 것도 좋다. 보호장구를 착용하고 간단하게 주의사항을 확인한 뒤 라이딩에 나서보자.

숍에서 나오자마자 두 블록만 가면 한강 시민공원과 같은 윌러밋 강을 낀 워터프런트 파크가 나온다. 특히 주말에 강변을 따라 나 있는 자전거 도로를 이용해 남쪽으로 내려가다 보면 포틀랜드 토요일·일요일 마켓과 다양한 이벤트, 페스티벌이 열리는 모습을 볼 수 있다. 번사이드 브리지, 모리슨 브리지, 호손 브리지까지 내려가며 시원한 강바람과 자연을 어느 정도 만끽했으면 사우스웨스트 마켓 스트리트로 빠져나와 PSU 파머스 마켓에 들러보자. 대여하며 받은 자물쇠를 이용해 주차장 근처 혹은 공원 주변에 마련된 자전거 거치대에 자전거를 잘 세워두기만 하면 된다.

마켓에서 판매하는 다양한 메뉴로 점심을 든든히 먹었다면 사우스웨스트 브로드웨이SW Broadway를 통과해 다운타운으로 향하자. 관광센터가 위치해 있는 사우스웨스트 모리슨

PSU Farmers Market

Saturday Market

Downtown

West end

Pearl District

Alder St.

스트리트까지 내려와 버스 티켓, 지도 등 필요한 정보 등을 얻자. 관광센터가 있는 파이어니어 스퀘어는 다운타운의 중심이라고 할 수 있다. 이곳에 다시 한 번 자전거를 세우고 주변의 쇼핑몰들을 둘러보는 것도 좋다. 간단한 쇼핑이 끝났다면 한 블럭 위에 있는 앨더 스트리트에서 서북쪽으로 방향을 틀어보자.

"앨더 스트리트에는 모든 것이 있다."

포틀랜드 가이드북에 많이 나와 있는 말이다. 앨더 스트리트를 따라가다보면 푸드카트, 편집 숍, 유명 레스토랑, 위스키 바 등을 모두 만날 수 있다. 이 앨더 스트리트와 웨스트 번사이드 스트리트 사이에서는 길을 잃어도 좋을 만큼 볼 만한 것들이 코너마다 자리 잡고 있다. 에이스 호텔, 폴러 스토어 외에도 수많은 핫한 숍들이 다 이 지역에 몰려 있다.

이제 어느 정도 쇼핑과 관광을 마쳤다면 블루스타 도넛에 들러 도넛을 하나 입에 물고 하트 커피를 찾아가보자. 커피까지 한 잔 마셨으면 이제 다운타운은 어느 정도 마스터한 셈이니, 파월스북과 아트 갤러리가 많이 밀집해 있는 길 건너 펄 디스트릭트로 옮겨 한숨 돌려보자.

펄 디스트릭트는 다운타운에 비해 숍이나 레스토랑이 그리 자주 눈에 띄지 않으니 동네를 구경하는 마음으로 일방통행 사인을 따라 블록마다 지그재그로 둘러보며 동네의 분위기를 느껴보는 것도 좋다. 다운타운과 길 하나를 놓고 분리된 동네지만 다운타운의 고층 빌딩이나(그래도 30층 이하가 대부분이지만) 대형 쇼핑몰 대신 풍성한 가로수 사이로 고급 맨션들이 즐비해 있어 뉴욕의 어느 세련된 골목을 온 것 같다고 많은 여행자들이 입을 모은다.

이제 어느 정도 펄 디스트릭트의 분위기를 파악했으면 파월스북 근처에 자전거를 세우고 그 주변에 밀집된 숍들을 체크해보자. 맥주와 아웃도어에 관심이 있는 이들이라면 14번가를 주시하자. REI, 스노피크Snow peak, 텐배럴브루어리10 barrel brewery, 로그 디스틸러리Rogue distillery 등이 이곳에 몰려 있다.

안전 팁
❖ 좌회전 시 고개를 살짝 돌려 뒤를 살피면서 왼손을 옆으로 시원하게 뻗어 뒤차에게 좌회전 사인을 준다.
❖ 16세 이상 성인의 헬멧 착용은 선택 사항이지만 많은 사람들이 안전을 위해 헬멧을 착용한다.
❖ 대부분의 도로는 자전거와 자동차가 함께 운행할 수 있지만, 교차로가 있는 도로에는 우회전 차량으로부터 자전거 운전자를 보호하기 위해 바이크 박스Bike boxes라는 구역이 초록색으로 구분되어 있기도 하다. 차보다 자전거를 우선시한다는 의미이다.

자전거 대여

대부분의 자전거 대여점에서는 대여 비용에 야간 조명, 헬멧, 자물쇠가 포함되어 있다. 단, 보증금을 요구하는 곳도 있으니 잘 확인하는 것이 좋다. 반납 후 천근만근이 될 몸을 생각하면 숙소에서 가까운 곳을 선택하고, 또 사전에 전화로 대여 가능 여부를 확인할 것을 추천한다.

http://clevercycles.com
Price. 1day 30달러
A. 900 SE Hawthorne Blvd, Portland
T. 503-334-1560

클리버 사이클스 Clever cycles
아이와 함께 탈 수 있는 다양한 가족 자전거를 보유. 대여 후 일주일 이내에 비슷한 종류의 자전거를 구입할 경우 구입 가격에서 대여 가격을 할인해주기도 함.

www.pdxbikerentals.com
Price. 1day 25달러
A. 305 NE Wygant St, Portland
T. 503-358-0152

에브리바디스 바이크 Everybody's bike
장기 대여 시 예약 필수. 노스이스트에서 가장 인기 있는 대여점. 규모는 작지만 직원들이 친절하고, 자전거의 상태가 좋아 이미 많은 일본 매거진에도 소개될 만큼 관광객들이 많이 찾는다.

www.portlandbicycletours.com
Price. 1day 35달러
A. 117 NW 2nd Ave, Portland
T. 844-739-2453

사이클 포틀랜드 Cycle Portland bike
자전거 대여뿐만 아니라 수리, 판매, 투어까지 하는 자전거 전문점이다.

포틀랜드의 자전거 투어 프로그램

http://pedalbiketours.com/oregon-tours

바이시클 투어 bicycle tour
자전거를 이용한 비어 투어, 푸드카트 투어뿐만 아니라 하이킹, 근교 투어, 와이너리 투어 등 포틀랜드의 다양한 문화와 모습을 자전거로 즐길 수 있다. 아직 한국어 프로그램이 없는 것이 아쉽다. 영어, 일본어 가능.

www.brewgrouppdx.com
Price. 금요일~토요일: 30달러
일요일~목요일: 25달러
홈페이지 예약

바이크 비어 투어 Bike Beer tour
직접 제작한 사이클을 타고 15명이 한 팀이 되어 페달을 밟으며 두 시간 동안 포틀랜드의 유명 부르어리 펍 세 곳을 방문해 시음하는 프로그램. 페달을 밟으며 가이드의 구령에 맞춰 다 함께 구호를 외치기도 하고 소리를 지르며 포틀랜드를 동횡무진하는, 보기만 해도 유쾌해지는 투어!

푸드카트가 점령한 도시

———————

포틀랜드는 5백 개가 넘는 푸드카트가 운영되고 있는 만큼 미국에서도 손꼽히는 푸드카트의 도시다. 다양한 국적의 음식들은 물론이고 요리사 버금가는 유명 푸드카트 셰프들까지 가세해 그 퀄리티는 우리가 상상하는 그 이상이다. 이미 한국뿐만 아니라 세계 각국의 여러 방송 매체를 통해 소개되면서 유명세를 타는 바람에 이제는 푸드카트 투어를 위해 포틀랜드를 찾는 유럽인이나 미국인들을 쉽게 볼 수 있다.

포틀랜드에서 음식과 푸드카트는 내가 이 책에서 이야기하고자 하는 대부분의 키워드와 연결되어 있기에 떼어놓을 수 없는 중요한 문화 중 하나다. 예를 들면 맥주에만 전념하고 싶다고 선언한 한 브루어리에서는 숍인숍 개념으로 푸드카트를 들여 안주나 식사는 그곳에 전담시키거나, 특정한 날을 지정해 유명한 푸드카트를 직접 브루어리로 불러 음식을 함께 팔기도 한다. 2014년에는 공항에도 푸드카트 구역을 만들어 입출국 시에 유명 푸드카트 음식을 접할 수 있게 되었다. 또 포틀랜드에서 큰 인기를 끌면서 서너 개 지점을 운영하는 레스토랑들이 몇 개 있는데 그중에는 푸드카트에서 시작해 지금의 대규모 비즈니스로 이어진 케이스들이 있다. 그중 하나가 매운 베트남식 윙으로 로컬들의 입맛을 사로잡은 태국식 레스토랑 '폭폭Pok Pok'이다. 베트남식 윙은 우리의 간장 치킨과 비슷하지만 피시 소스를 사용해 매콤짭짜름한 맛이 더 강하다. 요리 책까지 낸 이 레스토랑은 포틀랜드뿐만 아니라 LA, 뉴욕에도 매장을 오픈했고, 오너는 여전히 일 년 중 상당 시간을 태국에서 보내며 로컬 음식의 비법을 배우고 메뉴를 개발한다.

대부분의 푸드카트는(특히 맛있는 곳은) 평일 점심시간 전후에 열기 때문에 시간을 잘 맞춰야 한다. 우리가 만난 여행자들이 푸드카트를 이용하는 방법은 취향과 성향을 가늠해볼 수 있을 만큼 제각각이었고 그 모습을 곁에서 지켜보는 것도 꽤 흥미로운 일이었다.

여행객의 대부분은 푸드카트를 경험하고 싶어 하긴 했지만 '맛'이나 '질'을 먼저 따지기보다 스케줄에 맞춰 짬이 날 때 이용하는 경우가 많았다. 특히 동행자가 없어서 레스토랑에서 식사하는 것이 부담스럽거나 기름진 햄버거와 스테이크에 질려서 짭짤한 간장 소스에 잘 구운 갈비나 김치를 곁들인 흰쌀밥을 먹고 싶을 때도 푸드카트를 찾았다.

포틀랜드에서 푸드카트는 식당보다 저렴한 가격에 간단히 끼니를 해결하고 싶어 하는 학생들과 회사원들에게 큰 인기를 끌었고, 미국 내에서도 '푸드카트의 도시'라고 불릴 만큼 많은 관심을 받고 있다. 포틀랜드의 푸드카트만 전문적으로 소개하는 리뷰 사이트도 있고, 브루어리나 카페 투어를 하듯이 가이드와 함께 인기 있는 푸드카트를 돌며 음식을 조금씩 맛보는 투어 프로그램도 운영되고 있다. 이 정도면 얼마나 인기 있는지 굳이 더 설명하지 않아도 될 것이다.

존은 포틀랜드의 잡지사나 신문사의 페이스북을 통해 새로운 레스토랑, 브루어리, 푸드카트에 관한 뉴스를 빠짐없이 챙겨 보고 흥미로운 곳이 생기면 바로 가보는 편이다. 그만큼 포틀랜드의 음식 문화를 누구보다 즐기는 사람 중의 하나인데(심지어 다른 도시에 살고 있을 때도 우리의 '푸드로그' 문서에는 가봐야 할 레스토랑이 끊임없이 리스트업되고 있다) 한번은 그가 정말 맛있는 음식을 먹으러 가자며 나를 이끌었다. 커피를 마시면서도 그 레스토랑의 리뷰와 메뉴들을 들여다보며 그 어느 때보다 격양돼 있기에 그를 믿고 따라가보았다.

"여기 어디쯤인데. 내가 왼쪽을 볼 테니까 오른쪽 좀 봐줘."

"이름이 뭐라고 그랬지?"

"카트 블랑쉬Cart blanche."

"뭐라고?? 그런 간판은 안 보이는데, 여기 맞아?"

"아, 분명 여긴데, 바로 이쯤인데……."

그렇게 두 바퀴를 돌고 드디어 그가 뭔가를 발견하고 소리쳤다.

"있어, 있어. 저기네, 저기."

그가 가리킨 곳에는 철 깡통처럼 보이는 낡고 오래된 캠핑카 한 대가 서 있었다.

"저기야? 레스토랑이라며?"

"레스토랑이라고 안 했는데? 맛있는 거 먹으러 간다고 했지!"

그랬다. 그는 한 번도 레스토랑이라고 언급하지 않았다. 하지만 푸드카트라는 말도 없었다. 그동안 자주 다니던 푸드카트들이 있는 지역과는 너무나 동떨어진, 우리가 수없이 무심코 지나쳤던 엉뚱한 곳에 우두커니 자리한 낡은 캠핑카 옆에 차를 세우고 내리는 내 표정은 어두웠다.

"맛있는 거 먹으러 간다더니, 이게 뭐야. 옷도 예쁘게 입고 왔는데."

"하하하, 맛있는 거 먹으러 간댔지 좋은 데 간다고는 안 한 거 같은데? 빨리 가자, 너무 궁금해."

메뉴는 달랑 세 개. 두 개의 요리와 한 개의 디저트. 그 세 개의 메뉴조차도 카테고리가 어디인지 가늠할 수 없는 이름과 재료들이었다.

"하나씩 다 먹어보자. 다 맛있을 거야."

"먹어보지도 않고 어떻게 알아?"

"여기 별이 다섯 개야, 다섯 개. 네 개 반도 아니고 다섯 개!"

사실 그날은 우리가 멋진 프렌치 레스토랑에서 저녁을 먹고 모처럼 에이스 호텔에서 묵었던 결혼기념일 다음 날이었다. 결혼기념일은 끝났지만 우리의 주말 외출은 여전히 진행 중이었기에 뭔가 좀 더 로맨틱한 걸 기대했던 내 마음을 아는지 모르는지……. 이 남자는 음식이 나오기를 기다리면서도 메뉴에 대해 뭐 그리 할 말이 많은지 좁아터진 캠핑카 안에서 땀을 범벅으로 흘리는 주인을 놓아주지 않았다.

"그래서 어느 나라 음식이야?"

"나도 몰라. 레스토랑 이름은 프렌치 같은데 메뉴는 다 태국식 같고. 수시로 메뉴가 바뀌는데 대부분이 태국식에 베이스를 둔 퓨전이래."

퓨전치고 만족스러운 경험을 해본 적이 없던 나는 어차피 일회용 용기에 나올 테니 호텔로 돌아가서 먹자고 할 심산으로 음식이 나오기만을 기다렸다. 십오 분가량 흐르고 드디어 이곳의 전 메뉴가 우리의 간이 테이블에 올라왔다. 이것저것 잔뜩 들어간 볶음밥에 고수를 뿌려놓은 듯한 비주얼과 천 칼로리쯤 될 듯한 디저트.

"쉽게 프라이드 라이스, 볶음밥이라고 하면 되지 무슨 설명이 이리 길어."

여전히 비아냥거림을 멈추지 않는 내게 그만 투덜대고 맛이나 보라는 듯 존은 한 수저 크게 떠서 내게 내밀었다.

"오 마이 갓!"

그곳을 단골 삼아 다닌 지 이 년이 지났고 우리는 여전히 그들이 사용하는

소스의 비밀을 짐작조차 할 수 없지만 그들이 투하하는 수많은 재료는 신선하고, 풍성하고, 소스가 잘 배었고, 심지어 서로 잘 어울려서 입에서 늘 행복한 하모니를 이루었다. 포틀랜드에서 수많은 레스토랑과 푸드카트를 경험했지만, 카트 블랑쉬는 단연 우리가 열 손가락 안에 꼽는 (가성비와 맛만 봤을 때) 최고의 '음식'을 만드는 곳이다.

그 작은 공간에서 주인장은 끊임없이 소스와 메뉴를 개발하며 새로운 도전을 이어갔고 우리는 누구보다 그들을 응원하며 언제나 그들이 판매하는 디저트까지 아낌없이 주문해 남김없이 먹고 돌아왔다. 그리고 얼마 전 기분 좋은 뉴스를 메일로 받았다. 레스토랑을 오픈하기 위해 잠시 푸드카트의 영업을 중단했었는데 드디어 장소를 찾았다는 소식이었다.

한동안 그들의 음식을 맛보지 못하는 것은 아쉬운 일이지만 이제 더 넓은 곳에서 마음껏 펼쳐갈 그들의 미래와 그들이 선보일 새로운 음식을 생각하니 존이 처음 나를 데려갔던 그날의 그 마음으로 기다릴 수 있을 듯하다. 또 하나의 '폭폭'이 탄생하길 바라면서!

대표적인 푸드카트 구역

푸드카트를 제대로 이용하려면 삼삼오오 모여 있는 유명 밀집지역을 아는 것이 중요하다. 물론 지나가다 눈에 띄는 푸드카트를 이용할 수도 있지만 꼭 먹어봐야 할 유명 맛집을 옆에 두고 엉뚱한 집을 골랐다는 사실을 알면 그것만큼 억울한 일도 없을 테니까.

다운타운

앨더 스트리트 푸드카트존 Alder street food cart zone
SW 10th Ave. & Alder St. 사이에 위치

포틀랜드에 위치한 푸드카트 구역 중 가장 많은 업체들이 몰려 있는 지역이다. 오피스 주변 지역으로 대부분 평일 점심시간 위주로 영업한다. 맛있는 푸드카트를 경험하려면 평일 점심시간을 노려야 한다는 걸 잊지 말자!

5번가 푸드카트존 Fifth avenue food cart zone
SW Fifth Ave. & Oak St. 사이에 위치

다운타운에서 좀 더 워터프런트 파크에 가까운 쪽에 위치한 푸드카트로 앨더 스트리트 존에 버금가는 큰 규모를 자랑한다. 푸드카트의 특성상 먹을 곳을 따로 마련하지 않고 테이크아웃 형태로 판매하는 곳이 대부분이니 네 블록 정도만 가면 나오는 공원에 자리를 펴고 여유로운 점심을 즐기는 것도 좋은 방법이다. 단 곳곳에 자리 잡은 노숙자들을 보고 놀라지 말 것!

사우스이스트 호손

카토피아 푸드카트 South East Hawthorne - Cartopia food cart

여섯 개가량의 푸드카트가 몰려 있지만 대부분 훌륭한 리뷰를 많이 받는 인기 있는 푸드카트다. 다운타운의 푸드카트와는 다르게 자정까지 운영한다는 점이 특이하다.

추천! 푸드카트

카트 블랑쉬 Cart blanche

뭐라고 딱, 음식의 종류를 규정하기 힘든 그들의 메뉴는 전 세계의 음식에서 영감을 받아서 만든다고 한다. 비주얼로 봤을 땐 태국식 재료들이 많지만 입 안에 들어와 섞여 드는 맛의 조합은 '그들만의 음식'이라는 말로밖에 표현이 안 된다.

정기적으로 메뉴는 바뀌지만 대부분 고기, 채소, 견과류, 과일 등을 섞은 동남아 스타일의 볶음 요리가 메인이다. 기발한 맛을 잘 잡아내는 오너가 새롭게 선보이는 메뉴들은 언제나 믿고 즐길 만하다. 새롭고 맛있는 음식을 먹어보고 싶다면 주저하지 말길! 현재는 푸드카트를 잠정 중단하고 레스토랑 오픈을 준비하고 있다.

www.carteblanchefoodcart.com
레스토랑 재오픈 일정은 미정이지만 홈페이지나 구글맵을 통해 추후 공지될 예정.

Kimjonggrillin

김종그릴인 Kimjonggrillin

미국까지 와서 한국식 퓨전을 먹어보라고 추천하면 주저하는 이들이 많겠지만, 이삼 일 동안 기름진 햄버거와 스테이크, 오믈렛을 먹다보면 슬금슬금 한식에 대한 그리움이 치솟게 될지도 모른다. 그때, 포틀랜드에서 가장 한식다운(퓨전이라고 보기 어려운) 한식을 그럴듯하게 내놓아 현지인들에게도 최고의 푸드카트로 손꼽히는 곳이 바로 김종그릴이다.

http://kimjonggrillin.com
A. Southeast Division Street, Portland
open. 연중 무휴: 12:00~20:00

타버 Tabor

체코식 샌드위치 전문점. 우리에게 익숙한 돈가스를 연상시키는 커다란 패티의 돼지고기가 통째로 들어간 샌드위치를 상상해보자. 거기에 유럽식 겨자소스인 홀스래디시 소스에 오래 볶아서 달짝지근해진 양파에 파프리카 스프

http://schnitzelwich.com
A. Alder street food zone / SW 5th and Stark 사이.
open. 월요일~금요일: 10:00~15:00

레드까지! 이곳 역시 수많은 매체들이 포틀랜드에서 놓쳐서는 안 될 맛집으로 선정한 곳 중 하나다. 베지테리언을 위한 가지튀김 샌드위치도 별미다.

요즘 핫한 푸드코트

www.pinestreetpdx.com
A. 126 SW 2nd Ave, Portland
open 연중 무휴: 7:00~23:00

파인 스트리트 마켓 Pine Street Market

리스본, 리온, 부다페스트 혹은 더 많은 도시에서 유행처럼 생기고 있는 것이, 오래된 공장이나 실내 재래시장이 있던 자리에 그 도시에서 가장 잘나가는 레스토랑들을 팝업 스토어 개념으로 입점시켜 한자리에서 경험할 수 있도록 한 푸드코트다.

포틀랜드에도 그런 곳이 2016년 봄에 다운타운에 오픈했다. 1886년에 문을 연 공장 건물을 대대적으로 리모델링해 8개의 카페, 레스토랑, 디저트 가게를 입점시킨 것이다. 대표적으로는 바리스타 커피숍의 오너가 오픈한 브래스 바Brass Bar, 일본에 9개의 지점을 둔 무라킨Murakin 라멘, 스페인 타파스 바인 폴로 브라보Pollo Bravo, 뉴욕과 이탈리아 스타일을 접목시킨 피자가게 트리펙타 아넥스Trifecta Annex 그리고 솔트 앤드 스트로 아이스크림 가게의 디저트 바인 위즈방 바Wiz bang bar 등이 있다.

여기저기 흩어진 포틀랜드의 맛집들을 모두 경험하기가 물리적으로 어렵다면 주저 말고 파인 스트리트 마켓을 찾아가보자. 거리에서 맛보는 푸드카트와는 또 다른 매력을 느낄 수 있을 것이다.

기꺼이 옷을 벗어던진 사람들!

서울에 살 때는 플리 마켓이나 음악 페스티벌에 관심을 가지고 챙겨 보곤 했지만, 짧은 일정으로 여행을 다닐 때는 감히 구경 갈 엄두를 내지 못했었다. 그러다가 결혼 전에 존의 가장 친한 친구 빅을 만나기 위해 샌프란시스코를 방문했을 때의 일이다.

유난히 음식과 패션에 관심이 많은 빅은 흔한 관광지는 근처에도 가지 않고 평소 그가 즐겨 가고 좋아하는 곳들로 우리를 안내했다. 그중에서도 지금까지 잊히지 않는 최고의 순간은 한적한 도심 속 공원에서 진행된 심포니 공연이었다. 사방이 나무로 둘러싸인 작은 무대 위에서는 강렬한 오케스트라의 향연이 펼쳐지고, 빅이 준비한 피크닉 박스에는 맛있는 와인과 살라미가 가득했다. 그 맛은 어떤 유명한 와인 바나 레스토랑에서 즐겼던 것과는 비교도 되지 않을 만큼 달콤, 아니 황홀했다. 그 뒤로 우리는 어느 도시를 여행하든지 재밌는 로컬 페스티벌을 꼭 확인하는 습관이 생겼다. 물론 스케줄이나 컨디션에 따라 참석하지 못할 경우가 생길지언정 스케줄만은 꼭 확인하곤 했던 것이다.

포틀랜드도 예외는 아니었다. 여행지에서도 페스티벌을 찾아보는데, 잠시 머물다 떠날 도시도 아닌 이곳에서는 최대한 많은 이벤트와 페스티벌을 경험해보고 싶었다. 나는 특히 매년 휴가 때마다 고향을 찾는 존도 잘 알지 못하는 축제를 찾아내는 데 큰 재미를 느꼈다. 페스티벌 정보는 관광청이나 현지 매거진, 신문사의 웹사이트에서 확인하는 게 가장 정확했다. 시간이 날 때마다 틈틈이 즐겨찾기에 링크해둔 사이트에 들어가 그 주에 진행하는 이벤트를 확인하는 재미도 쏠쏠했다.

그러던 어느 날 상의를 벗은 채 자전거를 타며 희한한 분장을 한 이들의 사진과 함께 'Naked'라는 글씨가 선명하게 적힌 배너가 눈에 들어왔다.

호기심에 사진을 클릭하고 들어가자 이번에는 엉덩이까지 훌라당 벗은 이들이 자전거에 올라 무더기로 라이딩을 즐기는 사진이 대문짝만 하게 떴다. "어머나!" 호들갑을 떨며 간단히 소개된 페스티벌의 소개 글을 읽은 후 다급하게 존을 불렀다.

"이것 좀 봐! 이 사람들 미쳤어? 발가벗고 자전거를 타? 경찰이 안 잡아가?"

'더 월드 네이키드 바이크 라이드The World Naked Bike Ride(WNBR)'라는 페스티벌이었다. 아무리 쇼킹하고 다양한 경험을 해보고 싶다고는 하지만 그 수많은 나체의 인파들 속에 설 자신은 없었다. 그래서 몇 년 동안 호기심만 간직한 채 선뜻 나서지 못했다. 그러다가 한국에서 한 달 일정으로 여행 온 친구에게 이 이벤트에 대해 들려주었다.

"꺅! 어머, 어머, 미쳤나봐!"

나만큼이나 호들갑을 떨 거라는 예상은 적중했다. 순간 눈이 맞은 우리는 때마침 열리는 이 페스티벌에 기꺼이 동참하기로 했다. 처음 이 페스티벌을 알게 됐을 때는 몇 천 명의 사람들이 나체인 상태로 재미있는 페인팅과 치장을 하고 라이딩을 하는 별난 페스티벌 정도로 알고 있었다. 그런데 자세히 알아보니 '지구를 살리자'는 의미 있는 취지로 진행하는 하나의 사회운동과도 같은 것이었다. 그 내막을 알게 되자 '나체=야하다'는 나의 선입견은 어느새 '나체=용감한 이들'이라는 등식으로 바뀌었고 그들을 만나러 가보고 싶은 용기가 생겼던 것이다.

하지만 나는 여전히 그들처럼 벗은 몸으로 나란히 자전거를 타고 포틀랜드를 누빌 자신은 없었기에 평상복 차림으로 길을 나섰다.

페스티벌은 사우스이스트의 한 공원에서 시작되어 간단한 파티를 즐긴 후 모두가 함께 자전거를 타고 자기들만의 라이딩을 나서는 식으로 진행됐다. 우리가 도착했을 땐 이미 수천 명의 사람들이 벌거벗은 차림으로 혹은 얇은 천이나 수영복을 걸치고 공원과 주변 도로에서 자유롭게 페스티벌을 즐기고 있었다. 이토록 많은 알몸을 한자리에서 본 건 목욕탕 외에는 처음이기에 말 그대로 문화 충격을 받았다. 나체 해변에 가도 이토록 많은 이들이 한곳에 몰려 '서' 있지는 않을 테니까. 그래도 걱정했던(솔직히 말하면 겁이 났던) 것과 달리 그들은 질서 정연했고 경찰의 통제하에 안전하게 진행되는 것을 보면서 신기하기도 하고 한편 부럽기도 했다. 서울의 도심에서 이런 페스티벌이 열린다면…… 그들은 어떻게 될까. 강제 연행되거나 구속되지 않을까? 어쩐지 씁쓸한 현실이 그려졌다.

인파들 중에는 우리처럼 호기심으로 찾은 관광객들, 발가벗은 부모님과 나란히 손을 잡고 찾은 아이들, 배가 나온 아저씨와 엉덩이가 축 처진 백발의 할머니까지 다양한 인종과 연령대의 사람들이 있었다. 이들은 공원에 모여 악기를 연주하고 이야기를 나누고 사진을 찍으며 해가 저물고 라이딩이 시작되기를 기다렸다.

그들 틈에서 우두커니 선 나는 시선을 어디에 둬야 할지 몰라서 친구를 바라보거나 예상치 못한 장면을 보게 되었을 때는 놀란 기색을 감추지 못한 채 초점을 흐리기도 했다. 세상에서 가장 특이한 페스티벌의 현장에서 천 쪼가리 하나 걸치지 않은 자유로운 그들을 바라보며 나의 마음은 점점 무거워지고 있었다.

나는 이곳에 왜 오고 싶었을까. 혹시 나는 지금 그들을 우리 안 동물들처럼 신기하게 구경하고 있는 건 아닐까? 그때 어디선가 나타난 금발의 예쁜 여인이 나

의 두 눈을 똑바로 바라보며 외쳤다.

"그렇게 서서 구경만 하지 말고 같이 옷을 벗어요!"

본격적인 라이딩이 시작되려면 아직도 시간이 좀 남았고 그들은 몇 시간째 나체 혹은 반 나체의 상태로 축제를 즐기고 있었지만 우리는 길게 머물지 않고 자리를 떴다. 축제는 신선하고 쇼킹했지만 그들처럼 편안한 몸과 마음으로 즐기지 못하는 것이 내내 마음에 걸렸던 것이다.

그들과 섞여 라이딩을 못하는 대신 우린 아쉬움을 달래기 위해 이리저리 신호가 떨어지는 대로 차를 몰며 어두움이 내린 포틀랜드를 달렸다. 그러다가 삼삼오오 그룹을 지어 라이딩하는 이들과 마주치면 창문을 내리고 손을 흔들며 응원했다. 선선한 여름 바람을 온몸으로 느끼며 자신들이 가치 있다고 생각하는 일을 지지하기 위해 기꺼이 옷을 벗어던지고 타인의 시선으로부터 너무나도 자유롭고 당당한 이 멋진 사람들을!

포틀랜드의 각종 이벤트와 페스티벌 즐기기

이 작은 도시에서는 다양한 개성만큼이나 크고 작은 다채로운 이벤트와 페스티벌이 매달 수십 개씩 열린다. 새로운 이벤트나 인기 있는 페스티벌 정보는 포틀랜드 관광청 홈페이지를 통해서도 자세히 확인할 수 있다. 그중 흥미롭게 참여해본 행사들을 몇 가지 소개해보고자 한다

4월 디자인 위크 포틀랜드 Design Week Portland

그래픽, 패션, 일러스트레이션, 건축에 종사하는 디자이너, 브랜드, 제작자 등을 위해 열리는 연중 가장 큰 이벤트. 강연, 작품 판매, 전시, 오픈 스튜디오 등의 행사가 일주일에 걸쳐 포틀랜드 전역에서 진행된다. 특히 포틀랜드에 기반을 둔 사무실과 스튜디오를 일반인들에게 개방해 파티를 열거나 자체적으로 준비한 이벤트에 참여할 수 있는 특별한 기회도 주어진다. 포틀랜드 출신 디자이너나 브랜드에 관심이 있다면 절대로 놓치지 말아야 할 이벤트. 매년 진행 일자가 바뀌기 때문에 홈페이지를 통해 정확한 날짜를 확인하는 것이 좋다. 오픈 스튜디오에 참여하는 사무실 리스트도 홈페이지에서 확인 가능하다.

www.designweekportland.com

6월 더 월드 네이키드 바이크 라이드 The World Naked Bike Ride, WNBR

벌거벗은 사람들이 자전거를 타고 도시를 활보한다. 말로만 들었을 땐 웬 미친 짓인가 싶었고 영화에나 나올 법한 이야기라고 생각했지만 사진으로 수많은 젊은이들이 맨몸으로 자전거를 타며 축제를 즐기는 모습을 보았을 때는 충격 그 자체였다.

이들은 자전거를 이용함으로써 자동차 이용률을 줄이고, 석유 의존도를 낮추며, 재생 에너지에 관심을 기울이자

http://pdxwnbr.org

는 취지에서 이 같은 행사를 벌인다. 비록 내 육체를 만인에게 드러내며 이들의 목소리에 힘을 실어줄 자신은 없지만, 시위를 축제처럼 즐기는 이들의 용기 있는 라이딩은 지지하고 싶다. 행사는 포틀랜드 시와 시경찰의 감독하에 안전하게 진행된다.

2004년 오일 산업에 저항하기 위해 시작된 이 행사는 현재 세계 20개 이상의 국가, 75개 이상의 도시로 확산되었고 매년 여름 포틀랜드에서 가장 큰 규모로 진행되고 있다.

8월 바이트 오브 오리건 Bite of Oregon

올해로 33회를 맞는 음식 축제다. 다양하고 캐주얼한 포틀랜드의 레스토랑, 푸드카트, 유명 셰프, 오리건의 맥주와 와인을 한자리에서 경험할 수 있는 규모 있는 행사다. 단품에서 코스까지 5~45달러에 해당하는 토큰을 구매해 구미에 맞는 음식을 자유롭게 즐기면 된다. 토큰은 현장에서 현금으로만 구매 가능하다. 14세 미만은 무료.

www.biteoforegon.com

9월 피스트 포틀랜드 Feast Portland

위에 소개한 '바이트 오브 오리건'이 캐주얼한 스타일의 음식 페스티벌이라면 '피스트 포틀랜드'는 좀 더 격식과 수준을 갖춘 페스티벌이라고 할 수 있다. 미식가들이 피스트 포틀랜드를 통해 오리건의 음식과 주류(맥주와 와인)를 경험하기 위해 여행 올 만큼 인기가 높아서 서두르지 않으면 티켓을 구하기 어렵다.

매년 9월, 사흘 동안 포틀랜드 전역의 호텔, 레스토랑, 아트 뮤지엄 등에서 진행되며 단순히 음식을 경험하는 데 그치지 않고 요리 클래스, 테이스팅 등을 통해 셰프와 직접

www.feastportland.com

적인 교감을 나눌 수 있다. "피스트 포틀랜드는 요리 페스티벌 그 이상이다"라는 그들의 슬로건에 전적으로 공감할 수 있을 것이다.

퍼스트 설스데이 First Thursday

예술, 음악, 음식이 있는 페스티벌로 매달 첫 번째 목요일에 열린다. 수많은 갤러리가 몰려 있는 아트 타운 '펄 디스트릭트'에서 모든 갤러리를 무료로 둘러볼 수 있다. 거리를 걸으며 아트 갤러리를 둘러보는 행사다. '아트 워크'를 모토로 하고 있지만 거리에 나온 지역 디자이너와 예술가들이 판매하는 작품들, 흥겨운 음악, 코를 자극하는 음식과 넘쳐나는 사람들! 첫 번째 목요일에는 펄 디스트릭트로 향해보자. 홈페이지에서 지도와 참여 갤러리 리스트를 확인할 수 있다.

www.firstthursdayportland.com

포틀랜드 플리 마켓 pdxflea

매달 마지막 일요일에 열리는 이 플리 마켓은 포틀랜드에서 가장 규모가 크다. 포틀랜드에서 활동하는 데코, 패션, 음식, 디자인과 관련한 다양한 제품과 요리 등을 한자리에서 볼 수 있다.

www.pdxflea.com

코리안 푸드 페스티벌 Korean Food Festival

포틀랜드에 와서 웬 한국 요리?라는 의문을 가질지도 모르겠지만, 이 책에도 여러 번 언급했듯이 현지인, 특히 요식업계, 패션, 디자인 관련 직종에 근무하는 힙스터들 사이에서 한식의 인기는 상상 그 이상이었다. "중식, 일식, 태국식에 이어 얼마 전까지는 베트남 음식이 유행했었는데 이

http://kacoregon.org/kfoodfest

제는 그 바통을 한식이 이어받았다"라고 한 어느 지역 주민의 말은 의심의 여지가 없었다.

그러더니 결국 한식이 포틀랜드에서 일을 냈다! 2015년 비영리 미국 한인 협회The Korean American Coalition(KAC)의 주관으로 포틀랜드에서 잘나가는 한국인, 재미교포 셰프 그리고 한식 음식을 만드는 외국인 셰프들이 함께 모여 흉내 낸 한식이 아닌 제대로 된 한식을 포틀랜드의 푸디(Foodie, 미식가)들에게 선보이는 자리가 처음 만들어진 것! 올해로 두 번째를 맞이하는 이 페스티벌의 이름은 '먹자Mukja!'이다. 첫 페스티벌의 티켓이 사전 완판되는 성과를 거둔 데 이어 올해는 8월 말에 더욱 다채로운 행사로 지역민을 즐겁게 했다.

어쩌면 이 행사는 포틀랜드를 여행하는 한인들보다 지역민들에게 더 흥미로운 페스티벌일지 모르지만, 장담컨대 미국에서 맛있는 한식을 경험하는 것도 특별한 추억이 될 것이다.

5
포틀랜드의 로컬 브랜드와 숍

　어떤 이는 포틀랜드 사람들이 "너도나도 아티스트임을 자청하며 무언가를 만들기 시작했다"고 말한다. 실제로 포틀랜드에는 개인 로컬 숍도 많지만 홈페이지나 블로그 같은 온라인 숍만 가지고도 편집 숍이나 플리 마켓, 파머스 마켓을 통해 오프라인 판매를 하는 이들도 꽤 많이 볼 수 있다.

　포틀랜드 쇼핑의 매력이 무엇인가를 묻는다면, 누군가는 세계적인 브랜드의 제품을 세금 없이 살 수 있다는 것을 꼽을 것이고, 또 누군가는 DIY나 수공예 문화의 발달로 탄생한 수많은 작은 독립 숍들을 꼽을 것이다. 로컬 숍들을 최대한 많이 둘러보고자 했던 외국인인 내 입장에서는 솔직히 장점과 단점이 동시에 보였다.

　단점이라면 로컬주의가 너무 강한 탓에 많은 숍들이 똑같은 '메이드 인 포틀랜드' 제품들을 팔고 있어서 같은 숍을 반복해서 보는 기분이 든다는 것이다. 장점이라면 그럼에도 불구하고 다른 도시나 특히 한국에서는 접하기 어려운 아기자기하고 다양한 제품들이 협력을 중시하는 그들의 문화 속에서 조금씩 성장하며 파워를 키워가고 있다는 것이다. 이러한 장점을 잘 보여 주는 향수 가게와 특별한 동네 서점을 소개하고자 한다.

자연을 닮은 향수,
올로 프레이그런스

"장사가 될까?"

주차할 곳을 찾아 동네를 몇 바퀴나 돌아 최대한 가까운 곳에 무료로 노상 주차를 한 뒤 숍을 향해 걸어가면서 존이 말했다.

"여기는 그냥 작업실이겠지. 누가 여길 찾아오겠어?"

상권이라고는 눈을 씻고 찾아봐도 없는 그런 주택가 1층에 자리한 통유리 작업실 안으로 오늘의 주인공들이 차분하게 앉아 무언가에 집중하는 모습이 눈에 들어왔다.

"안녕하세요. 오늘 인터뷰를 하기로 한 이영래, 존이라고 해요."

오늘 이곳을 찾은 건 한국의 잡지사에서 요청한 인터뷰 때문이었다. 가뜩이나 첫 인터뷰라 면접이라도 보듯 떨리기 시작한 가슴이 문을 열고 들어서자 더욱 더 두근거렸다. 높은 천장과 하얀 벽으로 둘러싸인 고요한 분위기, 여기저기 턱턱 놓아둔 작은 화분, 깔때기를 이용해 시향할 수 있도록 디스플레이한 센스 넘치는 매장의 인테리어 때문이었다.

차분하고 느릿느릿한 목소리, 어려 보이는 얼굴과 무척 잘 어울리는 짧은 커트 머리에 느긋한 미소로 우리를 맞은 그녀의 이름은 조안나 Joana였다. 열 평 남짓한 쇼룸의 한가운데를 차지하고 있는 시향 샘플들을 제외하고는 이곳이 무엇을 하는 곳인지 알아차리기 힘들 정도로 매장에는 별다른 제품이 눈에 띄지 않았다. 간단히 인사를 나누고 그녀의 안내를 받아 쇼룸 뒤편에 마련된 작업실의 테이블에 앉아서도 존은 여전히 도대체 여기서 무엇을 만들어 파는지, 월세는 나오는지 하는 의심스러운 기색이 역력했다. 잠시 후 중국풍의 티팟을 들고 온 그녀의 남편 조녀선까지 착석하고 나자 자연스럽게 인터뷰가 시작됐다.

잡지사에서 요청한 질문과 답이 자연스럽게 오가고 그것도 모자라 그동안 두 커플이 살아온 이야기, 경험한 문화, 여행한 곳들에 대한 이야기까지 나누다보니 어느덧 인터뷰라기보다 페스티벌에 왔다가 옆자리에 앉은 사람과 한바탕 수다를 떠는 모습이 되고 말았다.

"쇼룸을 겸하고 있어서 일반 매장처럼 손님들이 잘 오진 않는데 그래도 누가 올지 모르니까 가서 문 좀 잠그고 올게요."

이곳에 온 지 한 시간이 훌쩍 지났지만 문까지 잠그고 나니 수다 타임이 본격적으로 시작됐다.

"우리는 유독 아티스트 친구들이 많아요. 저 벽에 걸린 그림들도 다 친구들의 작품이에요. 일본 친구에게 소개받은 일본 아티스트들의 소품도 좀 들여놨죠. 음악 하는 친구들도 많고요. 인터뷰할 사람들이 더 필요하면 연락주세요. 아, 그럴 게 아니라 그 친구들 만날 때 아예 같이 가면 좋겠네요."

친절한 조녀선의 제안과 그가 정성스럽게 내려준 차 덕분에 마음뿐만 아니라 온몸이 훈훈해졌다.

올로 프레이그런스는 조안나의 침실에서 시작한 소소한 비즈니스였지만 지금은 전 세계로 수출하는 글로벌 사업이 되었다. 그런데도 그녀에게서는 거만함이나 사업을 더 확장하고 싶다는 불타는 열정 같은 것을 전혀 찾아볼 수 없다. 오히려 순수함이 느껴지는 사람이랄까. 그녀는 한참을 웃다가 소녀 같은 목소리로 말을 이었다.

"기본적으로는 자연과 환경, 사람을 생각하는 것에서 시작했다고 볼 수 있어요. 로컬 푸드, 로컬 제품을 이용하면 훨씬 신선한 상태로 즐길 수 있고, 우리 이웃을 경제적으로 서포트할 수 있죠. 다른 지역이나 해외에서 수입했을 때 발생하는 노동력, 운송비, 에너지, 경비 등을 아낄 수 있으니까요."

실제로 그녀의 비즈니스 역시 로컬 지향주의가 강한 포틀랜드였기에 지금의 자리까지 오를 수 있었다. 자신이 쓰려고 만든 오일 형태의 향수를 써본 친구들이 너도나도 도와주겠다고 나섰고, 덕분에 오프라인 숍에서 소량의 향수를 팔기 시작한 것이 출발점이 되었던 것이다. 그 뒤로는 그들의 친구, 친구의 친구를 거쳐 거미줄처럼 연결된 이들을 통해 아티스트, 디자이너 친구들과도 콜라보레이션을 하면서 외국에 조금씩 이름을 알렸다. 조안나는 자신도 이렇게 많은 나라에 수출하게 될 줄은 몰랐다고 부끄러운 표정을 감추지 못했다.

그녀가 만드는 향수 역시 무척이나 그녀와, 또 그녀가 사랑하는 포틀랜드의 모습과 닮아 있었다.

"처음 제가 쓸 향수를 만들기 시작한 계기가 있었어요. 친구의 생일 파티에 초대되어 르피종이라는 작은 프렌치 레스토랑에 갔을 때였어요. 기다란 테이블에 친구들이 둘러앉아 식사를 하고 있는데 제 옆에 앉은 이가 얼마나 지독한 꽃 향기가 나는 향수를 뿌리고 왔는지 그 냄새 때문에 음식을 제대로 즐길 수 없을 정도였죠. 그녀가 제 멋진 프렌치 식사를 다 망쳐놓은 거예요. 그 뒤로 사람의 향과 자연스럽게 조화를 이루는 자연의 향수를 만들어보자고 생각했어요. 물론 그 땐 저를 위해서였죠."

그녀의 향은 장미 향, 자스민 향과 같이 단순하거나 자극적이지 않았고, 확실히 시중에 나와 있는 브랜드 제품과는 달랐다. 뭐라고 딱히 정의할 순 없지만 자연의 향, 풀잎의 향, 천연의 향에 가까웠다. 조안나와 조너선은 그들이 추구하는

향에 대해 이렇게 정의했다.

"향수란 멀리서도 그 사람의 냄새를 맡을 수 있을 만큼 강력해야 하는 것이 아니라 가까이 다가와 가볍게 포옹하며 인사를 나눌 때야 비로소 맡을 수 있을 정도로 자연스럽고 부드러워야 한다고 생각해요. 그게 저희가 만들고 있는 향이기도 하고요."

요즘은 포틀랜드에도 한국에서처럼 워크숍, 원데이 클래스가 크게 인기를 끌고 있다. 그래서 이 멋진 공간에서 그런 워크숍을 진행해볼 의향은 없는지 물어보았다. 조안나는 또 수줍게 웃으며 대답했다.

"저는 기계처럼 향수를 만들 수 없어요. 제가 새로운 향을 개발할 때는 이것저것 다 섞어보고 제 영감에 모든 걸 맞기죠. 그래서 누구한테 이런 정리되지 않은 저의 기술을 가르치는 건 좀 어려울 것 같아요."

마찬가지의 이유로 조안나는 유명 의류 브랜드로부터 콜라보레이션 제의를 받았지만 담당자가 특정 브랜드와 흡사한 향을 만들어달라고 하자 당당하게 작업을 거절했다.

"저는 공장에서 향수를 찍어내는 사람이 아니라 아티스트이기 때문이죠."

이처럼 확고한 가치관(수작업과 소량 생산)이야말로 이곳을 찾는 소비자들이 점점 늘어나고 있는 가장 큰 이유인지 모른다.

올로 프레이그런스 olofragrance.com

1407 SE Belmont St, Portland

운영 시간이 유동적이니 확인 후 방문하는 것이 좋다.

비밀 아지트 같은 동네서점

마더 푸코스

11월에 여행 온 혜진이 포틀랜드에서 한 달을 지내기로 결정하고 함께 다니면서 나는 내가 참 느리거나 혹은 게으른 생활자라는 걸 다시 한 번 느꼈다. 그녀는 여행자들 중에서도 꽤나 부지런한 편이었는데 몇 시간 잠을 자지 않고도 부지런히 도시의 곳곳을 누비고 다녔다. 고된 회사 생활을 과감히 정리하고 미국 여행을 온 그녀였지만 매장 디스플레이 등 VM$^{visual\ merchandiser}$으로 일하며 다져진 그녀의 건강한 체력과 정신력이 한편으로는 부러웠다.

그녀는 버스를 타고 이리저리 포틀랜드의 구석구석을 헤집고 돌아다녔고 집으로 돌아와 그날 찾아낸 보물 같은 곳을 내게 알려주곤 했다. 그러던 어느 날 사우스이스트 주택가 중에서도 아주 한가해서 여간해서는 눈에 띄지 않는 곳에 위치한 서점을 발견하고는 이곳은 꼭 가봐야 한다며 명함을 건넸다.

'Mother Foucault's Bookshop.'
빨간 간판에 청록색 창틀 너머로 보이는 오래된 책들. 들어가보지 않고도 이곳은 분명 특별한 곳이겠구나 싶은 느낌이 왔다.

묵직한 나무 문을 열고 들어서자 조용히 입구에서 책을 고르고 있는 손님 외에는 주인장도 없이 고요한 적막이 흐르고 있었다. 수많은 책들이 이리저리 널린 채 정리될 곳을 기다리고 있었고, 모던하고 심플한 것과는 거리가 먼 오래된 나무 책장과 나무 사다리가 백 년쯤 된 영국의 책방을 떠올리게 했다. 주인을 만나고 싶어 서점 안쪽으로 난 작은 문을 따라 들어갔다. 밖에서 볼 때는 한 칸으로 보이던 서점이 알고 보니 옆 가게와 연결돼 있었다.

그렇게 들어간 옆 공간에는 커다란 피아노와 낡은 타자기가 놓인 작은 카운터 그리고 그 뒤로 또 하나의 작은 문이 있었다. 혜진의 이야기를 듣고 상상한 것보다는 조금 넓었지만 문 하나를 지나자 또 하나의 문이 나온다는 그녀의 말 그대로였다. ㄱ자로 생긴 실내의 좁은 문을 지나 작은 간이 주방을 통과하자 20세기 프랑스의 문학인들이 몰래 모여 술을 마시고 토론하던 비밀의 방이라고 해도 어색하지 않을 공간이 눈앞에 펼쳐졌다.

"헤이! 안녕하세요?"

제일 안쪽 공간에서 잔뜩 흐트러진 머리를 한 채로 책을 정리하던 주인이 뒤늦게 나를 발견하고 인사를 건넸다. 영화 속의 한 장면 같았다고 하면 좀 오버일지도 모르겠지만, 내 눈에 그는 영화 〈노팅힐〉에 나오는 휴 그랜트 같은 분위기를 풍기고 있었다.

"안녕하세요? 지나가다 들렀는데 이 안에 이런 멋진 공간이 있으리라고는 상상도 못 했어요."

"원래 저 앞쪽만 사용하다가 이쪽이 비게 돼서 하나로 연결했죠. 공사가 끝나서 막 정리하던 중이에요. 참, 커피 한 잔 드릴까요? 에스프레소 괜찮아요?"

평소에는 모카커피나 카푸치노 같은 미국식 커피에 길들여진 나지만 오늘만큼은, 이곳에서만큼은 왠지 쓰디쓴 에스프레소를 입에 털어 넣으며 멋을 부려도 좋을 것 같았다.

"물론이죠!"

간이 주방은 겨우 커피 물을 끓이고 설거지를 할 정도로 협소했지만 미니 냉장고까지 들여놓아 나름대로 완벽하게 주방의 모습을 갖춰가고 있는 듯했다.

"커피 내리는 데 시간이 좀 걸리니까 둘러보고 계세요. 난 이 책들을 마저 정

리할게요."

그가 자리를 뜨고 나자 창문 하나 없는 비밀의 방에는 손때 묻은 필름카메라를 테이블에 올려놓고 오래된 책들을 뒤지느라 정신이 팔린 베레모를 쓴 백발의 노인과 나, 단 둘뿐이었다.

"이런 곳이라면 하루 종일 있어도 지루하지 않을 것 같아요. 그렇죠?" 하며 그 백발의 노인에게 말을 걸고 싶었지만 어찌나 진지하게 책을 고르던지 차마 말을 붙이지 못했다. 그렇게 테이블에 앉아 잠시 생각에 잠겨 있으니 휴 그랜트가 다시 커피를 들고 나타났다.

"오래 기다렸죠? 여기, 커피."

은쟁반에 파스텔 그린의 에스프레소 잔과 알라딘의 호리병처럼 생긴 설탕통까지, 소품 하나하나까지 신경 쓴 주인장의 센스가 엿보였다.

우리는 커피를 마시면서 본격적인 대화를 시작했다. 가끔 손님이 들어와 주말에 있을 '작가와의 만남'에 대해 물어봐서 얘기가 끊기기도 했지만 대체로 우리의 대화는 편안한 분위기 속에서 이루어졌다. 이런저런 얘기가 오가던 중 내가 일본에서 어학연수를 했다고 언급하자 그는 기다렸다는 듯이 책 한 권을 내밀며 물었다.

"일본 책이 몇 권 들어왔는데 대체 무슨 말인지 몰라서 분류를 못 하고 있어요. 혹시 이게 무슨 책인지 알려줄 수 있을까요?"

한동안 일본어를 멀리하긴 했지만 얼핏 봐도 일본의 성씨를 풀이한 책이라는 걸 제목으로 알 수 있었다.

"아, 그래요? 멋진 책인데요? 그럼 너는 10달러."

휴 그랜트가 연필을 들고 주저 없이 가격을 적고 나니 한동안 방치됐던 낡은 책은 날개를 단 듯 제자리를 찾았다.

"요즘 제가 포틀랜드에 관한 책을 쓰고 있는데 여기 와서 작업하면 정말 집중이 잘 될 것 같아요. 요즘 카페는 사람이 많아서 시끄럽더라고요."

"매일 놀러 와도 상관없어요. 글 쓰는 데 도움만 될 수 있다면요."

한 시간 가까이 미로 같은 그곳에 머물면서 편하게 읽을 만한 책을 한 권 고르고, 그와도 이야기를 더 나눴다. 쉽게 발길이 떨어지지 않았지만 날이 어두워지자 하나둘 사람들이 몰려들었기 때문에 더 이상 그를 붙들고 있을 수 없었다.

"아까 들었죠? 주말에 '작가와의 만남'이 있는데 정말 좋은 작가거든요. 책도 물론 좋고요. 그날 사람들이 많이 올 거예요. 내가 소개시켜줄게요. 또 알아요? 책에 도움이 될 만한 사람들을 만나게 될지? 꼭 와요! 7시예요."

아쉽게도 급하게 잡힌 다른 약속 탓에 그 모임에는 참석하지 못했다. 그리고 더 아쉬운 건 급하게 정해진 존의 일로 몇 달간 카자흐스탄의 아스타나에 가게 되면서 다시 그 서점을 찾지 못했던 것이다.

그 뒤로 몇 달이 지난 후, 낯선 도시 아스타나에서 혹독한 겨울을 보내고 우리는 다시 포틀랜드로 돌아갈 준비를 하고 있었다.

"포틀랜드에 가면 제일 먼저 어디서 식사할까? 우리의 포틀랜드 문서에 내가 톱 5 리스트를 만들어놓았거든. 거기에 하고 싶은 걸 적어봐."

존이 제일 잘하는 것 중 하나는 뭐니 뭐니 해도 톱 3, 톱 5, 톱 10 리스트 만들기다. 우선 겨울 왕국을 벗어난 기념으로 하이킹을 가고 싶고, 날씨가 좋으니 오픈 라운지에 가서 칵테일도 한 잔 하고 싶고, 음…… 제대로 인사도 못 하고 온 그

동네서점에 들러 "I'm back" 하고 나타나서 아스타나 기념 엽서와 러시아어로 된 책 한 권을 선물하고 싶다. 과연 휴 그랜트는 아직 나를 기억하고 있을까?

마더 푸코스 서점Mother Foucault's Bookshop

523 SE Morrison St, Portland

Tel. 503-236-2665

내가 선택한 최고의 로컬 브랜드

포틀랜드를 경험하면서 가장 강렬하게 받은 인상 중 하나는 역시 로컬 지향주의였다. 파머스 마켓에서는 그 지역 특산 과일과 채소, 지역 주민들이 직접 만든 빵과 커피, 맥주를 쉽게 볼 수 있었다. 또한 포틀랜드 전역에 분포하는 작은 상점에서는 'made in US'가 아닌 'made in Portland'가 새겨진 상품들을 판매하고 있는데, 이 생산자 표시 하나에서도 그들의 자부심이 느껴졌다. 하나의 작은 도시가 아니라 마치 독립적인 작은 나라를 보는 듯한 지역민들의 단결력. 그들의 자랑스러운 로컬 브랜드들을 소개해본다.

핸드메이드 가죽 부츠의 대명사, 대너 Danner

오리건 로컬 브랜드와 아웃도어를 말할 때 빼놓을 수 없는 핸드메이드 가죽 부츠. 1932년에 시작해 80년이 넘는 역사를 자랑하며 최상의 가죽을 사용해 고도로 숙련된 장인들이 백퍼센트 수작업으로 한 땀 한 땀 정성스럽게 만든다. 세계 3대 브랜드로 꼽히는 고퀄리티의 브랜드로 아시아의 공장에 맡기지 않고 미국 내에서 완제품까지 만들며 자존심을 이어가고 있다.

침낭의 로망, 폴러 스터프 Poler stuff

포틀랜드는 지리적, 기후적 요건으로 인해 오랫동안 아웃도어의 도시로 불리며 많은 스포츠, 아웃도어 브랜드를 탄생시켰다. 그중에서도 폴러 스터프는 단연 요즘의 젊은 감각과 잘 어울리는 아웃도어 브랜드다. 오늘의 폴러 스터프를 있게 했다고 해도 과언이 아닌 베스트셀러는 어깨 쪽에 지퍼가 달려 있어 낮에는 옷처럼 입고 활동하고, 밤에는 덮고 잘 수 있는 형태의 침낭이다. 젊은 아웃도어 피플들에게 큰 사랑을 받고 있는 핫 아이템.

Danner

Poler stuff

포틀랜드를 알린 매거진,
킨포크 Kinfolk

한국에 킨포크 스타일이라는 유행어를 낳으며 포틀랜드를 알리는 데 일조했다고 해도 과언이 아닌 라이프 스타일 매거진.

자연스럽지만 흔하지 않은 향,
올로 프레이그런스 Olo fragrance

신체와 하나가 되는 자연스러운 향, 그러나 흔하지 않은 향을 만들기 위해 노력하고 있다는 오너의 마인드만큼이나 소박하고 신선한 라인을 자랑한다. 쇼룸이 있긴 하지만 일반적인 매장처럼 매일 열지는 않으니 쇼룸을 방문하고 싶으면 SNS나 전화를 통해 사전에 체크하는 것이 좋다.

말이 필요 없는 브랜드,
나이키

사실 포틀랜드에서 가장 유명한 브랜드를 꼽으라면 단연 나이키다. 노스이스트에 위치한 나이키 팩토리는 창고형의 큰 아웃렛을 상상했다면 실망할 만큼 조금 큰 나이키 숍 정도의 규모다. 부담 없이 운동화 서너 켤레는 집어 들고 나오는 곳이다.

다운타운에 위치한 나이키 정식 매장에는 신상품 위주로, 노스이스트의 나이키 팩토리에서는 이월 상품과 세일 상품들을 만날 수 있다. 나이키 팩토리에서의 가격은 한국의 50~70퍼센트 선.

나이키 매장
다운타운 Macy's 건너편에 위치.
A.   638 SW 5th Ave, Portland

나이키 팩토리
6번 버스 / NE ML King & Knott 하차 도보 1분.

Kinfolk

Olo fragrance

Nike

요리에 가까운 소금, 제이콥슨 솔트 Jacobsen salt

오리건 해안에서 채집한 소금을 다양한 재료와 블렌딩해 소금이라기보다 요리에 가까운 화려한 제품군을 자랑하는 소금 브랜드. 로컬 브랜드와 콜라보레이션을 잘하는 오리건답게 스텀프타운 커피 플레이크, 피노 누아 와인을 사용한 오리건 피노 누아 소금 등이 눈길을 끈다.

세련된 패키지는 마치 화장품을 연상시키기도 한다. 포틀랜드 대부분의 슈퍼마켓 또는 솔트앤드스트로 salt and straw 같은 아이스크림 매장, 플리 마켓, 파머스 마켓에서도 만날 수 있다. 최근에는 창고 형식의 공간을 마련해 윌리엄 소노마(주방용품 브랜드), 월드 마켓(포틀랜드 식품점) 등의 협찬을 받아서 포틀랜드를 비롯한 유명 도시의 셰프들이 함께 참여하는 음식 축제를 연다.

티켓 구입과 이벤트 정보는 홈페이지 참조. 음식을 좋아하고 『킨포크』의 개더링을 연상시키는 로컬 모임에 참여하고 싶다면 눈여겨볼 만한 이벤트다.

오리건의 대표 가죽제품, 윌레더굿스 Will Leather goods

포틀랜드 남부에 위치한 작은 마을 유진 Eugene에서 시작된 오리건을 대표하는 가죽 전문 브랜드. 30년 넘게 가방, 신발, 지갑 등 다양한 제품들을 개발하고 만들어왔다. 수제품과 가죽 제품에 관심이 많은 일본에서는 이미 오래전부터 이름이 알려졌다. 매장에는 오너의 일생과 윌레더굿스의 탄생 스토리를 포토앨범으로 만들어 전시하고 있고, 한쪽에 카페를 마련해 방문자들에게 친절한 인사를 건네며 에스프레소를 뽑아주는 등 센스가 만점이다.

Downtown(Will Leather Goods – Homestead Store)
A. 1022 West Burnside St, Unit N Portland
T. 971-279-4698
open. 11:00~19:00

NW 23rd(Will Leather Goods – Family House)
A. 816 NW 23rd Ave, Portland
T. 503-290-7479
open. 11:00~19:00

Jacobsen salt

Will Leather goods

오리건을 대표하는 울 전문 브랜드,
펜들턴 Pendleton woolen mills

한국에는 캠퍼들을 중심으로 인디언 패턴의 담요가 인기를 끌면서 최근에 이름을 알리게 됐지만 백 년이 넘는 전통을 자랑하는 브랜드다. 나이키, 에이스 호텔 등과 끊임없이 콜라보레이션을 하면서 전통과 젊은 감성을 함께 이어가고 있다. 여행객들에게는 울 백퍼센트의 담요보다 가볍고 효율성이 높은 50달러쯤 하는 인디언 패턴의 비치 타월이 더 인기 있다.

포틀랜드 레스토랑이 선택한 최고의 살라미,
올림피아 프로비전스 Olympia Provisions

외진 지역에 위치한 이곳은 포틀랜드에서 가장 유명한 샤퀴테리(Charcuterie, 숙성 육가공품)를 맛볼 수 있는 레스토랑이다. 미처 레스토랑에 갈 시간이 없다면 공항이나 가까운 슈퍼마켓, 파머스 마켓에서도 이곳의 살라미와 소시지를 구입할 수 있다

로컬 수제 비누의 대명사,
막랩 Maak Lap

한국에도 디자인 소품을 파는 편집 숍에 수입되고 있는 포틀랜드 로컬 수제 비누 스튜디오. 작은 공방에서 직접 작업하는 모습을 볼 수 있다. 액체·고형 비누를 판매하고 많지는 않지만 잡지와 사진집도 구입할 수 있다.

Pendleton woolen mills
Olympia Provisions
Maak Lap

포틀랜드의 미디어

무료 잡지 『스테이 와일드』

wild, camping, hiking. 포틀랜드와 관련된 기사 중에서도 특히 아웃도어 브랜드의 기사에 가장 많이 등장하는 키워드다. 수많은 아웃도어 브랜드를 탄생시킨 도시에서 살아가는 젊은이들의 하이킹과 캠핑 이야기를 담은 무료 잡지. 온라인으로도 볼 수 있다.

www.staywildmagazine.com

드라마 <포틀랜디아>

2011년에 시작된 TV 코미디 드라마 시리즈로 현재 6시즌까지 방영되었다. 두 주인공이 매 에피소드마다 다른 캐릭터로 등장해 우리에게는 '특이하고' 그들에게는 '평범한' 포틀랜드 사람들의 이야기를 전한다. SNL의 신동엽도 울고 갈 그들의 변장과 연기력은 분명 지금까지 우리가 열광해온 미국 드라마와는 전혀 다른 스타일이지만 몇 해 전까지만 해도 알려지지 않은 서부의 작은 도시를 지금의 힙한 도시로 이름을 떨치게 만든 장본인이기도 하다.

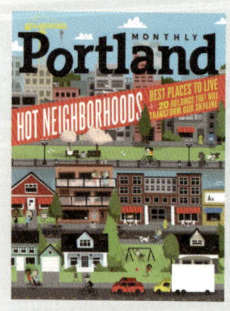

포틀랜드 소식지 『포틀랜드 먼슬리』

포틀랜드를 다루는 여행서들이 아무리 잘 만들어졌다고 해도 매달 현지의 소식을 현지인들이 전하는 것만큼 알차고 다양하기는 힘들다. 어느 도시에서 지내더라도 항상 이들이 전하는 포틀랜드의 소식을 빠짐없이 챙겨 보게 만드는 고마운 정보통이다.

www.pdxmonthly.com

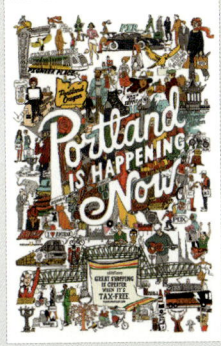

포틀랜드 관광청, 트래블 포틀랜드

지금까지 여행을 준비하면서 보았던 여느 관광청들과는 차원이 다른 관광청이다. 센스 넘치는 잡지사 홈페이지를 방불케 하는 웹사이트에서는 단순히 숍과 레스토랑 리스트만 제공하는데 그치지 않고 콘셉트별, 시즌별 기사들을 만들어 원하는 여행에 알맞는 정보들을 쉽게 찾을 수 있다. 매년 자체적으로 가이드 매거진을 발행해 배포하기도 한다.

www.travelportland.com

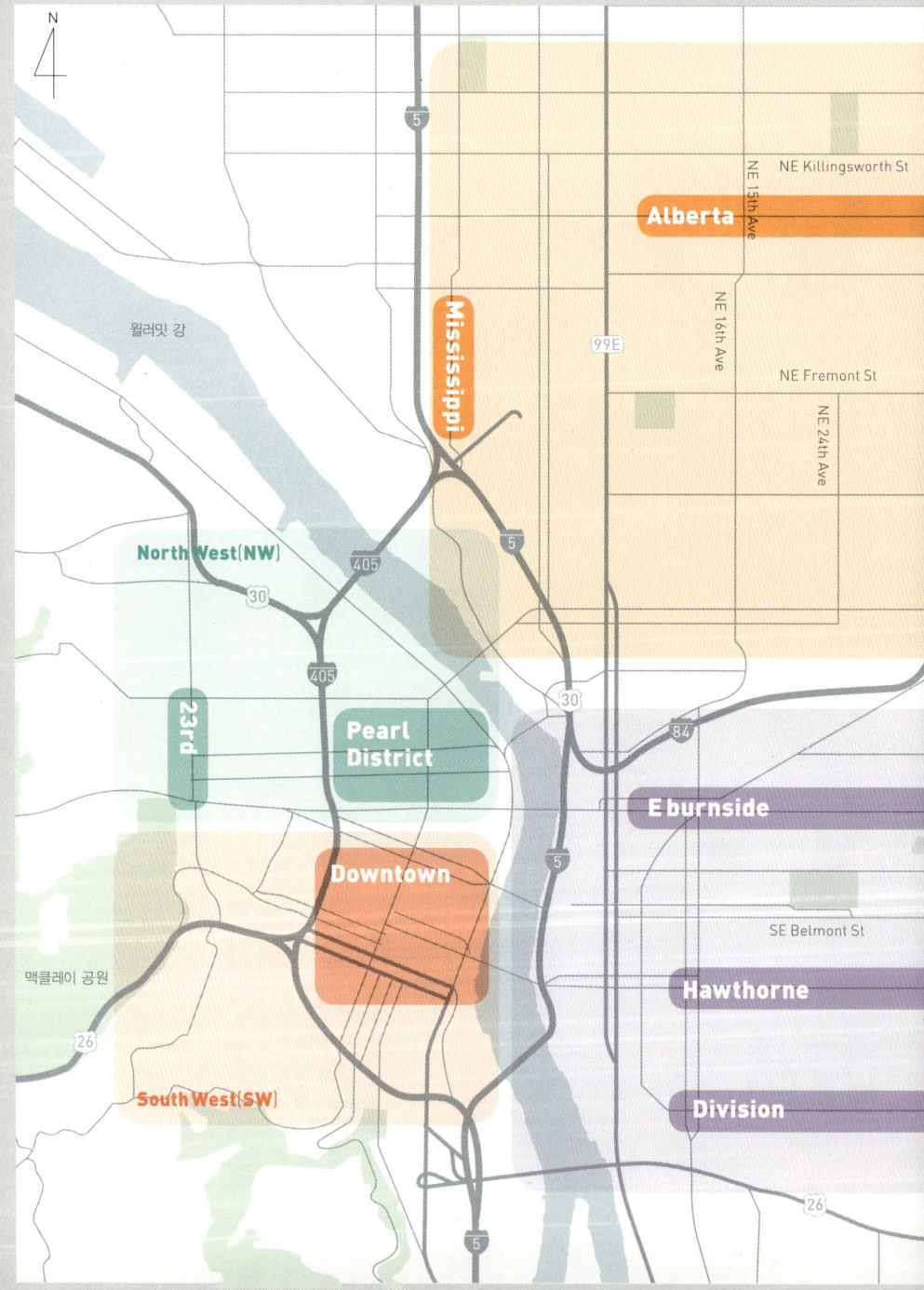

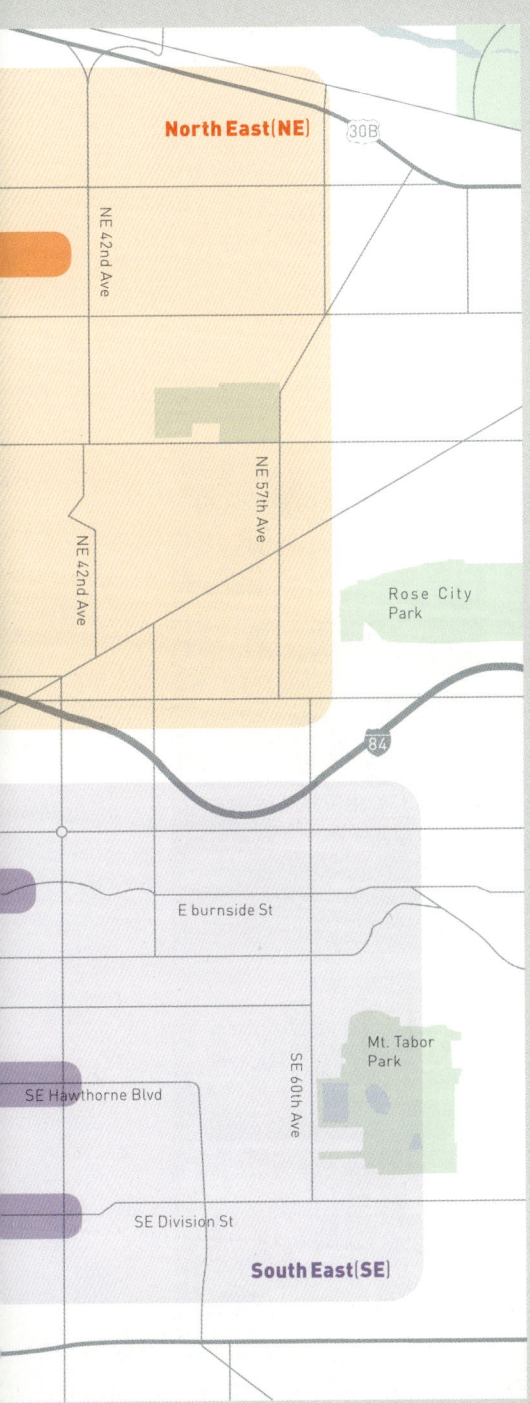

지도와 숍

포틀랜드는 작은 도시이긴 하나 미식과 쇼핑의 도시라고 불릴 만큼 레스토랑과 숍이 많다. 그중에서도 내가 자주 가는 곳, 맛도 좋고 퀄리티도 좋아서 로컬들에게 사랑받고 있는 곳, 포틀랜드다운 제품을 살 수 있는 곳 등을 중심으로 나만의 추천 리스트를 소개한다.

Tip.
❖ 독립 숍, 편집 숍들은 대부분 폐점 시간이 5~6시인 경우가 많으니 영업시간과 휴무일을 구글맵을 통해 확인하는 것이 여행 책에 나온 것보다 정확하다. 휴일, 폐업 등 최근 정보가 가장 빠르게 업데이트된다.

❖ 언급된 대부분의 레스토랑, 혹은 포틀랜드에서 유명하다는 레스토랑들은 식사시간(심지어 아침 8시에 가도 두 시간 대기해야 할 때도 있다)은 언제나 붐비고, 예약을 받지 않는 곳이 많으니 바쁜 시간을 피해 가는 것도 방법이다. 저렴하게 즐길 수 있는 해피아워(점심과 저녁 시간 사이에 메뉴와 음료를 저렴하게 판매하는 것)를 이용하는 것도 좋다.

North West(NW) 유명 체인 브랜드 숍, 갤러리가 모여 있다. 다운타운과 묶어서 쇼핑하기 좋은 곳.

South West(SW) 백화점, 호텔들이 밀집되어 있는 다운타운. 에이스 호텔과 작은 로컬 편집 숍들도 이곳에 위치해 있다.

North East(NE) 거주 지역을 중심으로 아티스트들이 모여드는 공연장, 숍, 카페, 레스토랑 등이 있는 지역. 다운타운과는 달리 한산하고 여유로운 것이 매력이다. 자전거 타기 좋고 산책하듯 둘러보기 좋은 동네.

South East(SE) 가볼 만한 거리가 가장 많은 지역으로 레스토랑, 카페, 숍이 넓게 분포되어 있다. 이동거리와 동선을 잘 계산하고 다니는 것이 좋다.

North West (NW)

다운타운의 북쪽 지역, 세계에서 가장 큰 규모의 독립 서점인 파월스북을 비롯해 브랜드 의류, 가구, 아웃도어 숍과 아트 갤러리가 밀집해 있는 펄 디스트릭트, 한국의 가로수길과 흡사한 분위기로 홈데코, 주방용품, 가구, 의류 브랜드와 로컬 빈티지 숍들이 몰려 있어 특히 여성들에게 인기 있는 23번가, 규모는 조금 작지만 인디 아티스트들의 작업실이 모여 있는 올드 차이나타운으로 크게 나뉜다.

펄 디스트릭트 Pearl District 와 그 주변

1980년 이전에만 해도 창고들이 빼곡히 들어찬 상업지구였던 이곳이 지금은 고급 콘도(맨션), 아트 갤러리의 중심지가 되었다.

01 REI(알이아이)
www.rei.com/stores/portland.html
1405 NW Johnson St, #150, Portland
포틀랜드 최대의 아웃도어 매장. 카누, 스키, 캠핑 등 온갖 종류의 아웃도어 아이템을 만나볼 수 있다. 캠핑, 카누, 스노보드 등의 장비 대여도 가능하다.

02 바리스타 Barista
www.baristapdx.com
593 NW 13th Ave, Portland
2부 1장 커피 편 참조.

03 오블레이션 페이퍼 앤드 프레스 Oblation Papers & Press
www.oblationpapers.com
516 NW 12th Ave, Portland
종이 전문 문구점이라는 표현이 가장 적합한 곳이다. 독특한 청첩장 제작, 다양한 카드와 엽서 등 아기자기한 소품(문구류)을 판매한다.

04 로그 디스틸러리 Rogue Distillery and Public House
www.rogue.com
1339 NW Flanders St, Portland
2부 2장 맥주 편 참조.

05 드슈츠 브루잉 Deschutes Brewing
www.deschutesbrewery.com
210 NW 11th Ave, Portland
2부 2장 맥주 편 참조.

06 더굿모드 The Good Mod
www.thegoodmod.com
1313 W Burnside St, Portland
빈티지 고가구점. 직접 제작한 가구들과 노르웨이, 이탈리아 등에서 수입한 빈티지 고가구 등을 함께 볼 수 있다. 빈티지와 가구에 관심이 있다면 꼭 쇼룸을 들러보길 권한다. 비록 사러 갈 순 없더라도 커다란 창문으로 빛이 가득 들어오는 창고식 매장에 들어서는 순간부터 눈이 즐거워진다.

07 파월스북 Powell's book
www.powells.com
1005 W Burnside St, Portland
최초의 출발은 시카고에서 시작했지만 1971년 포틀랜드 노스이스트의 외딴 구석에 작은 점포를 열면서 본격화되었다. 지금은 5개의 매장을 운영하며 세계에서 가장 큰 규모의 헌책방이자 독립 서점으로 자리 잡았다. 약 3,500개의 섹션이 9개의 컬러로 구분되어 있고, 매일 3천 권의 헌책을 구입하고 약 3천 명의 고객들이 찾는다. 포틀랜드의 랜드마크 중 하나. 연중무휴

08 홀푸드 Whole foods
www.wholefoodsmarket.com
1210 NW Couch St, Portland
유기농, 로컬 제품을 취급하는 슈퍼마켓. 포틀랜드의 로컬 제품들을 구입하는 재미가 있다. 20달러 이상 구입 시 90분 무료 주차 가능(주변에 유명 브랜드 매장들이 있어 무료 주차를 이용해 쇼핑하기 좋다).

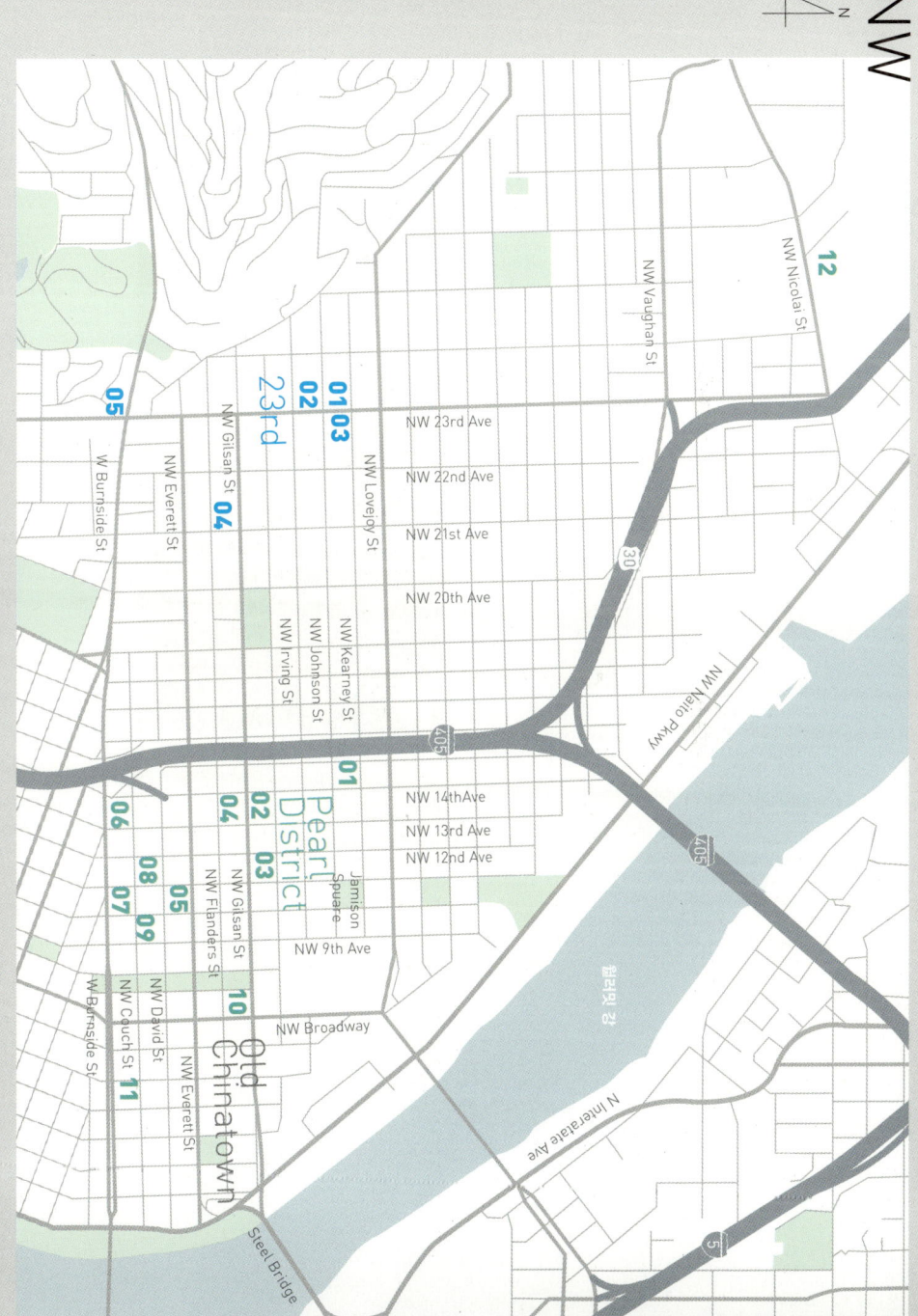

09 메이드 히어 Made Here PDX
http://madeherepdx.com
40 NW 10th Ave, Portland
포틀랜드 출신의 디자이너, 브랜드 제품들을 총망라해놓은 숍. 꿀, 맥주, 가방, 주얼리, 도끼 등 센스 있는 기념품이나 선물을 구입하기에 더없이 좋다.

10 핸드 아이 서플라이 워크 Hand Eye Supply Work
www.handeyesupply.com
427 NW Broadway, Portland
센스 있는 공구상이라고 표현해야 할까. 가죽장갑, 앞치마, 나이프, 다양한 공구들과 세련된 디자인의 문구용품, 전 세계의 디자인 서적까지 보유하고 있다.

11 테이블 오브 콘텐츠 Table of Contents
www.tableofcontents.us
33 NW 4th Ave, Portland
포틀랜드에서 가장 트렌디한 편집 숍 중 하나. 한국이나 일본에서 여행 오는 디자이너와 아티스트들이 꼭 가보고 싶어 하는 숍 1순위로 꼽히는 곳이다. 해외 디자이너의 의류, 예술 서적, 소품들을 주로 판매한다.

12 스쿨하우스 일렉트릭 앤드 서플라이 Schoolhouse Electric and Supply
www.schoolhouseelectric.com
2181 NW Nicolai St, Portland
높은 천장의 골조와 빨간 벽돌이 그대로 드러난 인테리어가 감각적이다. 자체 디자인으로 생산하는 제품도 인테리어 못지않게 감각적이다. 노스웨스트에서도 한참 떨어진 상업 지역의 낡은 공장을 개조해 만든 라이프 스타일 소품 숍. 파월스북 부근에서 버스를 타면 30분가량 소요되지만, 버스가 자주 있진 않기 때문에 차가 없으면 가기 쉽지 않다. 하지만 지역민들도 잘 모르는 히든카드와도 같은 곳이다. 주방용품, 리넨 침구, 문구류 등 다양한 생활 소품을 판매하며 입구부터 천장 가득 매달려 있는 조명이 이 브랜드의 베스트셀러 아이템이다.

23번가 23rd(Nob hill)

대표적인 쇼핑 지역. 유명 가구, 주방용품, 화장품 매장들이 있어서 여성과 주부들에게 특히 인기가 많다. 다운타운에서 버스로 이동하거나 파월스북 근처에서 천천히 구경하며 걸어도 좋은 거리. 웨스트번사이드 스트리트부터 사우스 웨스트 러브 조이 스트리트 South West Love Joy street까지는 로컬 브랜드, 유명 브랜드 숍들이, 그 위쪽으로는 펍과 레스토랑, 작은 빈티지 숍들이 하나씩 자리하고 있다.

01 바리스타 Barista
www.baristapdx.com
823 NW 23rd Ave, Portland
2부 1장 커피 편 참조.

02 더메도스 The Meadows
http://themeadow.com
805 NW 23rd Ave, Portland
초콜릿, 소금, 비터(칵테일에 들어가는 시럽과 향료)를 전문으로 하는 식료품점. 26개국의 110가지가 넘는 소금을 접할 수 있고 가게 주인 마크 비터맨Mark Bitterman은 Salted: A Manifesto on the World's Mosst Essential Mineral 이라는 책을 집필한 전문가다. 세계 각국의 3백 가지가 넘는 초콜릿을 보유하고 있다.

03 솔트 앤드 스트로 Salt and Straw
http://saltandstraw.com
838 NW 23rd Ave, Portland
스텀프타운 커피 맛, 오리건 딸기 맛, 김치 맛, 골수 맛 등 로컬 브랜드의 재료뿐만 아니라 상상 이상의 맛을 꾸준히 개발해 시즌별로 내놓는 포틀랜드 로컬 아이스크림 집. 특히 주말에 엄청난 관광객이 몰리는 지점이니 평일을 노리는 것이 좋다.

04 스털링 커피 Sterling Coffee
www.sterling.coffee
417 NW 21st Ave, Portland
2부 1장 커피 편 참조.

05 주판스 마켓 Zupan's market
www.zupans.com
2340 W Burnside St, Portland
포틀랜드에서 시작된 유기농 전문 슈퍼마켓으로 조금 비싼 편이지만 믿고 살 수 있다. 환경, 건강, 로컬 제품에 관심이 많은 이들이 주로 찾는다.

23rd 01

23rd 02

23rd 03

23rd 05

SouthWest(SW)

포틀랜드의 중심이라고 할 수 있는 다운타운이다. 유명 호텔, 오피스, 백화점, 은행, 관공서들이 늘어서 있다. 그럼에도 불구하고 큰 도시의 다운타운 같은 북적거림은 찾아보기 힘들다. 이 역시 포틀랜드 다운타운만의 매력이다. 울창한 나무숲을 달리는 전차와 함께 '천천히 걷기 좋은 도시 walkable city'에서 느긋한 쇼핑을 즐겨보자.

웨스트엔드 West End

에이스 호텔을 중심으로 로컬 혹은 수입 편집 숍들이 몰려 있는 서쪽 끝 지역. 다운타운에 위치하고 있으면서도 흔히 다운타운(대형 백화점, 브랜드 매장들이 밀집돼 있는)이라고 부르는 곳과 차별화를 주장하는 이들이 이곳을 '웨스트엔드'라고 따로 부르기 시작했다. 웨스트엔드에 가면 힙한 숍과 카페들이 몰려 있다는 느낌이 든다. 포틀랜드에서는 드물게 한 지역에 많은 숍들이 모여 있는 것이 특징. 개인적으로 쇼핑할 때 가장 많은 시간을 보내는 지역이기도 하다.

01 웨스트엔드 셀렉트 숍 West End Select Shop
http://westendselectshop.com
927 SW Oak St, Portland
작지만 센스 있는 오너의 취향이 느껴지는 의류 편집 숍. 트렌디하지만 색깔이 뚜렷한 셀렉션을 가지고 있다. 가격대는 원피스 100~300달러 선. 숍의 규모에 비해 웹사이트가 매우 잘 돼 있으니 옷에 관심 있는 사람이라면 사이트를 먼저 체크하고 방문해도 좋다.

02 쿠리어 Courier
www.couriercoffeeroasters.com
923 SW Oak St, Portland
2부 1장 커피 편 참조.

03 모리스 Maurice
www.mauricepdx.com
921 SW Oak St, Portland
메뉴는 시즌에 따라 바뀌지만 심플하고 깔끔한 스타일의 프렌치 메뉴와 디저트로 포틀랜드 미식가들에게 인기가 많은 작은 프렌치 레스토랑.

04 노스 오브 웨스트 North of West
www.shopnorthofwest.com
203 SW 9th Ave, Portland
포틀랜드, LA 등에서 활동하는 디자이너들의 실버웨어, 도자기, 염색된 리넨, 의류를 판매한다. 높은 천장과 통유리로 된 밝고 세련된 인테리어로도 많은 관심을 받고 있다.

05 막랩 Maak Lab
http://maaklab.com
916 W Burnside St, Portland
내가 선택한 최고의 로컬 브랜드 참조.

06 에이스 호텔 Ace Hotel
www.acehotel.com/portland
1022 SW Stark St, Portland
2부 3장 숙소 편 참조.

07 클라이드 커먼 Clyde Common
www.clydecommon.com
1014 SW Stark St, Portland
에이스 호텔 1층에 스팀프타운 커피와 함께 자리 잡은 레스토랑. 포틀랜드에서 가장 핫한 레스토랑에 손꼽힐 정도로 주말에는 한두 시간 기다려야 할 만큼 인기가 많다. 기다릴 자신이 없다면 평일 낮 시간 해피아워를 이용하는 것도 좋다. 부담스럽지 않은 양과 합리적인 가격으로 클라이드 커먼의 맛을 경험할 수 있는 기회!

08 대너 슈즈 Danner Shoes
www.danner.com
1022 W Burnside St, Portland
내가 선택한 최고의 로컬 브랜드 편 참조.

09 폴러 스태프 플래그쉽 스토어 Poler Flagship Store
www.polerstuff.com
413 SW 10th Ave, Portland
내가 선택한 최고의 로컬 브랜드 편 참조.

10 운윙클 Woonwinkel
www.woonwinkelhome.com/pages/about-us
935 SW Washington St, Portland
독일어로 옷 숍이라는 의미를 가진 이곳은 사랑스럽고 컬러풀한 미국, 유럽 디자이너의 인테리어, 잡화, 유아용품을 파는 편집 숍이다. 홈페이지에서 숍의 분위기와 제품들을 미리 확인할 수 있다.

11 프렌시스 메이 Frances May
www.francesmay.com
1003 SW Washington St, Portland
포틀랜드에서 가장 큰 규모의 의류 편집 숍으로 유명 브랜드부터 독립 디자이너의 옷까지 다양한 계열의 옷을 보유하고 있다. 가격대는 좀 있지만 트렌디하면서도 흔치 않은 유니크한 스타일을 찾는다면 백화점보다 이곳으로 발길을 돌려야 할지 모른다.

12 텐더 러빙 엠파이어 Tender Loving Empire
www.tenderlovingempire.com
412 SW 10th Ave, Portland
포틀랜드에만 4개의 숍을 가지고 있는 소품점. 직접 제작해 판매하는 것과, 지역 아티스트들이 작업한 일러스트 카드, 포스터, 에코백, 캘린더, LP판 등을 판매한다.

13 블루스타 도넛 Blue Star Donuts
www.bluestardonuts.com
1237 SW Washington St, Portland
많은 로컬들이 그렇듯, 나 역시 그 유명한 부두 도넛 대신 블루스타 도넛을 추천한다. 맛을 보면 그 이유를 알 수 있다!

14 라도 Lardo
http://lardosandwiches.com
1205 SW Washington St, Portland
샌드위치 전문점. 하지만 우리가 흔히 먹는 샌드위치와는 좀 다르다. 바게트 빵에 고기와 채소, 고수 등을 잔뜩 넣은 베트남 스타일의 반미 샌드위치에서부터 볶음김치와 통차지 구이가 들어간 한국식 샌드위치까지 다양한 메뉴와 더불어 오리건 크래프트 맥주를 시원하게 즐길 수 있다.

15 하트 커피 Heart Coffee
www.heartroasters.com
537 SW 12th Ave, Portland
2부 1장 커피 편 참조.

16 테이스티 앤드 앨더 Tasty and Alder

www.tastynalder.com
580 SW 12th Ave, Portland

젊은 로컬들과 여행객에게 큰 사랑을 받는 브런치 레스토랑. 물론 대부분의 포틀랜드 레스토랑처럼 디너 메뉴도 있고, 펍도 함께 운영한다. 비스킷 앤 그레이비, 프렌치토스트 같은 전형적인 브런치 메뉴도 맛있지만, 가장 인기 있는 메뉴는 놀랍게도 '양념치킨 덮밥과 비빔밥'이다.

17 앨더 앤드 코 Alder and Co

http://alderandcoshop.com
616 SW 12th Ave, Portland

예쁜 꽃가게가 숍인숍 개념으로 함께 운영되는 감각 있는 소품점. 내추럴한 제품과 향수, 향초, 화장품, 가방, 서적 등을 판매하는 아기자기한 숍.

18 멀트노마 위스키 라이브러리 Multnomah Whiskey Library

http://mwlpdx.com
1124 SW Alder St, Portland

1,600가지의 위스키를 도서관처럼 진열해놓은 인테리어가 먼저 시선을 사로잡는다. 이곳에서는 킥테일 한 잔을 마셔도 특별한 기분을 느끼게 하는 묘한 매력이 있다. 프라이빗 소셜클럽에 온 듯한 착각을 불러일으키는 웨이터들의 옷차림, 위스키에 대한 그들의 해박한 지식과 친절한 서비스를 경험해볼 만하다. 긴 대기시간이 걱정된다면 홈페이지를 통해 1인 25달러에 바로 입장이 가능한 패스를 구입해 조금 더 특별한 기분을 느껴보는 건 어떨까.

다운타운 Downtown

노드스트롬, 노드스트롬랙(아웃렛), 메이시스(백화점), 파이어니어 플레이스(쇼핑몰), 타겟 등 고급 백화점부터 중저가 마트까지 한곳에 모여 있어 택스프리(면세) 도시의 혜택을 누리는 데 가장 적합한 곳이다. 일반 로컬 숍들이 대부분 6~7시에 문을 닫는데 반해 이곳의 대형 쇼핑몰들은 8~9시까지 운영하니 낮 시간에 웨스턴엔드 쪽을 둘러보고 저녁 시간을 이쪽으로 보내는 것도 좋은 방법이다.

01 펜들턴 Pendleton
www.pendleton-usa.com
900 SW 5th Ave, Portland

내가 선택한 최고의 로컬 브랜드 편 참조.

02 카누 Canoe
www.canoeonline.net
1233 SW 10th Ave, Portland

웨스트엔드 쪽에 있던 카누가 최근 다운타운의 한적한 곳에 새로 자리를 잡았다. 오리건 출신 디자이너의 제품에서부터 세계 각국의 미니멀하고 심플한 제품들(일본 제품들이 많이 보인다)을 한 번에 가장 많이 볼 수 있는 곳. 주로 도자기와 주방용품, 디자인 사무용품 등을 다룬다.

03 포틀랜드 관광 정보 센터
www.travelportland.com
701 SW 6th Ave, Portland

다운타운의 중심부에 위치한 관광 정보 센터. 트램, 버스 정보, 지도 등을 구할 수 있다. 포틀랜드 관광청 사이트는 지금까지 들어가본 관광청 사이트 중 가장 세련되고 유익하다. 온라인 여행 매거진을 보는 기분이랄까. 여행 사진 몇 장과 고리타분한 지역 설명만 올라와 있는 다른 도시들의 관광청 사이트와는 차원이 다르다.

04 히트먼 호텔 The Heatman hotel

portland.heathmanhotel.com
1001 SW Broadway, Portland

에이스 호텔이 젊은 20, 30대가 좋아하는 스타일의 캐주얼한 부티크 호텔이라면 히트먼은 중후한 멋을 풍기는 오래된 역사를 가진 호텔이다. 특히 히트먼 호텔의 레스토랑은 따로 떼어놓고 얘기해도 손색이 없을 만큼 훌륭한 메뉴들을 자랑한다. 품격 있는 음식과 서비스를 경험하고 싶다면 단연 히트먼을 추천한다.

05 노드스트롬 랙 아웃렛 Nordstrom Rack Outlet

245 SW Morrison St, Portland

노드스트롬의 아웃렛. 1층에는 의류와 액세서리, 2층엔 신발, 가방 등이 구비되어 있다. 유명 브랜드의 옷들도 20~30 달러짜리 티셔츠와 함께 걸려 있으니 두 눈 크게 뜨고 찾아보면 좋은 제품을 살 수 있다는 게 쇼핑 전문가들의 팁이다. 300~400달러짜리 신발도 이곳에서는 100달러 정도에 구입 가능하다. 이른 저녁이면 모두가 집으로 돌아가는 포틀랜드에서도 9시까지 오픈하는 것이 가장 큰 매력.

06 PSU 파머스 마켓 PSU Farmers Market

www.portlandfarmersmarket.org
SW Park & SW Montgomery

매주 토요일(3월~10월 8:30~14:00, 11월~2월 9:00~14:00)에 운영되는 포틀랜드 최대 규모의 파머스 마켓으로 포틀랜드 주립대학 PSU 안에서 열린다. 최대 규모인 만큼 다양한 포틀랜드 로컬 농장, 식품 가공업자들이 참여해 다양하고 질 좋은 현지의 맛을 느낄 수 있다. 다양한 레스토랑들이 직접 참여하는 이곳에서 먹는 아침을 놓치지 말자!

07 퍼블리케이션 스튜디오 Publication Studio

www.publicationstudio.biz
717 SW Ankeny St, Portland

한 권의 책도 출판해주는 작은 독립 출판사. 이곳에는 지금까지 함께 작업한 작가, 아티스트들의 작업물도 함께 진열되어 있어 풍성한 볼거리를 제공하며 구입도 물론 가능하다.

08 베일리스 탭룸 Bailey's Taproom

www.baileystaproom.com
213 SW Broadway, Portland

25가지의 크래프트 에일 맥주, 사이다 등을 탭tap으로 즐길 수 있다. 안주는 판매하지 않지만 외부 음식은 환영. 포틀랜드에서 가장 핫한 펍 중 하나다.

09 리틀버드 Little Bird

www.littlebirdbistro.com
215 SW 6th Ave, Portland

포틀랜드에서 프렌치 요리를 가장 잘하는 레스토랑으로도 손꼽히는 르퍼종의 자매 레스토랑. 르피종보다 좀 더 캐주얼한 분위기다. 30달러 미만의 금액으로 맛있는 프렌치 음식을 맛보고 싶다면 바로 달려가야 할 곳. 단 예약하지 않으면 대기시간이 길다. 작지만 낭만적인 포틀랜드스러운 분위기.

10 스텀프타운 커피 Stumptown Coffee

www.stumptowncoffee.com
128 SW 3rd Ave, Portland

2부 1장 커피 편 참조.

11 마더스 비스트로 Mother's Bistro
www.mothersbistro.com
212 SW Stark St, Portland
한상 가득 차려진 전형적인 미국식 아침 식사를 경험하고 싶다면 꼭 가봐야 할 레스토랑. 주말에는 1~2시간은 대기해야 하는 곳으로 관광객뿐만 아니라 로컬들에게도 오랫동안 사랑받고 있다. 오믈렛과 바삭함이 독특한 프렌치토스트는 꼭 먹어봐야 한다. 물론 막 짜낸 생과일 주스와 함께!

12 타보 체코 Tabor Czech
www.schnitzelwich.com
SW 5th & Stark St, Portland
월요일부터 금요일까지만 (10:00~15:00) 운영하니 시간 체크가 중요. 체코식 돈가스 버거로 유명한 이곳은 2004년부터 지금까지 포틀랜드 푸드카트 랭킹에서 항상 상위를 차지하는 수준 있는 샌드위치를 맛볼 수 있다.

13 룩락 베트나미스 키친 Luc Lac Vietnamese Kitchen
http://luclackitchen.com
835 SW 2nd Ave, Portland
포틀랜드에 있을 땐 일주일에 한 번씩 찾았을 만큼 가격, 맛, 분위기 모두 만족스러운 인기 레스토랑! 가격이 저렴하고 양이 적어 여러 가지를 시켜 맛보는 재미가 있다. 점심시간이나 해피아워를 노리면 두 배의 만족!

14 파인 스트리트 마켓 Pine Street Market
www.pinestreetpdx.com
126 SW 2nd Ave, Portland
2부 4장 푸드카트 편 참조.

Wset End 17

Downtown 09

Wset End 18

Downtown 10

Downtown 01

Downtown 11

Downtown 02

Downtown 06

Downtown 13

North East(NE)

포틀랜드의 중심을 가로질러 흐르는 윌러밋 강을 기준으로 서쪽을 크게 다운타운이라 칭한다면, 강 건너의 동쪽 지역은 주거 지역이라 할 수 있다. 그 사이사이 작은 동네에 위치한 로컬 숍과 레스토랑들을 찾아다니는 재미가 쏠쏠하다. 대신 샌프란시스코나 서울 같은 대도시처럼 한곳에서 모든 것을 해결할 수는 없기에 발품과 시간을 들여 천천히 돌려보는 것이 좋다.

미시시피 Mississippi 와 그 주변

한산한 주택가 사이에 위치해 자칫 모르고 지나칠 수도 있지만 인디 밴드의 공연을 볼 수 있는 공연장, 펍, 레스토랑, 숍, 와이너리 등이 옹기종기 모여 있어 식사, 쇼핑, 커피, 술을 모두 해결할 수 있다. 가족과 연인끼리 찾기에 좋은 곳이다. (4번버스)

01 원패스 Worn Path

http://worn-path.com
4007 N Mississippi Ave, Portland
캠핑 용품 편집 숍. 아기자기하고 느낌이 좋은 캠핑 용품들을 모아놓아 남자들에게 특히 인기가 좋다.

02 그레이비 Gravy

www.eatatgravy.com/
3957 N Mississippi Ave, Portland
전통 미국식 브렉퍼스트와 브런치를 경험하기 좋은 곳. 단, 어떤 메뉴를 시켜도 어마어마한 양에 놀랄지 모른다. 여자 둘이 간다면 메인 메뉴 하나와 사이드 메뉴 하나를 추가해서 먹는 걸 추천한다. 아침 7시 30분부터 오후 3시까지만 운영하며 주말엔 대기시간이 길다.

03 피스틸스 너서리 Pistils Nursery

www.pistilsnursery.com
3811 N Mississippi Ave, Portland
포틀랜드에는 요즘 관상용 식물이 인기인데 그 트렌드를 엿볼 수 있는 곳이다. 손바닥만 한 에어플랜트(만손초), 선인장에서 시작해 커다란 묘목까지 다양하다. 뒷마당에서는 닭이 뛰어 놀다가 가끔 매장 안으로 들어와 손님들에게 인사를 건네기도 한다. (놀랄 주의!) 『킨포크』 매거진. 예쁜 화기와 식물 관련 소품들도 구입 가능하다.

04 리딩 프렌지 Reading Frenzy

www.readingfrenzy.com
3628 N Mississippi Ave, Portland
주로 독립 출판 잡지와 자비 출판을 지원하는 작은 독립 서점. 종이 매체를 이용한 이벤트와 전시도 열린다. 오너인 클로에 유데일리 Chloe Eudaly는 포틀랜드 독립 잡지계의 중요한 인물로, 세입자의 권리를 위한 사회적 발언도 서슴지 않는다. 창의적인 일을 하는 이들에게 특히 인기가 있다.

05 스핀 론드리 라운지 Spin Laundry Lounge

www.spinlaundrylounge.com
750 N Fremont St, Portland
굳이 여행객이 아니어도 두 손 한가득 빨래를 안고 찾아가고 싶게 만드는 멋진 세탁소 라운지. 식사, 커피, 주류까지 판매하는 말 그대로 빨래하는 라운지다.

06 빔 앤드 앵커 Beam & Anchor
http://beamandanchor.com
2710 N Interstate Ave, Portland
수작(手作)의 세계라는 말이 절로 떠오를 만큼 브라운 계열의 나무 관련 소품들, 리넨과 수제 가죽 제품들을 전문적으로 취급하는 숍. 포틀랜드 로컬 브랜드뿐만 아니라 전 세계의 인디 디자이너, 특히 일본 디자이너들의 제품을 많이 보유하고 있다. 좀 외진 곳에 위치한 것이 단점.

07 위드머 브라더스 브루잉 Widmer Brothers Brewing

http://widmerbrothers.com
929 N Russell St, Portland
2부 2장 맥주 편 참조.

08 브로더 노드 Broder Nord

www.broderpdx.com
2240 North Interstate Ave. #160, Portland
사우스이스트에 위치한 카페 브로더cafe Broder의 인기에 힘입어 2013년에 오픈한 브로더의 두 번째 브런치 레스토랑. 스웨덴 음식을 내세워 차별화하고 담백하고 먹음직스러운 플레이팅으로 젊은이들에게 특히 인기가 많다.

09 테이스티 앤드 선스 Tasty and Sons

www.tastynsons.com
3808 N Williams Ave, Portland
포틀랜드에만 5개의 각기 다른 레스토랑을 운영 중인 유명 셰프 존 고햄John Gorham 군단의 레스토랑 중 제일 캐주얼한 곳. 미국 음식과 한식, 레바논, 베트남 스타일 등 다양한 국가의 음식들을 기가 막히게 만들어내는 곳이기도 하다. 특히 버미(베트남) 스타일 포크 스튜는 한국의 갈비찜과 비빔밥을 섞어놓은 듯한 맛으로 가장 인기 있는 메뉴로 꼽는다.

10 토로 브라보 Toro Bravo

www.torobravopdx.com
120 NE Russell St, Portland
포틀랜드의 인기 레스토랑(테이스티 앤드 앨더, 테이스티 앤드 선스, 토로 브라보 등)을 운영하는 존 고행의 첫 번째 스페인 레스토랑. 분위기 있는 곳에서 제대로 된 스페인 음식을 맛보고 싶다면 굳이 찾아가볼 만한 인기 레스토랑이다.

11 나이키 팩토리 Nike factory

2650 NE Martin Luther King Jr Blvd, Portland
포틀랜드 근교 비버턴이라는 지역에 나이키의 본사가 있지만 이곳 노스이스트에 위치한 아웃렛 매장을 찾는 관광객이 더 많은 편이다. 신상품을 찾는다면 다운타운의 일반 매장이 좋지만 그렇지 않다면 30~50퍼센트 저렴한 가격으로 이월 상품을 구입할 수도 있다.

앨버타 Alberta

01 케이스 스터디 커피 로스터스 Case Study Coffee Roasters

http://casestudycoffee.com
1422 NE Alberta St, Portland
또 하나의 로스팅 커피숍. 앨버타에서는 바리스타 카페가 더 유명세를 타고 있지만, 로컬들이 조용히 작업하기 위해 자주 찾는 카페다. 커피 맛도 일품.

02 바리스타 Barista

http://baristapdx.com
1725 NE Alberta St, Portland
2부 1장 커피 편 참조.

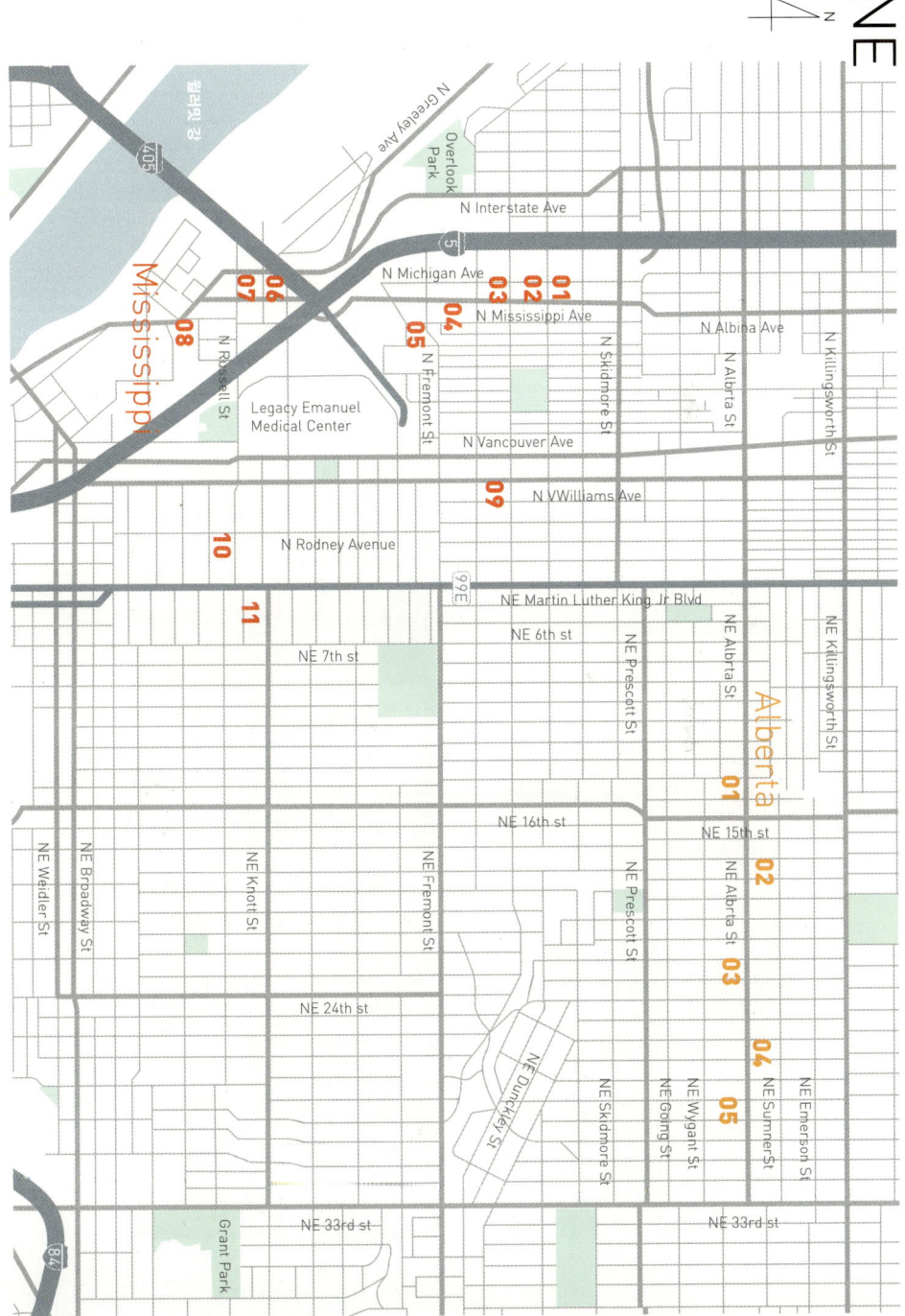

03 파인 스테이트 비스킷 Pine State Biscuits
www.pinestatebiscuits.com
2204 NE Alberta St, Portland

직접 만든 비스킷 사이에 커다란 조각의 프라이드 치킨과 그레이비, 치즈까지! 듣기만 해도 느끼한 조합이지만 포틀랜드에서도 손꼽히는 맛집이다. 아무리 김치가 그리운 여행자라도 두 번씩 찾게 만드는 매력적인 느끼함을 경험해 보자.

04 모노그래프 북웍스 Monograph Bookwerks
www.monographbookwerks.com
5005 NE 27th Ave, Portland

소규모 책방이지만 이곳을 방문하기 위해 일부러 앨버타를 찾는 이도 있을 만큼 예술 관련 서적으로 유명하다. 오너인 존 브로디와 블레어 색슨 힐은 포틀랜드 예술가들의 창작 활동을 지원하고 최고의 예술 서적을 구입할 수 있는 곳을 만들겠다는 신념으로 이 서점을 시작했다. 한국 잡지에도 많이 등장했을 만큼 유명한 서점.

05 앰퍼샌드 갤러리 앤드 파인 북스 Ampersand Gallery & Fine Books
www.ampersandgallerypdx.com
2916 NE Alberta St, Portland

2008년에 오픈한 갤러리 서점. 앨버타가 지금처럼 주목받기 훨씬 전에 문을 열어 지금까지 전시와 관련한 사진, 인테리어, 디자인 서적을 직접 출판하고 판매하고 있는 서점. 매달 새로운 작품의 전시를 함께 즐길 수 있다.

Mississippi 01

Mississippi 02

Mississippi 03

Mississippi 04

Mississippi 05

Mississippi 06

Mississippi 07

Alberta 03
Alberta 04
Alberta 05

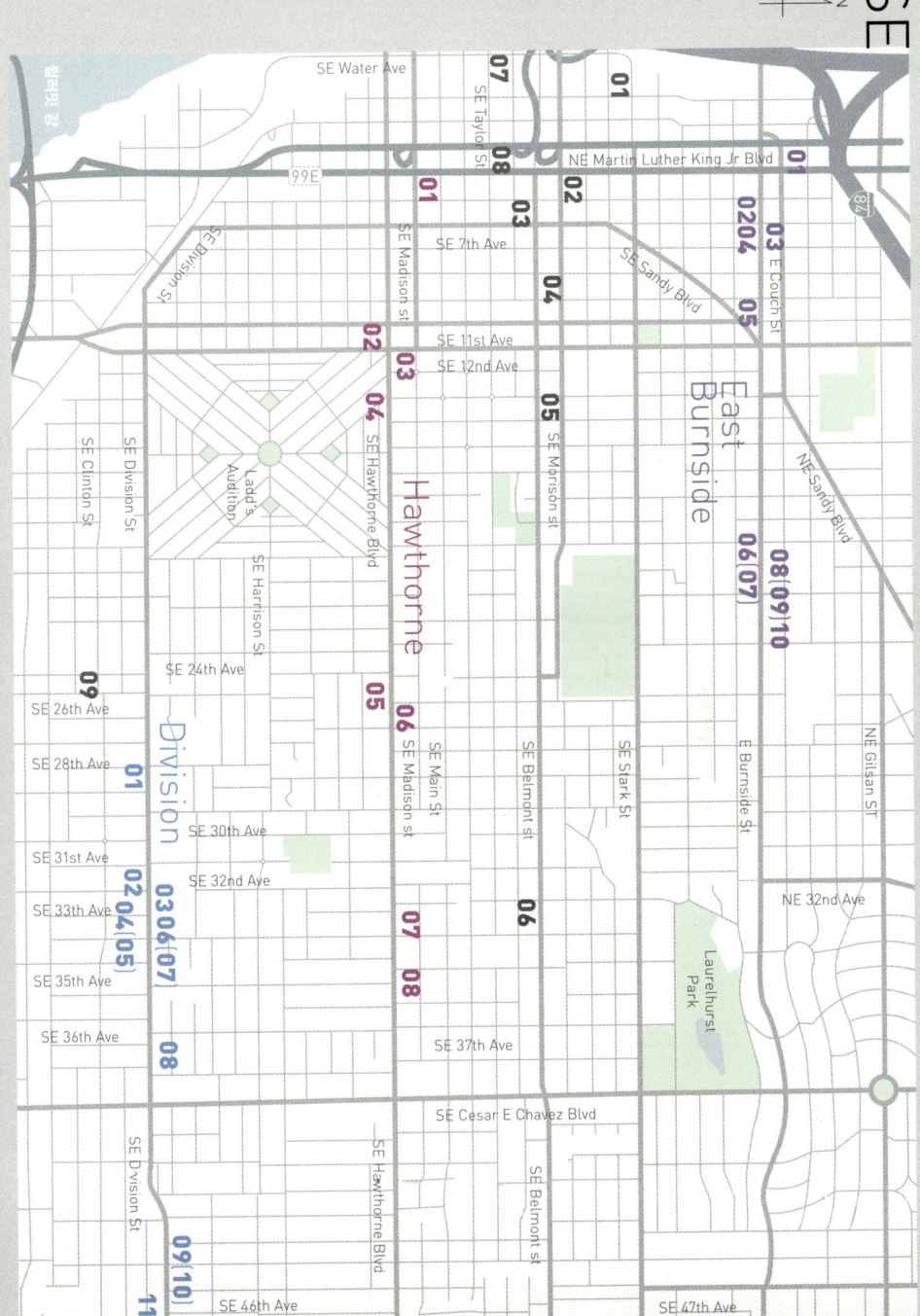

South East(SE)

조용한 주택가 여기저기 흩어져 있는 각기 다른 개성을 가진 동네를 둘러보는 맛이 쏠쏠한 지역이다. 유명 맛집이 많은 곳이기도 하다. 가볼 만한 동네 간의 거리가 제법 되는 곳이니 버스 노선을 잘 확인한 후 일정을 짜는 것이 좋다. 지도로만 보면 하루 만에 다 돌아볼 수 있을 것 같지만 대부분의 숍들이 11시쯤 문을 열어 6시쯤 닫는 걸 감안한다면 하루에 둘러볼 수 있는 곳이 그리 많지는 않다. 사우스이스트 그랜드 에비뉴에서 시작해 동쪽으로 진행하는 방향을 추천한다.

이스트번사이드 East Burnside

사우스이스트를 대표하는 캐주얼 부티크 호텔인 주피터 호텔 주변을 시작으로 몇몇 숍과 카페 특히 유명 레스토랑들이 몰려 있다. 다른 지역에 비해 챙겨 볼 곳이 그리 많지는 않지만 절대로 놓쳐서는 안 될 지역임엔 틀림없다. (20번 버스)

01 컵 앤드 바 Cup and Bar
http://cupandbar.com
118 NE Martin Luther King Jr Blvd, Portland
커피 로스팅 회사와 초콜릿 회사가 합작으로 만든 커피숍으로 품질 좋은 커피와 베이커리 그리고 간단한 식사 대용 샌드위치 등을 판매한다. 특히 직접 만든 초콜릿이 사정없이 뿌려진 더티 찰리Dirty Charlie는 초콜릿과 커피 모두를 사랑한다면 놓치기 아까운 메뉴이다.

02 록 앤드 로즈 Rock & Rose
rockandrosepdx.com
616 E Burnside St, Portland
빈티지에 관심이 없는 사람도 한 번 들어가면 꽤 재밌게 시간을 보낼 수 있는 곳이다. 매장에 들어서면 빈티지 숍이 맞나 싶을 만큼 잘 정리된 옷가지들과 좋은 품질에 또 한 번 놀라게 될지도 모른다. 포틀랜드에서 톱으로 꼽히는 빈티지 숍이다.

03 해티스 빈티지 클로딩 Hattie's Vintage Clothing
www.hattiesvintageclothing.com
729 E Burnside St # 101, Portland
여성 빈티지 전문 숍. 우리에겐 포틀랜드의 힙한 컬처가 먼저 유행하기 시작했지만 이곳에는 여전히 '빈티지' 코드가 뿌리 깊게 자리 잡고 있다. 그 모습을 여과 없이 보여주는 곳이 바로 이곳. 숍의 규모는 크지 않지만, 여주인이 전 세계에서 픽업해 온 빈티지 아이템들은 부티크를 연상시킬 만큼 센스가 상당하다.

04 르피죵 Le Pigeon
lepigeon.com
738 E Burnside St, Portland
'르피죵'은 비둘기라는 뜻의 불어로 포틀랜드 베스트 레스토랑에 꼭 포함되는 곳이다. 아늑한 분위기의 레스토랑에서 맛보는 정통 프렌치 음식의 맛도 일품. 분위기 있게 특별한 식사를 하고 싶다면 이곳을 찾아보자. 예약을 추천한다.

05 히포 하드웨어 앤드 트레이딩 컴퍼니 Hippo Hardware & Trading Company
hippohardware.com
1040 E Burnside St, Portland
독특한 철물점. 손잡이, 문고리, 빈티지 샹들리에, 선풍기 같은 빈티지 공구나 인테리어 제품에 관심이 있다면 이곳을 찾아보자. 집을 직접 짓고 방을 꾸미고 싶은 이들에게는 천국 같은 곳.

06 에피타이트 Appetite
www.appetiteshop.com
2136 E Burnside St, Portland
중고 숍 겸 가방 판매점. 다양한 인디언 패턴의 천을 사용해 직접 만든 가죽 가방, 숍의 뒤편에 마련된 작업실에서 직접 실크스크린으로 찍어 만드는 리넨, 그 외에도 감각적인 오너의 안목으로 골라 온 빈티지 인테리어 소품들, 특히 라탄 스타일의 트레이, 바구니, 빈티지 잡지 등의 셀렉션이 좋다.

07 루체 Luce
www.luceportland.com
2140 E Burnside St, Portland
하얀 벽면을 채우고 있는 와인 병과 주렁주렁 천장에 매달린 식물들. 손에 꼽히는 맛집이라기보다는 팬시한 맛집이며 더 가깝지만 부담스럽지 않고 먹을 만한 이탈리아 요리가 생각날 때 찾는 곳이다. 와인, 안티파스티, 샐러드, 파스타, 맛있는 디저트가 있는 곳.

08 하트 커피 Heart coffee
www.heartroasters.com
2211 E Burnside St, Portland
2부 1장 커피 편 참조.

09 팰리스 Palace
palacestore.com
2205 E Burnside St, Portland
소품 숍. 캔들, 의류, 바구니, 문구류까지 규모가 큰 만큼 다양하고 재미있는 로컬 제품과 수입 소품들을 판매한다. 하트 커피 근처에 들렀다면 한 번쯤 살펴보자.

10 스크린 도어 Screen Door
screendoorrestaurant.com
2337 E Burnside St, Portland
이스트번사이드에서 가장 유명한 레스토랑. 기름지고 느끼한 미국 남부 음식 전문점으로 브런치든 디너든 언제 가도 항상 사람이 많다. 이곳에서는 비프 브리스킷과 와플 위에 얹어진 딥프라이드 치킨을 꼭 먹어봐야 한다.

호손 Hawthorne

빈티지의 거리! 다운타운의 힙한 숍이 몰려 있는 동네와는 확실히 다른 느낌의 개성을 가진 곳이다. 사우스이스트에서 가장 긴 구간에 걸쳐 숍과 레스토랑이 늘어서 있다. 12번 가에서부터 27번가까지는 간간이 조명, 소품, 가구들을 판매하는 빈티지 숍들이 이어지고, 33번가부터는 편집 숍, 브랜드 숍, 레스토랑, 카페, 서점 등이 줄을 잇는다. (14번 버스)

01 코아바 Coava
www.coavacoffee.com
1300 SE Grand Ave, Portland
2부 1장 커피 편 참조.

02 버거빌 Burgerville
burgerville.com
1122 SE Hawthorne Blvd, Portland

캘리포니아에 인앤아웃, 뉴욕에 쉑쉑버거가 있다면 포틀랜드에는 버거빌이 있다! 오리건 로컬 재료를 이용해 즉석에서 만들어주는 햄버거와 시즌 메뉴가 특징이다. 특히 어니언링 팬이라면 여름엔 왈라왈라 스윗 어니언링을 꼭 먹어보자! 어니언링의 신세계가 펼쳐진다.

03 포테이토 챔피언 Potato Chanmpion

potatochampion.com
1207 SE Hawthorne Blvd, Portland
캐나다식 푸틴(프렌치프라이에 치즈, 그레이비 등의 토핑을 얹어 먹는 음식) 전문 푸드카트. 맛도 좋지만 늦은 시간까지 오픈하는 것으로 유명하다.(포틀랜드에서는 희귀한 일!)

04 라운지 리자드 Lounge Lizard

www.pdxloungelizard.com
1310 SE Hawthorne Blvd, Portland
포틀랜드에서는 빈티지 숍도 상, 중, 하로 품질의 차이, 스타일의 차이가 분명하게 느껴지는데 이곳은 그중에서도 좋은 상태의 제품들을 취급한다.

05 빈티지 핑크 Vintage Pink

www.facebook.com/vintagepinkpdx
2500 SE Hawthorne Blvd, Portland
중고 가구와 소품을 파는 곳. 내게 처음으로 빈티지 고르는 재미를 알게 해준 곳이다. 60~70년대 느낌의 소파, 테이블, 조명부터 가방, 그릇까지…… 일단 한 번 들어가면 트레이 하나라도 꼭 사들고 나오게 되는 매력이 있는 곳.

06 코아바 Coava

www.coavacoffee.com
2631 SE Hawthorne Blvd, Portland
2부 1장 커피 편 참조.

07 하우스 오브 빈티지 House of Vintage
www.houseofvintageportland.com
3315 SE Hawthorne Blvd, Portland
포틀랜드에서 가장 큰 규모의 빈티지 숍이다. 들어가자마자 코를 찌르는 쾌쾌한 냄새가 좀 부담스럽긴 하지만 진정한 구제 마니아라면 빼놓을 수 없는 숍. 포틀랜드에서 가끔 보이는 빨간 스타킹에 파란 머리를 한 언니, 오빠들의 단골집은 아마도 이곳일 듯.

08 블루스타 도넛 Blue Star Donuts

www.bluestardonuts.com
3549 SE Hawthorne Blvd, Portland

디비전 Division
스텀프타운 오너가 1호점 카페를 시작으로 최근 수년간 이 스트리트에만 세 개의 레스토랑을 더 오픈한 것만 봐도 알 수 있듯이 포틀랜드에서 가장 짧은 시간에 많은 변화가 일어난 동네이다. 오래된 단층의 낡은 건물들이 헐리고 모던하고 세련된 맨션 건물로 탈바꿈하고 있는 중이다. 푸드카트 구역을 비롯해 다양한 종류의 음식을 맛볼 수 있는 레스토랑도 만날 수 있다. 물론 새로 생긴 건물들에 들어서고 있는 작고 세련된 편집 숍들도 꼭 확인해보기를. (4번 버스)

01 메니주리 Menageric

http://menagerie-shop.com
디비전의 사우스이스트 28번가와 29번가 사이에 위치한

East Burnside 01

East Burnside 04

East Burnside 05

East Burnside 06

East Burnside 07

East Burnside 09

East Burnside 10

푸드카트들을 비집고 유독 눈에 띄는 작은 트레일러 숍. 비누, 향수, 주얼리 등 아기자기한 소품들과 예쁘게 리모델링한 트레일러가 여느 숍에 견주어도 뒤지지 않을 만큼 매력적이다. "Keeping it small(작게 유지하자)"이 모토다.

02 폭폭 Pok Pok
pokpokpdx.com
3226 SE Division St, Portland

포틀랜드의 셰프들 중에 요리 책을 낸 이가 두 명 있는데 그 중 한 명이 바로 이곳 폭폭을 운영하는 앤디 릭커Andy Ricker다. 태국에 매료되어 수년간 계속 여행하고 있고, 그것도 모자라 몇 개월씩 머물며 요리를 배워 왔다고 한다. 대표 메뉴는 '요리사 아이크의 레시피로 만든 베트남식 윙Ike's vietamese fish sauce wings'. 이곳을 방문하는 모든 이가 이 치킨을 먹기 위해 온다고 해도 과언이 아니다.

03 솔트 앤드 스트로 Salt & Straw
saltandstraw.com
3345 SE Division St, Portland

포틀랜드를 대표하는 아이스크림 숍. 특이하고 맛있는 재료로 만드는 아이스크림을 맛볼 수 있다. 김치 아이스크림, 골수bone marrow 아이스크림 등 맛보기 전엔 상상하기 어려운 아이스크림을 만나보자!

04 내셔널리 Nationale
www.nationale.us
3360 SE Division St, Portland

아트 갤러리이자 셀렉트 숍이다. 숍의 한편에서는 아티스트들의 작품이 전시되고 다른 한편의 작은 공간에서는 수입 잡지, 디자인 서적, 소품들을 함께 판매한다.

05 하우스 오브 커먼 House of Common
houseofcommonspdx.com
3370 SE Division St, Portland

주로 외국의 인디 디자이너들의 옷을 판매하는 부티크이지만 주인의 안목이 예사롭지 않다. 가격대는 100~200달러 선이다.

06 로만 캔들 베이킹 Roman Candle Baking
romancandlebaking.com
3377 SE Division St, Portland

스텀프타운 오너가 운영하는 베이커리 겸 카페. 이곳의 빵은 대부분의 포틀랜드 카페에서 판매되고 있을 만큼 맛있다. 막 구워내 저렴한 가격으로 잘라서 판매하는 피자도 인기 있다.

07 에바 진스 Ava Gene's
avagenes.com
3377 SE Division St, Portland

스텀프타운 오너가 운영하고 있는 고급 이탈리안 레스토랑. 오픈한 지는 얼마 되지 않지만 부담스럽지 않으면서 근사한 분위기를 내는 인테리어와 팬시한 요리로 젊은이들에게 반응이 좋다. 주말에는 4시 30분부터, 평일에는 5시부터 운영한다.

08 필드 트립 Field Trip
shop-fieldtrip.com
3725 SE Division St, Portland

2015년 7월에 오픈한 소품점이다. 포틀랜드를 기반으로 활동하는 작가들의 제품뿐만 아니라 다양한 카테고리의 상품 판매와 전시가 함께 이뤄진다. 지역 아티스트들과 함께

하는 파티도 자주 열리니 참여하고 싶다면 그들의 인스타그램을 주시해보자!

09 스텀프타운 커피 Stumptown Coffee

www.stumptowncoffee.com
4525 SE Division St, Portland
2부 1장 커피 편 참조.

10 우즈먼 터번 The Woodsman Tavern
woodsmantavern.com
4537 SE Division St, Portland

디비전은 스텀프타운 오너의 제국이라고 해도 과언이 아닐 만큼 그가 소유한 많은 숍들이 늘어서 있다. 에바 진스가 코지한 이탈리안 요리를 다룬다면 우즈먼 터번은 와일드한 남성의 터프함이 물씬 풍기는 레스토랑이다. 씨푸드에 중점을 둔 미국 음식을 맛볼 수 있다.

11 김종그릴인 Kim Jong Grillin
kimjonggrillin.com
SE Division St. & 46th, Portland

포틀랜드에 불고 있는 한식 바람의 시초라고도 할 수 있는 코리안 바비큐 푸드카트. 숯불로 구운 고기 맛이 여간 제대로가 아니다.

그 외 지역

01 올림피아 프로비전스 Olympia Provisions

olympiaprovisions.com
107 SE Washington St, Portland

외진 지역에 위치한 이곳은 포틀랜드에서 가장 유명한 샤퀴테리(Charcuterie, 숙성 육가공품)를 맛볼 수 있는 레스토랑이다. 미처 레스토랑에 갈 시간이 없다면 공항이나 가까운 슈퍼마켓, 파머스 마켓에서도 이곳의 살라미와 소시지를 구입할 수 있다.

02 마돈 푸코스 북숍 Foucault's bookshop
523 SE Morrison St, Portland

포틀랜드에는 중고 서점이 꽤 많지만, 그중에서도 단연 분위기가 좋은 곳. 영국식 인테리어와 오너의 분위기가 매력적이다.

03 커먼스 브루어리 Commons Brewery
commonsbrewery.com
630 SE Belmont St, Portland
2부 2장 맥주 편 참고.

04 케스케이드 브루어리 Cascade Brewery
cascadebrewingbarrelhouse.com
939 SE Belmont St, Portland

맥주 투어로 포틀랜드를 찾는 이들 중 사워비어(시큼한 맛이 강한 맥주) 마니아들이 꼭 찾는 브루어리. 조금 색다른 맥주를 즐겨보고 싶다면 찾아가보자.

05 올로 프레이그런스 Olo Fragrances
olofragrance.com
1407 SE Belmont St, Portland
내가 선택한 최고의 로컬 브랜드 편 참조.

06 스텀프타운 커피 Stumptown Coffee

stumptowncoffee.com
3356 SE Belmont St, Portland
2부 1장 커피 편 참조.

07 워터 에비뉴 커피 Water Avenue Coffee

wateravenuecoffee.com
1028 SE Water Ave. #145, Portland
2부 1장 커피 편 참조.

08 그랜드 마켓 플레이스 Grand Market Place

grandmarketplacepdx.com
1005 SE Grand Ave, Portland

인테리어 소품부터 가구, 테이블, 테니스 라켓, 드레스, 실버웨어 등 구석구석 보물찾기 하는 마음으로 큰 매장을 둘러보다보면 시간 가는 줄 모르는 숍이다. 진정한 빈티지 소품 마니아라면 이곳을 체크하자!

09 카페 브로더 Cafe Broder

broderpdx.com
2508 SE Clinton St, Portland

스웨덴식 브런치로 유명하다. 이곳에 가려면 아침 일찍 서두르는 것이 좋다. 깔끔하고 색다른 메뉴와 더불어 트렌디한 플레이팅으로 젊은이들에게 큰 인기를 끌고 있기 때문이다.

조금은 사적인 여행 팁

투어 프로그램이 왜 이렇게 많아?

깃발 든 가이드를 따라다니는 여행은 올드하다? 하지만 포틀랜드에서는 얘기가 좀 다르다. 맥주, 커피, 푸드카트, 트래킹, 자전거 투어 등 포틀랜드에서는 그 어느 도시보다 다양한 투어 프로그램이 진행되고 있는데, 이는 그만큼 전문가의 안내를 받아 그들의 문화를 좀 더 깊이 있게 탐험하고자 하는 여행자가 많다는 뜻이기도 하다. 사실 이것도 힙스터 문화라면 힙스터 문화라고 할 만하다.

포틀랜드에는 미국에서 가장 많은 스트립 클럽이 있다?

누군가는 거북해할지도 모르는 이야기지만, 이건 사실이다. 올드 차이나타운과 부두 도넛이 있는 윌러밋 강 근처에 가면 유독 밤에 활기를 띠는 바와 클럽, 그리고 노숙자가 많다. 밤의 문화를 즐기고 싶다면 이곳을! 피하고 싶으면 주의를!

팁을 얼마나 어떻게 줘야 할까?

법으로 정해진 건 없지만 포틀랜드의 경우 보통 지불액의 15퍼센트, 많으면 20퍼센트 정도로 생각하면 된다. 현금인 경우 팁까지 계산해서 빌지에 함께 넣으면 되고, 카드인 경우는 계산서를 받고 나서 두 장의 영수증을 받으면 팁 금액을 계산해 적은 후 (계산기 탁탁탁!) 손님용 영수증만 챙기면 된다.

대중교통은 어떻게 이용할까?

맥스MAX 티켓을 구입하면 맥스 전차, 버스, 스트리트카까지 모두 이용, 환승할 수 있다. 2시간 30분 티켓은 2.5달러, 전일권은 5달러이다.

공항 행 맥스는 오전 5시부터 자정까지 운영한다. 티켓은 미리 구입해야 하며, 'Trimet tickets app'을 설치한 후 이용할 수 있다.

콜택시를 탈까? 우버 택시[•]를 탈까?

노란 택시가 줄지어 서 있는 뉴욕을 상상하며 거리에서 마냥 택시를 기다리다가는 길거리에서 밤을 새야 할지도 모른다. 포틀랜드에서는 대부분 콜택시 또는 우버를 이용한다. 직접 콜택

• 우버 택시Uber Taxi는 일반 및 법인 택시와 제휴해 승객에게 차량을 중계해주는 서비스다.

시에 전화하는 것이 부담된다면, 근처 유명 호텔 앞에 대기 중인 택시를 이용하거나 레스토랑에서 콜택시를 불러달라고 부탁하는 것도 한 방법이다. 하지만 요즘 여행객들은 우버를 많이 이용한다. 공항에서 다운타운까지의 우버 택시 요금은 대략 40달러 정도이다.

우버 택시에서 불이익을 당했다면?

길을 잘못 찾았다거나, 주소를 잘못 찍었다면서 빙빙 돌아가거나 봉변을 당했을 때! 그럴 땐 두 눈 뜨고 당하지 말고 번역기라도 돌려서 우버 앱 안에 있는 고객 센터로 불만 사항을 바로 이메일로 접수하자. 대체로 빠른 답변을 받을 수 있고 기사를 통해서 사실 여부를 확인한 뒤 전액 혹은 50퍼센트가량 환불 조치를 해준다. 내가 알고 있는 지인의 경우 난폭 운전을 하고 사고까지 낼 뻔한 것을 접수한 뒤 70달러가량 되는 돈을 전액 환불 받은 적도 있다.

렌터카가 필요할까? 주의사항은 뭘까?

버스, 트램, 우버 택시가 있음에도 포틀랜드를 잠시 벗어나 한두 시간 거리에 있는 자연 풍광을 즐기고 싶거나 외곽의 아웃렛 쇼핑을 하고 싶다면, 렌터카를 추천한다. 본문에서도 언급했듯이 포틀랜드의 운전자들은 전 세계에서 손에 꼽힐 만큼 젠틀하고 교통 체증이 심하지 않다. 단, kayak.com과 같은 가격 비교 사이트에서 저렴한 가격을 확인하고 예약할 때 유의할 점이 있다. 예약한 차에 자동차 보험이 옵션으로 붙어 있어서 함께 결제했는데, 정작 차를 픽업하러 가면 그 회사의 보험을 추가로 들라고 할 때가 있다. 한마디로 사이트에 나온 보험은 광고 계약을 맺은 일반 보험회사의 상품일 뿐인 것이다. 그러니 자동차 보험이 필요하다면 렌터카 회사에 직접 방문해서 가입하는 것이 좋다.

현지인들과 이야기를 나누며 로컬처럼 여행할 수 있는 방법은 없을까?	가장 자연스러운 방법은 페스티벌, 파티, 이벤트에 참가하는 것이다. 서로 흥미가 같은 사람들이 모인 곳에서는 모두가 열린 마음으로 (특히 그곳이 포틀랜드라면! 더욱더) 이야기를 나누고 나만의 스토리를 궁금해할 것이다. 그러니 좋아하는 매장이나 브랜드가 있다면 미리 인스타그램이나 페이스북에 등록해두고 이벤트와 파티 일정을 체크해보자. 수시로 파티를 여는 포틀랜드에서는 SNS를 통해 대부분의 정보를 확인할 수 있다.
숙소를 어디로 정해야 할지 모르겠다면?	포틀랜드는 도시가 크지 않아서 주로 호텔이나 에어비앤비가 모여 있는 지역이라면 이동할 때 큰 무리는 없다. 하지만 쇼핑에 많은 시간을 할애하고 싶고 일정이 짧다면 다운타운이 있는 웨스트 지역을, 일정에도 여유가 있고 산책하면서 동네 맛집을 두루두루 탐험하고 싶다면 이스트 지역 중 부록의 '지도와 숍' 편에 언급된 동네에서 가까운 곳으로 정하는 것이 좋다.
로컬 숍 쇼핑 주의!	유명 브랜드가 아닌 현지인의 작은 숍인 경우 환불이 불가능하고 교환 또는 크레딧(다음에 다른 제품으로 구입할 수 있게 영수증을 써주는)만 가능한 곳들이 많다. 그러니 환불 조건 등을 미리 확인해보는 것이 좋다.
얼마나 머무는 게 좋을까?	시애틀이나 샌프란시스코를 가는 길에 하루 이틀 들러도 할 게 없다는 사람, 일주일 아니 한 달을 지내고도 다시 오고 싶다는 사람 등 정답도 추천도 어려운 것이 바로 포틀랜드 여행이다. 하지만 맥주 브루어리와 커피숍, 로컬들의 작은 숍을 구경하면서 한산한 거리를 설렁설렁 산책하며 즐기고 싶다면 5일에서 일주일 정도가 좋다.
한 달 살기 나도 해볼까?	에어비앤비의 경우 방 하나를 써도 한 달에 백만 원이 훌쩍 넘는 곳들이 대부분이지만 연고지가 없는 곳에서 안전하게 생활

하려면 가장 믿음직스러운 방법이기도 하다. 정말 마음에 들지만 가격이 비싸다면 직접 메시지를 보내서 거래를 해보자! 청소나 손님맞이 등의 간단한 일을 돕고 저렴한 가격에 장기 체류하는 이들도 많다.

그 외에는 https://portland.craigslist.org 사이트를 이용해보자. 룸메이트를 구하는 로컬들이 정보를 올리는 사이트로 가장 유명하다. 신원 조회를 하거나 면접을 연상케 하는 호구 조사를 한 후 사람을 들이는 이들은 오히려 안전하다고 볼 수 있다. 하지만 사기꾼도 많으니 매우 신중할 필요가 있다! 가격은 5백 달러 이상으로 에어비앤비보다 저렴한 편이다.

아이와 함께 여행할 때는 카시트가 반드시 필요하다!

미국은 아이와 동승할 때 카시트를 반드시 장착하도록 법적으로 규제하고 있다. 우버나 콜택시의 경우에도 직접 카시트를 가지고 있지 않으면 탑승을 거절하는 것이 원칙이다. 렌터카의 경우 카시트를 함께 대여할 수 있지만 그 비용으로 하나 장만하는 것이 더 나을 수도 있으니 본인의 것을 직접 가지고 가는 것도 추천할 만하다.

비가 많이 온다던데?

가을, 겨울에 포틀랜드를 방문할 계획이라면 모자 달린 방수 소재의 재킷을 하나 준비하는 것이 좋다(수많은 로컬 아웃도어 브랜드에서 하나 구입하는 것도 나쁘지 않다). 서울의 장마철이나 동남아시아의 우기처럼 비가 퍼붓지는 않지만 하루 종일 부슬부슬 내렸다 그쳤다를 반복하는 날이 많다. 우산을 쓰고 다니는 로컬들은 보기 힘들지만 모자 달린 방수 재킷을 푹 뒤집어쓰고 다니는 이들은 많이 보인다. 비 내리는 날이 꺼려진다면 두 계절을 피해서 오는 것이 좋지만, 그것 역시 포틀랜드의 '무드'라고 여겨 축축하게 젖은 포틀랜드를 좋아하는 이들도 많다.

Epilogue

　도시의 화려함은 찾아볼 수 없지만 도시의 혜택은 오롯이 갖추고 있는 곳 포틀랜드. 아담한 도시 곳곳에서 풍요로운 자연을 만끽하는 것도 만족스럽지만, 센스 있는 디자인의 로컬 브랜드와 고퀄리티의 먹거리를 즐길 수 있는 것은 더욱 큰 기쁨이다. 처음 이곳에 왔을 때는 이토록 핫한 도시를 아직 모르고 있는 한국의 친구들과 멋진 도시로의 여행을 꿈꾸는 많은 이들에게 어서 빨리 이 도시를 알려주고 싶었다. 그래서 틈이 날 때마다 이곳의 생활을 기록해 블로그에 올리고, 그것도 모자라 투어 프로그램을 만들어 한국의 여행객들을 만났다. 그러면서 때로는 여행자로 때로는 생활자로 포틀랜드라는 도시를 속속들이 알게 되었고, 이 도시에 흠뻑 빠진 나는 기어코 책을 쓰겠다는 결심까지 하게 되었다.

하지만 존과 내가 포틀랜드에서 살았던 시간은 그리 길지 않았다. 포틀랜드에서 사계절을 경험하고 난 뒤 우리는 겨울엔 영하 30도까지 내려가는 얼음왕국 카자흐스탄의 아스타나에서 보냈고, 현재는 최고 기온 45도, 체감온도 50도가 넘는 사우디아라비아에서 더위의 절정을 맛보며 살고 있기 때문이다.

저 익스트림한 도시들을 옮겨 다니는 사이에 우리에겐 헤이즐넛 빛깔의 눈동자를 가진, 나와 존을 오묘하게 닮은 사랑스러운 아이 헤이든이 태어났다. 포틀랜드를 떠나 겪었던 무진장 춥고 또 더운 두 도시에서 우리의 생활은 무료하게 흘러갔다. 육 개월도 안 된 아이와 함께 휴가 삼아 떠난 유럽의 도시들에서는 아무것도 하지 않아도 극기 훈련 같은 날들이 이어졌다. 여행에서도 일상에서도 피곤이 밀려오고 무료함에 몸부림칠 때 나는 습관처럼 언제나 포틀랜드를 떠올렸다.

그러는 사이 내가 정말 사랑하고 그리워하고 있는 것은 그 유명한 스텀프타운 커피도, 크래프트 맥주도, 에이스 호텔도 아닌, 그저 한산한 다운타운을 가로질러 커피를 사러 가는 길, 도심을 벗어나 하이킹을 가기 위해 존과 함께 달리던 하이웨이, 친절하고 까칠한 포틀랜드 사람들과 나누던 소소한 얘기와 미소였다는 것을 알게 되었다.

아이를 키우며 정붙이고 진득하게 살고 싶은 도시를 만나기 위해 우리는 여전히 유랑하고 있다. 하지만 제아무리 멋지고 완벽한 도시를 찾아 떠나도 얼마 지나지 않아 나는 또 남편의 눈을 지긋이 바라보며 이렇게 말할 것이다.

"포틀랜드에 가서 커피 마시고 싶어."

"우리 포틀랜드에 가자."

마지막으로 이 책을 만들기까지 도움을 준 많은 이들에게 감사의 말을 전하고 싶다.

나와 포틀랜드를 만나기 위해 한걸음에 태평양을 넘어온 친구들, 블로그를 통해 포틀랜드에 관한 이야기를 나누며 만났던 수많은 인연들, 사랑도 일도 균형 잡힌 삶을 살아가는 방법이라는 것을 일깨워준 쑥과 로즐린, 서른 중반의 딸에게 여전히 용기를 북돋워주는 소녀 감성을 가진 엄마, 물심양면으로 까만 눈의 며느리를 지원해준 시댁 식구들, 책이 마무리될 수 있게 헤이든을 맡아 돌봐준 친정 식구들, 임신이라는 예민한 문제에 직면해 이 년 만에 책을 마친 게으른 저자를 너그럽게 이해해준 인내의 아이콘 모요사출판사 식구들.

그리고 나의 사랑 존. 포틀랜드에 대해 마르고 닳도록 질문하고, 때로는 사이코처럼 울고 웃던 나를 언제나 진실하게 받아주던 그가 아니었다면 포틀랜드 역시 수많은 유행 코드처럼 그저 열병^{fever}처럼 앓다가 스르륵 빠져나가는 바람 같은 도시가 되었을 것이다.

2016년 늦가을
서울에서 이영래

살아보고 싶다면
포틀랜드

© 이영래, 2016

초판 1쇄 발행 2016년 11월 28일
초판 5쇄 발행 2020년 3월 20일

지은이	이영래
펴낸이	김철식
펴낸곳	모요사
출판등록	2009년 3월 11일 (제410-2008-000077호)
주소	10209 경기도 고양시 일산서구 가좌3로 45 203동 1801호
전화	031 915 6777
팩스	031 5171 3911
이메일	mojosa7@gmail.com
ISBN	978-89-97066-30-8 13980

— 이 책의 판권은 지은이와 모요사에 있습니다. 이 책 내용의 전부 또는 일부를 다시 사용하려면 반드시 양측의 동의를 얻어야 합니다.
— 사진의 일부는 포틀랜드 관광청에서 제공해주셨습니다. 39쪽, 198~199쪽, 290쪽, 297쪽 아래 사진.
— 값은 뒤표지에 표시되어 있습니다.
— 잘못 만들어진 책은 바꿔드립니다.